일제의 간도 경제침략과 한인사회

_ 김주용 _

先人

일제의 간도 경제침략과 한인사회

초판 1쇄 발행 2008년 4월 9일
　　2쇄 발행 2008년 8월 12일

저　자 | 김주용
펴낸이 | 윤관백
편　집 | 김지학
표　지 | 김지학
펴낸곳 | 선인

인　쇄 | 한성인쇄소
제　본 | 광신제책
등　록 | 제5-77호(1998. 11. 4)
주　소 | 서울시 마포구 마포동 324-1 곳마루B/D 1층
전　화 | 02)718-6252
팩　스 | 02)718-6253
E-mail | sunin72@chol.com

정가 | 21,000원
ISBN 978-89-5933-115-4 93900

■저자와 협의에 의해 인지 생략.
■잘못된 책은 바꾸어 드립니다.

일제의 간도
경제침략과 한인사회

머리글

이 책은 박사학위 논문을 다듬어 내놓은 것이다. 공간적으로 우리 역사와의 끈을 놓지 않고 있는 만주지역, 그 가운데 오늘날 연변조선족자치주인 북간도지역에 대한 일본의 경제적 침투와 일상 생활 속에 고단하게 살아가는 이주한인들의 생활을 연계하여 규명하려 한 논저이다. 흔히 역사적 사실에 대한 깊은 성찰보다 선입관이 먼저 투영되는 것이 사람들에게 익숙해져 있는 지도 모른다. 대표적인 공간은 만주지역 특히 서북간도지역임을 공감한다. 만주는 독립운동의 공간이자 '친일'의 공간이었다. 또한 공격의 대상이자 방어의 공간임은 주지하는 바이다.

20세기 초 제국주의 식민지배는 피지배 식민지인의 삶의 축을 이동시켰다. 간도지역은 한국사에서 항일의 대명사로 인식되었으며, 공간적 지배는 오늘날에도 유효하다. 특히 '동북공정'의 역사적 무대로 다시 부활한 간도를 비롯한 만주는 지금도 우리에게는 잊혀지지 않을 곳으로 각인되고 있다. 하지만 역사의 경험은 냉혹하였다. 일본제국주의 통치를 벗어나 만주로의 긴 여정(이주)을 시작하였던 한인들은 해방 후 자율과 타율의 간극 속에서 고민하였으며, 그 절반은 중국 공민으로서 삶을 선택하였다. 이처럼 만주 한인이주의 역사는 '진행형'이다.

한인들은 일제가 펼쳐놓은 대륙정책의 올가미 속에서 삶의 중심축을 공간적으로 이전하였지만, 그 지배력에서 결코 자유롭지 못하였다. 이주 당시 가산을 정리하여 온 대부분의 한인들은 빈농이었다. 이들에게 일제가 선전하였던 경제적 원조 등은 달콤한 '유혹'이자 뿌리치기 힘든 '덫'이었다. 필자는 한일병탄 이후 급증하는 이주한인들에 대한 일제의 대응에 주목하였다. 그 가운데 삶과 직결된 '금융' 부분으로 자연스럽게 연구주제가 집중되었다. 일제로서는 완벽하게 장악하지 못한 만주 특히 간도지역에서 한인들에 대한 금융지배정책을 어떠한 방식으로 전개하였는지 자못 궁금하지 않을 수 없었다. 특히 이주하여 새로운 삶을 살아가고 있는 대다수의 이주한인에게 일제의 금융정책은 어떠한 방식으로 전개되었으며, 한인들은 이것을 어떻게 받아들였는지를 천착하지 않을 수 없었다.

　역사를 천편일률적으로 재단할 수 없듯이 일제의 금융침략정책과 이를 통한 한인들의 삶의 형태는 어쩌면 타향살이에 지친 한인들에게는 벗어나기 어려운 달콤한 유혹이었을 것이다. 일제는 자신들의 통치가 완벽하게 미치지는 않지만 러일전쟁 이후 지속적인 경제적 침투를 통해 만주지역에 대한 경제적 지배를 어느 정도 달성해 가고 있었다. 이때 경제적 활동의 주요한 인자가 이주한인이었다. 특히 독립운동의 무대로 등장한 만주는 일제가 당근과 채찍을 교묘히 사용할 수밖에 없는 지역이었다. 하지만 이주한인들에 대한 인식은 후대에 '독립운동의 공급자'로 각인시키고자 하였다. '돈의 유혹과 무결점의 삶'으로 후대는 간도지역 한인들의 삶에 대하여 독립운동의 파수꾼으로서 성격을 억지로 또는 고의로 부여하려 했는지도 모른다.

　고단한 삶-그것은 죽음의 또 다른 이름이기도 하다-을 영위하면서 일제의

머리글

 또 다른 굴레에 들어간 이주한인들의 일상사를 일제가 어떻게 이용하고 또한 한인들은 이것을 어떻게 극복하고자 했는지를 연결하여 규명하는 것은 그리 간단한 문제가 아니다. 1932년 설립된 만주국의 실체를 논하는 것을 제외하더라도 간도지역은 러시아·일본·중국·한국의 역사가 '광통선의 게이블' 처럼 촘촘히 얽혀 있는 곳이다. 지금도 간도지역은 러시아와 북한을 연계하는 국경무역의 최첨병 역할을 자임하고 있는 곳이다. 이 책은 1930년대 이전 간도지역을 통하여 일본 세력의 침투와 러시아·중국의 방어 그리고 이주한인들의 항일운동과 일상사를 '돈의 침략' 이라는 시각에서 풀어 쓴 것이다. 중국 동북지역을 몇 차례 답사하면서 생생하게 전해들은 한인들의 이주이야기는 이 글을 완성하는 데 큰 도움이 되었다.

 많은 분들의 도움이 없었다면 이 책은 세상에 나오지 못했을 것이다. 쉽지 않은 주제를 선택하였다는 격려와 함께 냉철한 학문적 성찰을 할 수 있는 안목을 길러준 김창수 선생님께 고개 숙여 감사의 말씀을 드린다. 학문적으로 미숙했던 필자를 드넓은 학문의 바다로 인도해 주신 동국대학교 사학과 대학원의 이기동·김상현·정병준·서인범·양홍석·한철호 선생님께 감사할 따름이다. 필자가 연변대학교에서 연수할 때 도움을 준 민족연구원 최문식 원장님과 차금순·김춘선·김태국·이홍석·김광희 선생님, 요녕대학교 김영 선생님도 잊을 수 없는 분들이다. 직장 생활 속에서 학문의 열정을 이어갈 수 있도록 배려해 주신 독립기념관 김삼웅 관장님과 독립기념관 식구들, 그리고 한국독립운동사연구소의 한시준 소장님을 비롯한 연구원들에게도 진심으로 감사의 말씀을 드린다. 다소 무거운 주제임에도 불구하고 흔쾌히 출간을 허락한 선인 윤관백 사장님과 편집부원들께 진심으로 감사의 마음을 전한다.

   사랑하는 아내와 가정의 소홀함에도 잘 자라준 민선과 정수에게는 무어라 할 말이 없다. 그저 고맙다는 말밖에. 아울러 현재 병환으로 누워계시는 어머니와 아버지께 이 책을 바친다. 당신들께 자식된 도리를 다하지 못한 점을 사죄하는 심정으로······.

                                               2008년 4월
                                               흑성산 밑자락
                                    한국독립운동사연구소에서

                                                        김주용

차례

머리글 | 4 |
서론 | 15 |

Ⅰ. 韓人의 間島 移住와 일제의 통신체제 구축 | 29 |

1. 한인 이주현황과 법적 지위 | 31 |
   1) 한인의 토지소유권과 이중국적문제 | 31 |
   2) 領事裁判權의 실시와 문제점 | 41 |

2. 대륙침략 토대의 구축 | 52 |
   1) 統監府間島派出所의 기능 | 52 |
   2) 間島協約을 통한 국제적 입지 강화 | 58 |

3. 통신체제의 완비 | 62 |
   1) 통감부시기 통신체제 | 62 |
     (1) 통신망 구축의 기초 | 62 |
     (2) 간도우체국의 설치 – 금융과 통신의 이중주 | 67 |
   2) '간도출병'과 통신시설 | 72 |
     (1) '간도출병'을 통한 군용선 가설 | 72 |
     (2) 군용선을 둘러싼 중일간의 갈등 | 80 |

Contents

Ⅱ. 農業金融機關의 설치와 운영　│89│

  1. 間島救濟會의 설립과 회유적 수탈의 강화　│91│
    1) 간도구제회의 설치경위　│91│
    2) 저리대출과 韓人 經濟基盤 잠식　│102│
    3) 토지매수의 가속화　│110│

  2. 민회금융부의 설치와 한인사회의 통제　│119│
    1) 민회금융부의 설치　│119│
    2) 與信의 集中化를 통한 한인사회 통제　│124│
      (1) 민회금융부의 조직　│124│
      (2) 여신의 집중화와 한인사회의 통제　│129│
    3) 자금조달과 토지수탈의 가속화　│140│

Ⅲ. 일본상권의 확대와 금융기관의 설치　│147│

  1. 무역구조의 변화와 對日從屬化　│149│
    1) 淸津港루트 개발과 무역구조의 재편　│149│
    2) 일본의 상권침투와 대일종속화　│161│
      (1) 제1차 세계대전과 일본인 상권확대　│161│
      (2) 간도경제의 대일종속화　│170│

2. 화폐유통의 변화와 朝鮮銀行券 | 176
  1) 吉林官帖의 위기 | 176
    (1) 화폐유통의 다원화 | 176
    (2) 吉林官帖과 루블화의 하락 | 182
  2) 朝鮮銀行券의 유통 | 189
    (1) 엔의 강세 | 189
    (2) 조선은행권의 유통 | 193

3. 조선은행의 침투와 역할 | 199
  1) 조선은행 '利用論' | 199
    (1) 만주중앙은행 설치론 | 199
    (2) 조선은행 설치론 | 205
  2) 조선은행 龍井出張所의 상업금융활동 | 208
    (1) 間島郵遞局 업무와 출장소 설치 | 208
    (2) 換 업무와 輿信의 민족적 차별화 | 212
  3) 엔블록화의 추진 | 223

Ⅳ. 한인의 대일 경제투쟁 | 227

1. 日貨排斥運動 | 229
  1) 일화배척운동의 배경 | 229
  2) 일화배척운동의 성격 | 232

  2. 경제투쟁을 통한 항일민족운동 ▎237
    1) 청년운동 단체의 활동과 의의 ▎237
      (1) 청년운동 단체의 활동 ▎237
      (2) 청년운동의 의의 ▎243
    2) 民會 배척운동과 間島蜂起 ▎251

결론 ▎261

참고문헌   271

찾아보기   287

서론

1. 서론

일제강점기 間島[1])지역은 移住韓人에게는 식민지배의 굴레에서 탈출하여 새로운 삶의 터전으로 기대되었던 곳이자 일제로서는 대륙경영을 시험하는 무대였다. 20세기 초 일제뿐만 아니라 러시아까지 개입된 파워게임의 무대였던 간도에 대한 일제의 관심은 배타적인 권익 획득으로 표출되었다. 특히 일제는 자본 진출을 통해 보다 확고한 '엔블록' 경제체제를 완성하고자 간도에서 원료 공급과 시장확보에 전력을 기울였다. 이렇듯 간도는 일제가 '침략'과 '통제 및 지배' 체제를 구축하기 위하여 침략적 금융정책을 실시한 반면 한인은 '이주와 정착' 그리고 보다 나은 삶을 영위하기 위한 '저항' 운동을 전개한 현장이었다.

국제법상 국권이 소멸된 상태에서 이주한인의 실체는 독립운동의 인적·물적 토대로 고정되었다. 이러한 관점에서 일제강점기 이주한인에 대한 연구는 주로 '이주한인=독립운동의 자원'이라는 기본적인 시각에 국한하여 진행될 수밖에 없었다. 1960년대 이후부터 한인사회가 독립운동에 어떻게 기여하였는지에 대한 연구는 이러한 사실을 그대로 보여준다.[2]) 일제의 지배정책과 중국측 갈등으로 위기상황에 직면한 한인의 이주 실태를 규명한 연구성과들이 축적되었다.[3])

---

1) 본고에서는 편의상 북간도를 '간도'로 통일하여 서술하였다.
2) 대표적인 연구로는 玄圭煥의 『韓國流移民史』上, 語文閣, 1967을 들 수 있다. 이후 高承濟, 『韓國移民史硏究』, 章文閣, 1973가 간행되면서 간도 한인이주에 대한 본격적인 연구물이 나오기 시작하였다.
3) 간도지역 한인의 이주 실태를 규명한 연구성과는 다음과 같다.
吳世昌,「在滿韓人의 社會的 實態」,『백산학보』9, 백산학회, 1970 ; 權 立,「中國居住 韓民族 歷史의 特點에 대하여-二重的 性格과 二重的 使命을 中心으로-」,『吳世昌敎授 華甲紀念論叢』, 동간행위원회, 1995 ; 권 립,「滿洲 '근대 水田'의 개발과 우리 민족」,『何石 金昌洙敎授 華甲論叢』, 汎友社, 1992 ; 權赫秀,「1920~30년대 동북지방 조선족 농민의 경제상

이형찬은 간도이주의 원인과 계층별 분석을 통하여 한인사회의 사회적 실태를 규명하였다.[4] 하지만 중국 고리대의 폐해와 일제의 자본 침투에 따른 한인의 처지에 대한 설명은 부족하다. 윤휘탁은 간도지역 농촌의 계층별 분석을 통하여 이주한인의 궁핍한 사회상을 규명하였다.[5] 그러나 이 글은 1920년대 간도 농촌지역을 다루면서 民會金融部의 활동과 성격을 거의 언급하지 않았다. 때문에 일제의 금융침략 의도를 명확하게 파악하는 데는 일정한 한계를 지닌다. 이러한 연구는 그동안 간도지역의 독립운동사에 치우친 경향을 어느 정도 극복하였지만, 한인이 열악한 환경에 처해 있었다는 결론에 도달하면서도 본질적인 문제 즉 일제의 지배정책에 대해 구체적이고 실증적으로 밝히지 못하였다.

　한편 중일간에 맺은 조약의 효력으로 제약과 통제를 받았던 한인들의 법적 지위에 대한 일련의 연구들이 있었다.[6] 이러한 연구는 중일 양국간의 갈등으로 발생한 한인의 '難民的 지위'를 지나치게 강조한 나머지 힘의 논리로 귀결된 당시 국제 정치상황을 심층적으로 분석하지 못했다. 이러한 가운데 김춘선은 간도지역 이주한인사회의 형성과정에 대해 심도있는 연구를 진행하였다.[7] 이 논문은 이주 연

황에 관하여」, 『명지사론』 5, 명지대사학회, 1992 ; 洪鍾佖, 「1920年代 '在滿 朝鮮人의 定着上 問題에 對하여-商租權·歸化·小作慣習을 中心으로」, 『춘전이태영교수화갑기념논총-전환기의 동서사학』, 논총간행위원회, 1992 ; 권 립, 「在滿 朝鮮人移民의 分布狀況과 生業-1910~1930年을 中心으로」, 『백산학보』 41, 백산학회, 1993 ; 金春善, 「試論九一八事變前日本帝國主義對朝鮮族的政策及其後果」, 『民族史碩士論文輯』 1, 延辺大學, 1991.

4) 이형찬, 「1920~30년대 한국인의 만주이민연구」, 『논문집』 12, 한국사회학연구회, 1988.
5) 尹輝鐸, 「1920~30年代 滿洲中部地域의 農村社會構成 - 間島地方의 朝鮮人農民을 中心으로」, 『수촌박영석교수화갑기념논총』 하 1, 동논총간행위원회, 1992.
6) 권 립, 「광복이전 中國居住 한민족의 法的地位에 대하여」, 『汕耘史學』 4, 산운학술문화재단, 1990 ; 朴永錫, 「日本帝國主義下 在滿韓人의 法的地位에 관한 諸問題」, 『한국민족운동사연구』 11, 한국민족운동사연구회, 1995 ; 박영석, 「滿洲韓人의 法的地位」, 『尹炳奭敎授華甲紀念論叢』, 동간행논총위원회, 1990 ; 朴慶輝, 「在中朝鮮族의 法的地位에 대한 역사적 고찰」, 『백산학보』 44, 백산학회, 1994 ; 金周溶, 「北間島 韓人의 法的地位」, 『동국사학』 30, 동국사학회, 1996 ; 孫春日, 「在滿韓人의 國籍問題와 土地所有權 關係-土地商租權을 中心으로-」, 『한국민족운동사연구』 17, 한국민족운동사연구회, 1997.
7) 金春善, 「'北間島' 地域韓人社會의 形成 硏究」, 국민대박사학위논문, 1998.

혁·실태·중국과 일제의 이중압박 속에서 저항하는 한인사회의 실상을 풍부하게 다루었다. 하지만 일제에 의해 독립운동의 거점 또는 '잠재적 저항집단의 주거지'로 인식되었던 간도지역에 救濟會·民會金融部를 통한 명목상 '경제적 원조'가 진행되었다는 점을 감안한다면, 이에 대한 구체적이며 심층적인 연구는 미흡한 실정이다.[8]

1905년 러일전쟁에서 승리한 일제는 만주침략에 노골적인 관심을 나타냈으며, 서구 열강과 미묘한 관계 속에서 만주에 대해 보다 유리한 지위를 확보하고자 노력하였다. 당시 동북아시아의 국제정세는 미국·영국·프랑스·러시아 등이 淸에 침투하여 자국의 이권획득을 위해 상쟁하고 있었다. 두 차례 전쟁에서 승리를 통해 자신감을 얻은 일제는 신장된 국제적 지위를 이용하여 만주에서 배타적인 특권을 획득하고자 하였다. 이는 일제가 국가안보와 외교정책상 만주지역을 조선과 연계하여 중요한 안전판으로 간주하고 있었음을 의미한다. 또한 일제는 러일전쟁 승리 후 사회전반에 고조되어 있던 불만을 해소하기 위해서도 국가독점자본의 축적을 시기적으로 앞당겨야 했다.[9]

이러한 가운데 일제는 대륙침략을 위하여 '만주경영'을 추진하였다. 이는 南滿洲鐵道株式會社 설립으로 구체화되었다. 러시아의 東淸鐵道를 인수하여 일본 최대 국책회사인 남만주철도주식회사 설립은 만주에 대한 교통·통신의 지배를 구축했음을 의미한다. 일제는 이를 바탕으로 철도 沿線에 산재해 있는 토지를 획득하여 일본인 이주를 추진하였다. 또한 철도를 이용하여 북만주 지역까지 상품원료

---

[8] 일제가 한인 자치기구라고 표방한 민회에 대해서도 그 성립과정 및 조직체계에 대해서만 언급하고 있을 뿐이다. 민회에 대한 대표적인 연구는 다음과 같다.
吳世昌,「在滿朝鮮人民會硏究」,『백산학보』 25, 백산학회, 1979 ; 김태국,「'북간도' 지역 조선인거류민회(1917~1929)의 설립과 조직」,『역사문제연구』 4, 역사비평사, 2000 ; 김태국,「만주지역 조선인민회 연구」, 국민대박사학위논문, 2001.
[9] 일제는 1904년 이후 한국에 대한 강력한 화폐개혁을 단행했다. 이는 비자본주의 국가인 한국에 대하여 자본주의 환경을 강제적으로 이식하였음을 의미한다. 또한 정치인들은 일본 국내의 혼란한 상황을 극복하기 위해 한국을 신속하게 병합하고자 하였다(福田東作,『韓國倂合紀念史』, 大日本實業協會, 1914 참조).

의 운반과 군대의 신속한 이동을 도모하기에 이르렀다. 특히 조선총독부의 '鮮滿一體化'는 대륙정책을 원활히 하기 위하여 취한 전략이었다. '조선경영은 대륙발전의 제1보'라고 선언하였던 寺內總督은 대륙을 하나의 새로운 영토로 인식하고 일본의 팽창에 따른 대륙식민을 꾀하여야 한다고 주장하였다.[10] 조선을 '利益線'으로 설정하고 이를 기반으로 만주지역으로까지 연장하여 자본진출과 함께 식민지 초과이윤도 확대하려는 입장이었다.

일제의 무역 · 금융정책은 철도와 같은 기간 산업의 확충과 군사시설의 설치를 병행하면서 진행되었다. 1910년대 초반 일본은 원시축적 단계를 극복하지 못한 상태에서 해외무역 특히 유일한 수출초과이윤 획득지역인 만주에 대한 독점적 지위를 확보하기 위하여 금융정책을 전개하였다. 일제의 금융정책은 대륙침략정책을 추진하는 과정 속에서 자본주의의 확립뿐만 아니라 이주한인의 실생활과 직결된 매우 중요한 사안이었다. 따라서 금융정책이 어떠한 방식으로 전개되었는가를 명확하게 규명할 필요가 있다.[11] 왜냐하면 대부분 농업에 종사하고 있던 한인에게 자본제적 상품 침투는 그들의 경제생활을 위축시키거나 궁핍하게 하는 요인이었기 때문이다.

일제는 만주를 그들의 상품판매시장과 원료공급지로 인식하였으며 이를 실행하기 위하여 각종 경제정책을 펼쳤다. 이러한 경제정책 가운데 이른바 아시아의 패권국가로 탈바꿈하기 위한 기초작업이 금융의 재편이었다. 일제는 철도 · 토지 · 금융분야를 완전히 장악하여 경제적 이익을 위해 배타적이며 독점적인 경제블록(권)의 건설을 구

---

10) *RECORDS OF THE DEPARTMENT OF STATE RELATING TO INTERNAL AFFAIRS OF KOREA(CHOSEN) 1910~1929 -895.60 INDUSTRIAL MATTERS 895.602 or 4, NARS*, 1961.
11) 이 책에서는 간도에 대한 금융정책의 주체에 따라 용어를 달리하고자 한다. 물론 그 정책 주체가 명확할 때, 예를 들어 조선총독부 · 간도총영사관 등 구체적으로 제시하고 그렇지 않을 때는 일제라는 용어로 대신하고자 한다. 명확한 용어사용은 당시 대륙침략정책 및 한인사회의 감시와 통제기능을 담당하였던 기관을 정확하게 보여줄 것으로 판단된다.

상하였다. 특히 간도지역은 일제의 군사적·경제적·정치적 특수 지역으로서 러시아 세력을 제어할 수 있는 하나의 완충지였다.

이러한 가운데 일제는 식민지 초과이윤을 극대화시키기 위하여 이른바 '엔블록'을 추진했다. 즉 화폐의 통일을 기하고 이를 통하여 상인들의 무역활동을 더욱 촉진시키며 나아가 결제수단으로서 일본화폐의 가치를 절대적인 기준으로 삼고자 하였다. 일제는 제1차 세계대전을 기점으로 채무국에서 채권국가로 그 지위가 상승되면서 중국에 대한 '통화테러'를 더욱 강력하게 자행했다. 이는 러시아 화폐의 가치하락과 중국 官帖이 불환지폐로 전락되는 등 동북아 국제상황이 일제에게 매우 유리하게 전개됨으로써 가능하였다.

지금까지 일제의 대륙침략 정책을 철도와 연계하여 그 성격을 규명한 연구[12]는 있으나 금융정책에 대한 연구는 그다지 많지 않다. 특히 한인의 생활실태 관련연구는 거의 없는 실정이다. 또한 국내에서 진행되고 있는 일제의 식민지경제 재편과 연관하여 만주 또는 간도에서 금융정책도 구체적으로 설명하지 못하였다.[13] 다만 간도에 대한 일제의 경제침략을 일본 본국과 무역구조를 통해 규명한 주목할 만한 연구가 나왔다.[14] 다만 이 연구는 엔화권의 확대란 측면을 소홀히 다루었다.

일제의 간도금융정책에 대한 선행연구는 고승제의 연구를 들 수 있다.[15] 그는 대륙정책의 전개과정에서 조선은행 역할을 고찰하였

---

12) 井上學,「日本帝國主義と間島問題」,『朝鮮史研究會論文集』10, 朝鮮史研究會, 1970 ; 橋谷弘,「朝鮮鐵道の滿鐵への委託經營をめぐって-第次大戰前後の日本植民地政策の一斷面」,『論文集』19, 朝鮮史研究會, 1982 ; 東尾和子,「琿春事件と間島出兵」,『論文集』14, 朝鮮史研究會, 1977 ; 松村高夫,「日本帝國主義における滿洲への朝鮮人移動について」,『三田學會雜誌』63-6, 1970.
13) 宋圭振,「日帝下 朝鮮의 貿易政策과 植民地貿易構造」, 고려대박사학위논문, 1998은 국내의 무역상황에 대해서는 자세하게 다루고 있으나 만주 또는 간도지역의 무역에 대해서는 소략한 편이다. 또한 塚瀨進은 『中國近代東北史研究』, 東方書店, 1993에서 만주지역의 철도부설과 그에 따른 경제재편을 설명하면서 간도지역에 대해 간단하게 언급하였을 뿐이다.
14) 禹英蘭,「日帝의 經濟侵略과 間島의 對日貿易」, 경북대박사학위논문, 2001.

다. 하지만 일제의 조선은행 만주지점 설치 배경과 진출과정에 대한 부분에 초점이 맞추어졌기 때문에 조선은행의 영업상황 즉 대출과 예금의 성격을 규명하지 못한 한계가 있다.

波形昭一은 일본제국주의의 성립과 금융독점자본주의의 확립이라는 同軌的 측면에 대한 비판적인 시각에서 일제 금융정책의 성격을 탁월하게 분석하였다.[16] 그러나 분석지역이 남만주에 치중하였고 일제의 자본팽창 시각에서 금융정책을 다루었기 때문에 한인사회와 관련된 내용은 거의 없다. 대륙침략을 위한 점령지 금융정책의 성격만을 도출하였다. 이와 같은 맥락으로 만주에 대한 금융정책을 통화 팽창과 통일로 파악한 연구도 있다.[17]

오두환은 만주 진출 이후 '엔블록'의 첨병으로서 조선은행의 만주지역에서 역할을 규명하였다.[18] 그러나 조선은행이 간도에 설치되는 배경과 일제의 정책에 관한 부분은 거의 다루어지지 않았다. 더욱이 일제의 자본주의 성립에 초점을 맞추었기 때문에 통화량의 증감 등 발행권 은행의 성격만을 도출하였을 뿐이다. 즉 조선은행이 '輿信의 집중화'라는 금융의 근대성과 식민지성을 내포하고 있던 상업은행으로서 성격을 규명함에는 미흡한 느낌을 준다.

한편 일제의 자본제 확립과 금융침략 특히 중국 고유통화와 외국 통화 사이에 대결양상을 만주지역 금융권의 재편과 연결하여 규명한 연구도 있다.[19] 이 연구는 조선은행의 만주 '진출'을 한국의 식민지 경영에 필요한 자금수요의 불균형을 극복하기 위한 전략의 하나로 규명하였다. 이는 금융의 선만일체화라는 일제의 전략 속에서 조선은행 역할을 정금은행권의 조선은행권으로 대체로만 파악하는 한계

---

15) 高承濟, 『植民地金融政策の史的分析』, 御茶の水書房, 1972.
16) 波形昭一, 『日本植民地金融政策の硏究』, 早稻田大學校出版部, 1985.
17) 柴田善雅, 『占領地通貨政策の展開』, 日本經濟評論社, 1999.
18) 吳斗煥, 「滿洲에서의 朝鮮銀行의 역할」, 『經濟史學』 24, 경제사학회, 1998.
19) 島崎久彌, 『円の侵略史』, 日本經濟評論社, 1989.

를 드러내고 말았다. 그런 만큼 간도지역에서 상권 동향, 조선은행의 영업과 상관성에 대한 분석은 거의 없다.

이주한인의 경제적 토대인 토지문제를 중심으로 일제의 금융정책을 다소 언급한 순춘일은 '土地商租權' 문제를 둘러싼 중·일간의 첨예한 갈등과 이로 인한 이주한인의 경제적 핍박에 초점을 맞추었다.[20] 토지문제에 대한 일제의 금융정책의 실시와 그 영향에 대한 구체적인 언급은 거의 하지 않았다. 또한 시기적으로도 만주사변 이후 '僞滿洲國' 하에서 일제의 토지지배정책과 한인사회의 대응에만 국한하는 등 문제점을 내포하고 있다. 김춘선은 간도 이주한인사회의 형성과정을 일제의 한인 탄압 및 기만적인 회유정책과 중국측의 한인구축정책을 중심으로 서술하면서 일제 금융정책의 극히 일부인 '間島救濟會'의 피해만을 다루었다.[21] 때문에 여신의 사용 용도 및 이에 대한 세밀한 분석은 미흡하다.

鶴嶋雪嶺은 간도총영사관이 간도구제회 사업을 실시함으로써 실질적인 한인의 경제력 향상을 초래하였다고 주장하였다.[22] 즉 중국인 지주의 고리대에 착취당하고 있던 한인이 일제가 설치한 금융기관에서 저리의 대출 혜택 이른바 경제적 원조를 받았기 때문에 구제회의 사업실태와 그 효과를 이주한인의 경제력 향상과 연결하여 논지를 전개했다. 이는 구제회 사업의 성격을 일제의 '구제'라는 명목에 치중함으로써 한인경제에 대한 폐해를 도외시한 무리한 견해가 아닐 수 없다.

이상에서 살펴본 바와 같이, 기존 연구는 일제의 금융정책 가운데 농업부분에 상당한 비중을 두었으며, 많은 통계자료를 이용하여 식민지 금융정책의 전반을 고찰하였다. 그러나 기존 연구는 일제의 대

---

20) 순춘일, 「日帝의 在滿韓人에 대한 土地政策硏究」, 한국정신문화연구원박사학위논문, 1998.
21) 김춘선, 「'북간도' 지역 한인사회의 형성 연구」 참조.
22) 鶴嶋雪嶺, 『中國朝鮮族硏究』, 關西大學出版部, 1997, 198~201쪽.

륙침략정책과 자본주의 성립과정의 한 분야로서 파악하거나 또는 일제의 한인사회에 대한 수탈 기능을 구체적으로 제시하지 못하는 등 간도지역에서 시행된 금융정책의 전체상을 살피지 못했다. 이를 극복하기 위해서는 '엔화통화권'의 확대뿐만 아니라 일본의 상권 확대와 한인사회에 대한 경제적 수탈(토지수탈) 및 통제(원조)와 관련한 식민지 금융정책의 전반적인 성격을 실증적으로 규명하는 작업이 요구된다.

이 책에서는 기존의 연구업적을 토대로 하여 그동안 소홀히 다루어졌던 일제의 간도금융정책의 전개와 그 과정에서 한인들이 어떠한 영향을 받았는지 규명하였다. 나아가 일제의 간도금융정책이 과연 '시혜적인' 입장만을 유지하였는지 그리고 한인에 대한 경제적 원조와 간도지역의 경제질서를 재편하기 위한 본질적 의도는 무엇이었는지를 살펴보고자 한다. 아울러 다음과 같은 기조하에서 일제의 간도금융정책의 본질에 접근하려 한다.[23]

첫째, 일제의 자본주의 팽창이 간도지역으로 진행되는 과정 속에서 금융정책이 한인의 경제적 상황에 어떠한 영향을 미쳤는지 조명하고자 한다. 특히 중국인 지주의 고리대에 착취당하고 있던 한인들이 일제가 표방하는 저리대출을 이용함으로써 농업경영에 어떠한 도움을 받고 있었는가에 대하여 실증적으로 규명하여 일제의 '구제'를 통한 한인사회 장악의도는 무엇이었는가를 고찰하였다. 또한 일제가 '원조'를 지속적으로 전개하려던 근본적인 원인은 무엇이었는가. 즉 한인의 효용가치와 일본인의 이주문제는 어떠한 연관성이 있는가에

---

23) 금융의 근대적인 성격인 '수신의 대중화(사회화)'와 '여신의 집중화'를 기준으로 한다면 일제가 간도에서 행한 금융정책의 성격을 보다 명확하게 파악할 수 있을 것이다(鄭昞旭, 「日帝下 朝鮮殖産銀行의 産業金融에 관한 硏究」, 고려대박사학위논문, 1998, 3~4쪽). 특히 여신의 집중화를 영리성이라고 한다면 일제가 구제회라던가 민회금융부를 통하여 한인에게 집중적인 대출을 전개한 것은 바로 정책주체의 이익이 보다 우선시되었기 때문이다.

대하여도 살펴보았다. 이러한 일제의 농업금융정책에 초점을 맞추어 '구제'의 실상을 파악하고, 일제의 농업자금이 한인사회를 예속화시키려는 본질 규명에 중점을 두었다.

둘째, 금융정책을 다룬 기존 연구에서는 농업금융의 폐해만을 소략하게 언급하였을 뿐으로 구체적이고 충분한 분석이 이루어지지 않았다. 이는 이주한인의 대부분이 농업에 종사하였고 일제 역시 한인을 이용하기 위한 농업금융에 치중하였기 때문에 나타난 결과라고 생각한다. 그러나 일제가 추진하였던 금융정책의 근본적인 목적은 '엔블록'의 형성이었다. 따라서 자금의 회전율이 높은 상업기관의 역할에 주목할 필요가 있으며, 이를 농업금융기관과 함께 보완적으로 연구할 때 일제의 간도금융정책의 전체상을 파악할 수 있다. 때문에 필자는 급속한 자본주의 확립을 추진하였던 일제가 경제적으로 낙후한 간도지역을 원료공급지로 삼고 산업자본의 투여와 금융 종속을 심화시켰다는 데 주목하였다. 즉 일제의 한인에 대한 금융정책의 특징인 '여신의 집중화'가 내포하고 있는 이중성에 대하여 농업과 상업금융의 두 측면에서 규명하는 데 주목했다.

셋째, 일제의 금융정책하에서 한인사회는 어떠한 방식으로 대응하였는지 중점적으로 규명하였다. 일제의 간도에 대한 종속화 정책은 공동체적 한인사회의 붕괴를 초래했다. 이에 대하여 한인은 생존권 수호와 독립쟁취를 위한 활동을 전개하였다. 이 책에서는 1919년 3·13만세시위운동을 전후한 시기 간도에서 일제의 경제침략에 대한 민족운동의 전개과정과 그 역사적 위상을 고찰했다. 나아가 1920년대 청년단체의 對日 경제투쟁 과정과 간도봉기의 성격도 조명하고자 한다.

본 연구는 일제의 간도금융정책 시행과정이 어떠한 변화를 보이는지를 추적함으로써 일제의 간도 이주한인사회에 대한 구제의 허상과 금융정책의 성격을 구체적으로 밝히고 나아가 이에 대한 한인사회의 대응을 고찰하겠다. 따라서 본 연구는 간도지역에서 일제의 금융정책이 자국의 자본진출, 대상지역 경제질서의 재편과 한인사회에 대한 수탈과 갈등·분열을 양산하는 방식으로 진행되었다는 점을 살펴봄으로써 금융정책의 실체와 한인사회의 저항 및 변화 양상을 전체적으로 이해하는 데 도움을 주고자 한다.

본 연구의 시기적 고찰 범위는 1907년부터 1931년으로 한정하였다. 그 이유는 만주사변과 만주국의 성립 이후 일제의 금융정책이 전 시기와 확연하게 구분되기 때문이다. 만주국이 설립되면서 일제는 한인에 대한 명목상의 '구제' 정책을 폐기하였다. 이는 국가라는 단일한 체제하에서 한인에 대한 정책 또한 집단적인 통치체제로 전환하였음을 의미한다. 특히 조선은행의 경우에는 만주중앙은행이 설치됨으로써 발권은행의 기능을 이전하게 되고 그밖의 금융정책에서 차이점이 나타나기 때문에 통감부파출소 설치에서 1931년까지로 한정했다. 연구 대상은 일제의 금융기관으로 국한하였다. 그리고 공간적 연구범위는 간도지역으로 제한했다. 왜냐하면 간도는 러시아의 접경지역으로서 만주로 이주한 대다수의 한인이 거주하였던 곳이며, 일제는 북만의 자원을 수탈하기 위한 거점지역으로서 이 지역을 중요시하였다. 따라서 간도지역은 南滿과 北滿 보다 이주한인과 일제의 입장이 첨예하게 대립되었던 곳이었다.

이 책은 모두 4장으로 구성되었다. 제1장은 간도지역에 한인이주 실태와 법적 지위문제를 다루었다. 제2장과 제3장은 일제의 금융정책과 한인의 경제적 실태 등을 고찰하였다. 제4장은 일제의 금융정책에 대한 한인사회의 대응양상을 조명하였다.

제1장은 이주한인사회의 형성과 한인의 법적 지위문제, 일제의 침략 교두보 확보를 다루었다. 1860년대 이후 조선 왕조의 침탈과 외세의 침략, 잇따른 자연재해에서 벗어나기 위해 간도로 이주행렬이 이어졌다. 아무런 법적 보호를 받을 수 없는 상황하에서 간도로 이주

한 한인의 대다수는 축적된 농사기술을 활용하여 황무지를 개간하면서 점차 한인사회를 형성할 수 있었다. 그러나 자연적 촌락형태를 이룬 한인사회는 생계와 직결된 토지소유권과 인간의 존엄성을 담보하는 법적 지위문제에 봉착하게 되었다. 제1장에서는 한인의 토지소유권 문제와 이중국적 및 재판권 관할 문제에 대하여 다루어봄으로써 당시 한인의 사회적 지위를 규명하였다. 나아가 일제가 통신 지배를 통해 얻고자 한 것은 무엇이었는가도 아울러 살펴보았다.

제2장은 일제의 농업금융기관인 間島救濟會와 民會金融部를 다루었다. 1911년 龍井의 대화재로 인한 한인들의 피해를 복구한다는 명목으로 설치된 간도구제회는 영사관의 부속기관으로서 한인에 대한 금융대출을 주된 업무로 삼았다. 한편 1920년 일제는 간도참변에 따른 '한인의 재산 피해 및 경제적 안정을 도모'한다는 취지하에 조선인민회 내에 금융부를 설치하여 한인에 대한 대출사업을 전개하였다. 이 기관은 일제가 간도에서 세력확장을 위하여 '구제'라는 명목으로 한인사회의 분열과 통제를 시도했다. 본 장에서는 이와 같은 기관의 구체적인 영업실태를 분석함으로써 한인구제의 허구성과 일제의 대륙침략 정책 속에서 한인의 존재양태를 살펴보았다. 특히 저리라는 대출이자가 가지고 있는 특질을 파악함으로써 일제의 농업금융기관이 한인사회를 어떻게 지배해 갔는지 규명하고자 하였다.

제3장에서는 일제의 자본이 간도에 진출하는 과정에서 그 교두보 역할을 하는 금융기관으로 설립된 조선은행 龍井支店의 영업 상황을 규명하였다. 이를 위해 먼저 상품의 가치실현을 위한, 즉 보다 원활한 유통망을 확보하기 위한 일제의 철도부설 및 청진항의 이용과 간도지역의 무역상황을 살펴보았다. 일제가 간도지역의 값싼 노동력을 바탕으로 원료공급과 상품판매라는 측면을 통하여 한인사회에 어떠한 영향을 미쳤는가에 대한 규명이 필요하기 때문이다. 일제는 무역결제에 지장을 주는 간도지역의 복잡한 화폐유통을 극복하여 단일화

폐를 추구하였다. 당시 간도에서는 중국·일본·러시아·구한국 화폐 등 매우 다양한 화폐가 유통되었다. 이주한인의 경우 대부분은 구한국 화폐를 소지하고 있었는데, 일제의 화폐단일화 정책으로 인하여 매우 혼란한 상황에 직면하게 되었다. 즉 세금납부와 일상생활에서 화폐유통이 번거로웠다. 따라서 한인의 화폐유통과 일제의 화폐단일화 정책간에 어떠한 관련성이 존재하는지에 대해 고찰하였다. 그리고 조선은행의 간도진출이 일제의 만주지역 금융정책 가운데 어떠한 성격으로 진행되었으며, 나아가 일본 상권이 확대되면서 한인의 상업활동 및 경제적인 변화가 어떻게 전개되었는가에 대하여 살펴보았다. 조선은행이 일본 상인들에게 자본의 안정성을 확보시켜주기 위해 한인사회에 취한 역할이 무엇인가를 규명하고자 하였다.

　제4장에서는 일제가 자본의 팽창정책을 시행하면서 설립한 특수금융기관의 활동에 대하여 한인사회의 대응과 저항은 어떠한 방식으로 진행되었는가를 규명하였다. 일제가 이주한인을 '보호 구제'하기 위하여 설치한 일제의 '구제회'와 '금융부'의 활동에 대하여 한인들은 1910년대 위태로운 법적 지위 속에서 비밀결사운동을 통하여 적극적인 저항운동을 전개했다. 또한 일제의 자본진출이 본격화되면서 일제와 중국군벌간에 체결된 滿蒙條約을 계기로 중국 각지에서 일화배척운동이 전개되었다. 간도지역에서도 한인 청년들을 중심으로 일화배척운동을 일으켰다. 그 과정에서 한인들이 중국측과 어떠한 연계를 가지고 일화배척운동을 전개하였는가를 고찰하였다. 1920년대 이후 간도지역에서 활발하게 진행되었던 청년들의 대일 경제투쟁과 수탈적 기능만을 강화하였던 民會 등에 대한 한인의 전반적 저항운동 및 간도지역 한인의 저항 결정체라 할 수 있는 間島蜂起에 대해 고찰했다. 이와 같이 일제의 농업금융·상업금융기관의 활동과 성격, 한인사회의 저항이라는 양면을 고찰하여 간도지역에서 일제의 금융정책 성격과 그에 대한 한인사회의 대응양식을 일제강점기 간도지역사의

특징과 연계하여 규명하고자 하였다.

본 연구는 주로 일제측 자료인 조선은행 조사국의 자료[24]와 동양척식주식회사의 조사 보고서인『間島事情』등을 이용하였다. 조선은행 조사국 자료는 1910년대 간도지역의 경제상황을 파악할 수 있는 매우 중요한 자료이다. 東拓의『間島事情』은 양적·질적으로 풍부하여 일제의 금융정책과 한인의 금융상황을 적합하게 파악할 수 있었다. 또한『日本外務省文書』및 국사편찬위원회에서 수집한『日本外交史料館文書』[25] 등을 주된 자료로 이용하였다. 이는 당시 일제의 간도총영사관에서 조사·기록한 것과 총영사가 외무대신과 주고 받은 서신이 주류를 이루고 있다. 외교문서는 자국의 국가이익을 반영해야 하는 특성상 자의적 해석이 개입될 여지가 있으므로 충분한 비판을 요한다. 그럼에도 이러한 자료는 당시 정책주체였던 간도총영사관의 침략의도가 상세히 반영되어 있으며 분량 또한 상당하기 때문에 사료적 가치가 매우 높다. 그 밖에도 부분적으로 중국측 자료와 한인들의 회고록 및 신문과 조사자료를 참조하였다.[26] 그러나 朝鮮銀行 龍井出張所의 경우에는 다른 금융기관과는 달리 영업상황을 명확하게 파악할 수 있는 자료의 수집이 미흡한 편이다. 필자는 이를 보완하기 위해 연변당안관과 현재 용정신용저축조합으로 개조된 조

---

24) 朝鮮銀行,『間島及琿春地方經濟狀況』,『朝鮮銀行月報』3-4 부록, 1912 ; 朝鮮銀行調査局,『局子街ニ於ケル經濟狀況』, 1918.

25)『日本外交史料館文書』Reel 28(153156, MF 05024 국사편찬위원회소장자료), 朝鮮人ニ對スル施政關係雜件」-産業施設 一.
『日本外交史料館文書』Reel 29(153156, MF 05025),「朝鮮人ニ對スル施政關係雜件」-産業施設 三.
『日本外交史料館文書』Reel 30(153156, MF 05026),「朝鮮人ニ對スル施政關係雜件」-産業施設 六. 본 자료는 1998년 국사편찬위원회에서 수집한 자료로서 간도지역에서의 일제의 금융정책 실상을 상세히 파악할 수 있는 1차 사료이다. 앞으로 이들 사료에 대한 적극적인 이용을 통하여 일제의 對間島 금융정책의 성격과 한인사회의 경제실태를 보다 명확하게 파악할 수 있을 것이다.

26) 李澍田 編,『琿春史誌』, 吉林文史出版社, 1988 ; 孫 邦 主編,『僞滿史料叢書』9-經濟掠奪, 吉林人民出版社, 1993 ; 金鼎奎,『龍淵金鼎奎日記』, 한국독립운동사연구소, 1994 ; 한국독립운동사연구소,『北愚 桂奉瑀 資料集(1)』, 1996.

선은행 용정지점에서도 자료를 구하였지만 아직까지 만족할 만한 자료를 입수하지 못했다. 이는 추후 보완하기로 한다.

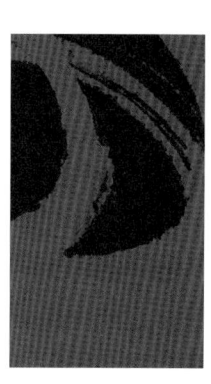

Ⅰ. 韓人의 間島 移住와
　　일제의 통신체제 구축

1. 한인 이주현황과 법적 지위

1) 한인의 토지소유권과 이중국적문제

한인이 간도에 이주하게 된 원인은 크게 두 가지로 나눌 수 있다. 첫째, 초기 이주는 국내 문제, 즉 중앙정부의 무능과 부패에 따른 생활의 곤궁에서 탈출하기 위해서였다. 다른 한편으로는 당시 세계의 주도권을 장악하고 자본을 무기로 한 제국주의 국가들이 세력확장을 위해 약소국을 植民地化하는 데서 오는 박탈감과 착취에서 탈출하려는 데 그 원인이 있었다. 특히 후자의 경우처럼 일제의 조선 침탈은 간도로 한인이주를 더욱 가속화시켰다.[1]

초기 한인이주는 지역적 특성으로 인하여 주로 함경북도 지역의 사람들로부터 시작되었다. 한인들은 1869·1870년의 대흉년으로「越江罪」[2]를 무릅쓰고 북간도로 이주했다. 당시 월경한 이주민은 1,500여 명에 달하였으며, 조선정부는 金光雨와 黃繼賢을 보내어 월경인들을 다시 국내로 호송하도록 하였다.[3] 이에 청은 강경한 입장을 표명하였으나, 당시 청의 국내외 상황이 불안하였기 때문에 변방지역인 간도에 대하여 적극적으로 개입할 수 없었다.[4] 그러나 한인의 이주가 자연적인 조건에 국한된 것은 아니었다. 탐관오리의 착취와 수탈에

---

1) 天野原之助는 이주의 주된 원인을 조선 내의 발달된 자본주의에 대한 한인의 부적응으로 파악하였다(中日文化協會,『間島に於ける朝鮮人問題に就いて』, 1931, 9쪽). 그러나 이는 강제적인 경제체제의 이식적 수탈을 미화한 것이라고 생각된다.
2) 청나라는 滿洲를 祖宗發祥地라 하여 封禁하여 왔다. 그러나 邊方 지역인들은 생활이 곤궁하여 어쩔 수 없이 범월할 수밖에 없었다. 이에 청 정부는 월강한 조선인들을 封禁地域 침입과 그 이면의 만주 특산물의 보호 차원에서 이러한 월강을 중죄로 다스렸다(篠田治策,『白頭山定界碑』, 樂浪書院, 1938, 53~54쪽).
3) 金春善,「'北間島' 地域 韓人社會의 形成 硏究」, 국민대박사학위논문, 1998, 48~49쪽.
4) 1900년 義和團 사건이 발생하자 러시아는 수천 명의 군사를 만주로 급파하여 간도를 급습하고 淸國 官憲을 驅逐하는 등 무력활동을 전개하였으며 이 기회를 틈타 조선인 상당수가 간도로 이주하였다(李勳求,『滿洲와 朝鮮人』, 平壤崇實專門學校, 1932, 95쪽).

기인하기도 하였다. 1870년 會寧府使 洪南周는 민생해결책으로 한인들의 월강을 허가했다.[5] 이를 계기로 한인이주는 더욱 증가할 수밖에 없었다. 1905년 國境談判이 결렬된 이후 중국측의 안이한 대응과 일제의 침략에 의해 이주민이 점차 증가하였으며, 국내에서 상당수의 독립운동가들도 이주하였다. 정치적 망명을 한 이들은 民族學校를 설립하여 이주한인 자제들에게 민족교육을 실시하였으며, 적극적으로 민족의식과 저항의식을 함양시켰다.

1910년 8월 일제의 강제병합으로 이주자가 급증하였으며, 그 해 이주한 자는 만주전체에 49,771명으로 북간도에만 24,272명에 달했다.[6] 당시 공식적인 인구통계는 아니지만 일제의 조사에 근거한 것을 감안할 때 이주자 증가는 시사하는 바가 크다. 특히 1910년 이후 국내의 경제적 상황은 식민지 경제체제의 재편 하에 점차 종속되고 있었으며, 일반의 생활상은 매우 열악한 상태에 놓이게 되었다. 그 한 예로 1911년 함경남북도 주민들은 생활고로 간도로 이주하였는데, 6월말 현재 이주자의 총수가 39,000여 명에 달하였다.[7] 국내의 이같은 상황은 한인이주를 가속화시켰으며, 이는 식민통치의 원심적 구조 속에서 한인이 선택할 수 있는 탈출구의 하나였다. 따라서 1910년 이후 북간도로 이주한 한인의 증가비율은 이전 시기보다 월등히 높았다.[8]

---

5) 현규환, 『한국유이민사』 상, 어문각, 1967, 136쪽. 조선 후기 한인의 이주현황에 대해서는 김춘선, 「'북간도' 지역 한인사회의 형성 연구」, 16~94쪽 참조.
6) 滿鐵庶務部調查課, 『支那大陸の人口及面積統計並に北京の市勢調查研究』, 1921, 20~21쪽.
7) 『매일신보』 1911년 7월 12일 「間島移住者激增」.
8) 한인이주의 세부적 요인으로 東洋拓植株式會社(이하 東拓)의 설립으로 인한 토지매수 급증을 들 수 있다. 東拓은 1908년 3월 20·25일에 한국에 대한 경제수탈과 일본인의 朝鮮移住獎勵를 골자로 한 49조의 법안이 심의·통과되면서 설립되었다(태산문화사, 『帝國議會衆議院議事速記錄(이하 衆議院議事速記錄)』 2, 45~47·51~54쪽). 1910년 당시 東拓이 매수한 토지면적은 논 6,813정보이며 전체토지는 8,599정보였다(『朝鮮總督府統計年報』, 1910, 표 111 참조).

[표-1-1] 1910년대 북간도 한인이주민수

연도	인구	연도	인구
1907	71,000	1911	126,000
1908	89,000	1912	163,000
1909	98,500	1916	203,426
1910	105,000	1918	253,961

* 滿洲鐵道株式會社, 『間島事情』, 13~14쪽 ; 牛丸潤亮, 『最近間島事情』, 1927, 121~122쪽.
* 朝鮮及滿洲史編纂委員會, 『最新朝鮮地誌』 下, 1918에 의하면 1917의 한인이주민은 195,611명으로 위의 표 1916년보다 적은 수치이다. 이는 당시 인구통계의 불완전함을 뜻한다.

[표-1-1]에서 보듯이 1907년에서 1910년까지 증가인수는 해마다 1만 명 정도였지만, 이후 1918년까지 매년 이주민은 평균 2만 명 정도로 증가하였음을 알 수 있다. 1910년 전후 이주민은 당시 국내 총인구9)의 약 1%를 차지할 정도로 급증하였음을 알 수 있다. 또한 불완전한 통계이지만, 1910년대 초반 吉林省의 총인구가 5백 만 명인데10) 소수민족의 하나인 이주한인의 수가 약 20만을 헤아린다는 것은 그만큼 국내의 상황이 열악하였기 때문이었다. 이러한 가운데 일제는 1910년대 초기에 본격적인 해외이민을 장려하였다. 이유는 일제의 경제력 신장에 대한 잉여생산의 확대와 국토의 협소화를 극복하기 위해서였다.11)

1907년 설치된 이래 각종 답사 및 조사활동을 전개한 간도파출소는 여러 차례 중국 관헌과 마찰을 빚은 바 있다. 특히 조선의 외교권을 박탈한 일제는 이주한인을 보호한다는 명목으로 공공연히 간도를

---

9) 『朝鮮總督府統計年報』 1911년 제65호에 의하면, 1910년 12월 조선의 호수와 인구수는 다음과 같다. 총호수 2,749,956호, 남 6,953,468명, 여 6,175,312, 총인구 13,128,780명이었다.
10) 滿鐵庶務部調査課, 『支那大陸の人口及面積統計竝に北京の市勢調査研究』, 1921, 30쪽.
11) 『衆議院議事速記錄』 3, 6~8쪽.

조선의 영토라고 주장하기도 하였다. 이러한 월권행위는 청을 자극했다. 청의 반발에 대한 위기의식을 느낀 일제는 보다 원활한 대륙침략을 수행하기 위해 중국에 대해 강·온 정책을 시행한 결과 間島協約[12]을 이끌어 냈다. 이 조약은 제1조에 명시되어 있듯이 그동안 지속되어 오던 국경분쟁을 해결한 일종의 국경협약이라 할 수 있다. 또한 북간도 이주한인의 생활환경을 결정한 조약이었다. 일제는 1915년 5월 중국군벌인 袁世凱와「南滿及東部內蒙古に關する條約」[13] 이른바 21개조약을 체결함으로써 대륙침략을 공고히 하고 한인통치에 유리한 법적 근거를 마련하였다.

이주한인 대부분은 농민들로 광대한 황무지를 개간하면서 정착하였다. 초기 이주민들은 간도에서 농법의 취약성을 간파하고 수전개발에 힘썼으며, 그 결과 벼농사를 실시하게 되었다. 간도에서는 1890년경부터 龍井縣 부근에서 벼재배를 시작하였으며, 1906년 6월 용정현 智新鄕 대교동의 농민 14명이 용수로를 만들고 강물을 끌어들여 水田을 개발하였다. 이후 두만강 북쪽과 海蘭江·細田平原 등지의 광활한 지역에서 수전이 만들어졌다.[14] 이처럼 한인들은 만주의 토질과 기후 등 자연환경을 일차적으로 고려하고, 그에 알맞은 종자를 개량하였으며 이와 같은 노력은 만주경제 전반에 활기를 띠게 하였다.[15]

한인은 수전개발 이외에도 광활한 황무지를 개간하여 자기소유화

---

12) 간도협약에 대한 청·일간의 협의과정과 일본내각의 협의내용 및 간도협약의 전문에 대해서는 日本外務省 編,「間島問題に關する閣議決定」,『日本外交年表竝主要文書』上, 原書房, 1965, 318~319쪽 ; 고려서림,『間島關係(開放及調查)』1, 1990, 514~531쪽 참조.
13) 滿蒙條約의 전문과 협의과정 및 간도협약의 해석에 대해서는 金正柱,『朝鮮統治史料』10, 한국사료원, 1970, 233쪽 ;『間島關係(開放及調查)』1, 112~115쪽 ; 박영석,「일본제국주의하 재만한인의 법적지위에 관한 제문제」,『한국민족운동사연구』11, 한국민족운동사연구회, 43~50쪽 참조.
14) 朝鮮總督府,『朝鮮人移民問題の重大性』, 1935, 22·48쪽.
15) 權 立,「滿洲 '近代水田'의 開發과 우리 民族」,『何石金昌洙敎授華甲記念史學論叢』, 汎友社, 1992, 13~17쪽 ; 牛丸潤亮,『最近間嶋事情』, 1927, 317쪽. 1913년에 중국에서는 水利廳을 창설하였다(金正柱,『朝鮮統治史料』10, 241쪽 ; 日本外務省,『日本外交年表竝主要文書』上, 375쪽).

하였다. 황무지 개발기술은 당시 청인으로서는 능력 밖의 일이었기 때문에 주로 한인에게 의지할 수밖에 없었다. 청인들은 한인들이 이주할 때 그들을 맞아들여 자신들의 未墾地를 대여해 주었다. 특히 산간의 경사지를 개척할 때는 한인의 노동력을 빌리지 않으면 안되었다.

1886년 琿春招墾局이 局子街에 설립되고 청인이 그들 관청에 보호를 받게 되면서 한인의 토지소유는 점점 어렵게 되었다. 한인들은 소유자가 없는 산간의 황무지를 개간하였는데 청인들이 관리와 결탁하여 자기의 소유지라고 하여 이를 탈취하고 한인들을 소작인화 시킨 사례도 상당수 있었다.16) 그럼에도 이주한인은 특별한 생계수단이 없었기 때문에 중국 법권의 강제를 받으면서 소작인 생활을 이어갈 수밖에 없었다.17) 이주한인의 휴대대금이 호당 겨우 120원 내지 139원 정도였고 대부분은 일용품만을 휴대하고 있었다. 일가족이 이주하였기 때문에 식량부족과 耕牛의 부재로 중국인에게 차용 또는 임차로 생활하였고 한편으로 귀화 입적하여 토지를 소유·경작하였다.18) 한편 이주한인들은 청인 이주자보다 먼저 척박한 토지를 개간하여 자작농의 기틀을 마련하고자 노력했다. 하지만 경쟁력 있는 농업기술만을 보유한 한인에게 토지소유권의 실현은 매우 어려운 실정이었다.19)

---

16) 統監府臨時間島派出所, 『間嶋産業調査書』 1편(農業調査書), 28쪽.
17) 『間島關係(開放及調査)』 2, 505~506쪽 ; 金正柱, 『朝鮮統治史料』 1, 298쪽.
18) 귀화한 韓人은 상당한 토지를 소유하였다.

歸化者	崔 發	韓喜鎭	溫殷福	王 盛	金平俊	王 連	陳 魁	李全福
所有地	46晌	41	41	42	30	42	31	36
地 名	土門子	土門子	朝陽河	六道溝	三洞	牧丹川	小磐嶺東	虛來城

 * 1晌은=0.7헥타르(統監府間島派出所, 『間嶋産業調査書』, 30쪽).
19) 淸人의 未墾地를 개간한 韓人은 종자와 추수 전까지의 식량을 청인에게서 빌리고 가축이 없는 자는 가축을 빌려 개간 후 3년간은 수량의 전부를 자기의 소득으로 하고 4년부터는 小作料로 수량의 반액 또는 4할을 청인 지주에게 납부하였으나 점차 청인의 전횡이 심해졌다(統監府間島派出所, 『間嶋産業調査書』, 29~30쪽).

한인 소작인이 지주 특히 청인 지주에게 내는 소작료는 일반적으로 곡납의 형태를 띠고 있었다. 이 방법은 첫째로 매년 일정한 穀價를 납부하는 것으로 대개 粟으로 이를 충당하고, 1晌에 1石 내지 2석을 내며 또 大豆·高粱을 합쳐 일정량을 징수하는 것이다. 또 하나는 지주가 미리 정한 지정액을 납부하는데 수확량의 30~50% 정도였다.[20] 또한 한인은 淸國 官廳으로부터 토지세 등의 과중한 납세 압력을 받았으며 이러한 상황 속에서 차입금은 더욱 늘어났다.[21] 실질적인 법적 근거가 없는 상태에서 한인 소작농은 청인 지주의 착취와 淸日 관리의 압박 등 이중삼중의 어려운 생활을 영위하였다.

그러면 1910년 전후 청인 지주와 한인 소작농의 비율은 어떠했는가. 頭道溝 및 두만강지역을 정리하면 다음과 같다.

[표-1-2] 淸人 地主와 韓人 소작농의 비율

	청인총호수	청인지주	청인소작인	한인총호수	한인소작인
古洞河	122	104	18	22	22
大沙河	83	68	15	1	1
娘娘庫	87	74	13	24	24
漢窖溝	123	98	15	56	53

* 統監府臨時間島派出所, 『間嶋産業調査書』 1편(農業調査), 275~279쪽.

위의 [표-1-2]에서 보듯이 청인 소작인의 비율은 매우 낮은 반면 한인은 전체 총호수의 거의 대부분이 청인 지주와 소작관계에 있었다. 이러한 상황은 이주한인이 토지를 소유할 수 있는 법적 장치가 전혀 없었을 뿐만 아니라 이주한인에 대한 양국의 이해관계 속에서 점점 상황이 더 악화되고 있음을 단적으로 보여주는 것이라 할 수 있다.

---

20) 統監府間島派出所, 『間嶋産業調査書』, 51~52쪽.
21) 東拓, 『間島事情』, 303~307쪽. 1930년도 이주한인의 경우 토지세를 비롯하여 교육세·혼인세·도축세 등 16종의 세금을 중국 지방정부에 납부하였다.

초기 이주한인의 토지소유권은 중국 官有地를 불하받아 일정한 수수료를 지불하고 기간 내에 개간을 완료할 때 허가되었다. 그리고 소유권 취득을 증명하는 地券(執照, 토지문서)을 교부받았는데, 지권은 그 특성상 토지소유권의 이전을 제한하는 문서였으며 주로 청인에게 독점되었다. 즉 지권을 보유한 자는 모두 薙髮易服하고 民籍에 편입하여 중국인과 똑같은 대우를 받을 수 있었으며 나아가 형사·민사상의 문제도 모두 청국 지방관이 처리하였다.[22] 그 후 간도협약의 규정에 의거하여 이주한인에게도 토지소유권이 인정되었다. 한인의 토지소유권은 실질적으로 청국 관헌에 의해 和龍縣·延吉縣 등의 일부 잡거지를 제외하고 일반적으로 귀화 入籍者가 아니면(단, 지방관헌에게 귀화청원서를 제출한 것은 인정) 토지소유권을 인정받지 못했다.[23] 그러므로 이주한인이 개발한 토지와 水田은 대부분 漢族·滿族地主들과 일부 한인지주들의 소유였다.[24] 그런 만큼 다수의 한인들은 소작농으로 봉건군벌과 청인 지주의 착취를 받게 되었다.[25]

한편 1911년 용정촌에 대화재가 발생하자 한인과 일본인은 토지를 청국 관헌에게 매각하여 자금을 융통했다. 이때 일제는 자신들의 세력확장과 이주한인 통치를 원활히 하기 위해 5만 원을 조선총독부에서 간도총영사관에 지급토록 하였다. 일제는 間島救濟會라는 단체를 통해 이재민 한인에게 대부를 지원해 주고 재건 자금을 지급하였다.[26] 일제의 이러한 회유정책과 중국의 압박 등에 반발하여 한인의 사회적 위상을 높이고 권리신장을 목적으로 한 한인단체들이 결성되기 시작했다.

1913년 4월 설립된 墾民會는 이주한인의 합법적인 자치를 위하여

---

22) 秋憲樹, 『資料 韓國獨立運動』 4(下), 연세대출판부, 1971, 1466쪽.
23) 『間島關係(開放及調査)』 2, 506쪽.
24) 金正柱, 『朝鮮統治史料』 10, 236쪽.
25) 『朝鮮族簡史』, 14쪽.
26) 『間島關係(開放及調査)』 1, 142쪽. 1912년 11월 16일부터 11월 31일까지 회계상황은 대부금액 2,490원, 매수액 928원 15전, 매수토지 1840평, 가옥 2동이다(『間島關係』 1, 246·290쪽 참조). 이에 대해서는 제2장 1절에서 자세히 언급하고자 한다.

먼저 이주민의 정확한 호구조사를 실시하고 그 실체를 파악함으로써, 토지구입 때 발생하는 민족적 차별에 대해 적극적으로 개입하였다. 또한 이주민의 단합을 위한 체육대회·강연회 등을 개최하는 등 한인들 권익옹호를 위한 노력도 기울였다.[27]

한인의 자치 노력에도 여전히 토지소유권 획득은 어려운 실정이었다. 1915년 5월 滿蒙條約에 명시된 조항(2조)과 실제 이를 둘러싼 청일간의 첨예한 대립으로 토지소유권은 편법으로 획득할 수밖에 없었다. 이와 같은 대립양상을 일제측 자료를 통해 살펴보면 다음과 같다.

　支那官憲은 이주 조선인이 일제 침략정책의 첨병이라는 선입견을 갖고 특히 간도협약의 일부가 그 효력을 상실하고 있다고 주장하고 스스로 조선인에 대하여 법권을 행사하고자 하였다. 이에 일본은 중국측에 누차 항의하였으나, 중국측은 조금도 양보하지 않았다. 그후 점차 경찰기관을 확장하고 필요에 따라 商埠地 밖에서의 행동에 제약을 두지 않고 조선인 보호·조장에 관한 각종 시설을 개진하자, 支那官憲은 이론상 일본측에 항의하는 것이 무익하다고 판단하고 일본의 세력진출을 저지하기 위한 실질적인 수단을 강구하기에 이르렀다. 이를 위해 한편으로 간도협약에 의해 인정된 조선인의 토지소유권도 귀화자가 아니면 허용하지 않는다는 방침을 정하고 비귀화자에게는 차별대우를 하여 귀화를 간접적으로 강요하였다.[28]

만몽조약을 둘러싼 중국군벌과 일제의 해석 차이는 이주한인의 토지소유권에 대한 명확한 규정을 내릴 수 없게 만들었다. 이에 일본 제국의회에서는 만몽조약의 강력한 시행을 정부에 촉구하였다. 즉

---

27) 김춘선, 「'북간도' 지역 한인사회의 형성 연구」, 1998, 162~170쪽.
28) 『間島關係(開放及調査)』 2, 「支那官憲ノ朝鮮人壓迫狀況」, 230~231쪽.

만주지역에서 일본인의 토지소유권 획득이 용이하지 않다는 현실적 측면을 강하게 제기하였던 것이다.[29] 일제는 조약 제2조에 규정된 商租權[30]에 의한 방법으로 토지를 경작하거나 귀화 입적하여 토지소유권을 획득할 수밖에 없었다. 이주한인은 중국인과 商租계약을 맺어 토지를 경작했으며, 상조기한은 5년 내지 10년으로 가장 긴 경우는 30년인 경우도 있었다. 5년 내지 10년 만기의 상조금은 토지에 따라 차이는 있지만 보통 1晌에 10원 내외였다.[31] 이와 같이 합법적 토지획득 수단의 선결조건인 귀화입적은 중국측에서 적극 추진하였으며, 한인들도 귀화의 이점을 고려하여 귀화 입적하려고 했던 것으로 생각된다.[32] 따라서 중국에서는 1917년 「墾民入籍章程」을 제정, 신문에도 광고하여 한인의 귀화를 적극 종용하고, 귀화한 자에게는 편익과 보호를 동시에 해결해 줄 수 있다고 선전하였다.[33] 이렇듯 중국측의 속지주의와 일본측의 속인주의의 대립으로 이주한인의 토지소유권은 상당한 제약을 받게 되었다.

한편 귀화하지 않은 한인은 귀화한인의 명의를 빌려 토지소유권를 획득하는 편법으로 토지소유권을 확보하였다.[34] 요컨대 여러 명의

---

29) 『衆議院議事速記錄』 3, 170쪽.
30) 商租權 문제는 일제와 중국간의 견해가 첨예하게 대립한 쟁점이었다. 즉 만몽조약에서의 상조권 설정은 이후에도 이를 둘러싼 적용에서 상당한 진통을 겪게 된다. 그 적용실태에 대한 문제를 보면 다음과 같다. 첫째 기한 문제이다. 일본측에서는 상조기간을 50년으로 하고 있는데 반하여 중국측에서는 10년으로 주장하였기 때문이다. 즉 일제는 장기상조 기간을 50년으로 하면 뒤에 개정할 때 다시 50년의 장기상조를 할 수 있어 토지소유권을 영속적으로 획득하고자 한 것이다. 중국측에서는 이를 단기적인 借地 성격으로 규정하였다. 둘째 적용 대상이다. 토지상조권을 소유권으로 인식한 일제는 그 적용을 만주 전 지역으로 설정한 데 반하여 중국측에서는 남만주에 국한하였기 때문에 간도지역을 포함시킬 수 없다는 입장이었다(孫春日, 「日帝의 在滿韓人에 대한 土地政策 硏究-滿洲國 時期를 중심으로-」, 한국정신문화연구원박사학위논문, 1998, 73~77쪽).
31) 朝鮮總督府中樞院, 「鮮人ノ土地所有權ト歸化」, 『東部間島及咸鏡南北道特別調査報告書』, 1918, 79~80쪽.
32) 『間島關係(開放及調査)』 2, 605쪽.
33) 『間島關係(開放及調査)』 2, 593쪽. 1918년 당시 귀화 한인수는 총호수 36,900여 호 가운데 1/10 정도인 3,500호 정도였다(朝鮮總督府中樞院, 「鮮人ノ土地所有權ト歸化」, 『東部間島及咸鏡南北道特別調査報告書』, 81쪽).
34) 牛丸潤亮, 『最近間嶋事情』, 313쪽.

비귀화인이 한 지역을 매입하고 중국 관헌에게 등록수속의 편의상 신용있는 자(地方主人)를 명의인으로 하여 매입토지를 출자액에 따라 이를 분할 점유하는 편법을 사용하여 실제로 토지소유권을 획득하기도 하였다. 이를 佃民制度라고 한다. 이 경우 일정한 시간이 경과한 뒤에는 전민의 요구에 따라 분할 소유가 허용되고 그 지방주인에 대한 명의료는 매입토지의 1/10의 토지권을 주든지 또는 매입가격의 약 10%를 현금으로 증여하는 것이 통례였다.[35] 이러한 전민제도는 중국측의 입장에서 보았을 때 법적인 토지소유권이 지방주인에게 있기 때문에 비귀화인의 무분별한 토지소유권 획득을 방지할 수 있었다. 한인의 입장에서는 귀화를 하지 않고 여러 명이 소규모 자금으로도 토지소유를 실현할 수 있었기 때문에 급속히 확산되었다.[36] 하지만 이러한 편법적 토지소유 실태는 오히려 한인사회를 분열시키는 데 일조를 하였다. 이른바 지방주인은 막대한 수수료를 수입하여 경제적 부를 축적하였을 뿐만 아니라 일제와 결탁하여 상당한 토지를 획득하기도 하였기 때문이다.[37]

전인제도의 실시가 한인에게만 국한된 것은 아니었다. 일제가 중국 관헌의 감시를 피해 친일귀화인의 명의로 많은 토지를 매입하면서 그만큼 일제와 중국의 대립상황을 초래하였으며, 한인의 지위도 불안할 수밖에 없었다. 또한 1917년 한인의 경지면적이 50,000町步 즉 전체 경지면적의 약 50%를 차지하고 있었다.[38] 이는 일제가 만주에서 토지의 권리 및 농업상의 토대를 구축하는 방법으로 한인을 이용하였으며, 이에 따라 경제의 활성화를 위해 그들의 세력을 확장·부식시키고자 한 것이었다.[39]

---

35) 『間島關係(開放及調査)』 2, 506쪽 ; 朝鮮總督府, 『朝鮮人移民の重大性』, 1935, 81쪽.
36) 김춘선, 「'북간도' 지역 한인사회의 형성 연구」, 217쪽.
37) 연변문사자료위원회, 『연변문사자료』 2, 1986, 222~223쪽 참조.
38) 『間島關係(開放及調査)』 2, 508~509쪽.
39) 金正柱, 『朝鮮統治史料』 10, 230쪽.

한편 중국은 한인에 대한 토지소유권을 엄격하게 규정하여 일제가 이를 이용하는 것을 미연에 방지하고자 노력하였다. 이주한인수가 급격하게 증가하면서 중국측의 토지소유권 제한은 더욱 강하게 진행되었다.[40] 왜냐하면 일제가 '간도구제회' 등을 통하여 토지를 소유하여 일본인의 이주토대를 마련하게 되자 중국측에서는 한인을 일제의 주구로 인식하였기 때문이다. 이중국적의 논란 속에서 이주한인은 중국과 일제의 대립으로 토지소유권을 획득하는 데 어려움을 겪었다.[41] 이는 일제가 대륙침략 과정에서 한인과 중국 관헌을 이간·분열시키고 한인의 경제적 자립토대를 파괴하여 식민지 경제체제에 편입시키고자 한 의도에서 비롯되었다.[42]

2) 領事裁判權의 실시와 문제점

간도의 재판권 문제는 일찍이 1899년 韓·淸 양국간의 조약에 의해 규정된 바 있었다. 이주자 증가에 따른 양국민의 범죄예방과 재판관할을 명확히 하려는 목적에 의해서 체결되었다. 제1조에는 "중국인으로서 한국에 거주하는 자가 만약 범죄를 행하면 中國領事官은 中國法律에 따라 재판하고, 한국인으로 중국에 있는 자가 범죄행위를 하면 韓國領事官은 韓國法律에 따라 재판한다" 또는 "原告所屬國의 관헌은 員을 파견하여 방청할 수 있다"라고 규정했다.[43] 즉 양국은 本國法으로 재판을 시행하고자 하였다.

---

40) 1914년 12월 吉林巡按使는 한인들이 거주하고 있는 延吉·和龍·汪淸·琿春 등지에서의 황무지 분급을 중지하게 하였다(吉林東南路檔案資料, 「詳覆韓民呈墾入籍各請示遵行由」; 김춘선, 「'북간도'지역 한인사회의 형성 연구」, 213쪽에서 재인용). 이는 한인들이 토지를 소유할 수 있는 기본 토대인 황무지 개간을 억제함으로써 한인들의 귀화 입적을 더욱 노골적으로 종용하였다. 동시에 일제가 토지소유권에 개입하는 것을 미연에 방지하는 것이기도 하다.
41) 金正柱, 『朝鮮統治史料』 10, 354쪽.
42) 井上學, 「日本帝國主義と間島問題」, 『論文集』 10, 朝鮮史研究會, 1970, 57쪽.
43) 金正柱, 『朝鮮統治史料』 1, 380쪽.

앞서 언급하였듯이 러일전쟁 이후 일제는 서구열강과 동등한 위치에서 세력확장을 도모하고자 하였으며, 만주 특히 간도를 대외침략 정책의 교두보로 삼으려 하였다. 그 노력의 하나로 1907년 8월 간도파출소가 설치되었다. 표면적 목적은 한인을 보호하는 데 있었으며, 그 수단으로 한인에 대한 재판권을 행사하려고 했다. 즉 일제는 이주 한인에 대한 재판권을 가짐으로써 청국의 간섭을 약화시키고 나아가 그들의 간도정책을 추진하는 과정에서 물리적 강제력을 동원할 수 있는 법적 근거를 마련할 수 있기 때문이었다.[44] 그러나 청국 역시 간도에 대한 중요성을 충분히 인식하고 있었기 때문에 재판권은 결코 양보할 수 없는 사안이었다.[45]

1908년 淸國 내부의 권력 중심이 이동되고 실권자가 교체되는 과정에서 반일인사들이 대거 등용되자,[46] 일제는 대외정책노선을 일부 수정하여 간도 내에서 자국의 이권을 일정하게 양보하고 간도에 대한 청국의 領土權을 인정해 주었다.[47] 미국·영국·프랑스·러시아 등 서구열강의 관심을 배제시키고 장기적으로 만주에 대한 경영권의 확보를 위해 재판권[48] 및 기타 이익들은 일단 유보하였던 것이다.

일제가 間島協約에서 간도에 대한 청국의 영토권 및 한인에 대한 청국의 사법권을 인정한 명분은 간도의 치안이 중국 관헌에 의해서 유지되어 한인에게도 공정한 재판과 적절한 보호를 받을 수 있다는 점이었다. 실제로 이는 일제의 대륙침략정책의 전반적인 전략에 불

---

44) 姜昌錫,「統監府 間島政策 硏究」,『東義史學』3, 동의대, 1987, 30~34쪽.
45) 간도에서 일제와 청국측의 재판권 관할 문제는 한인뿐만 아니라 일본인의 범법문제까지 포괄하는 것이기 때문에 상당히 복잡한 양상으로 전개되었다(國史編纂委員會,「間島에서의 日本人犯罪에 관한 件」,『統監府文書』2, 358~359쪽).
46) 日本外務省,『日本外交文書』42-1冊, 505~506쪽.
47) 森山茂德,『近代日韓關係史硏究』, 東京大出版會, 1987, 241쪽.
48) 일제는 이미 1908년 3월 27일 제국의회에서 만주에서 領事裁判權에 관한 법률안을 상정하였다. "만주에서 領事裁判에 대한 상소와 만주 在留民의 중죄 재판에 대해서는 오늘날까지 모두 長崎控訴院으로 이송하여 심판을 받았고, 關東都督府 법원에서 재판을 받았다. 그리고 신속한 재판과 거류민의 권리 보호를 위한 법안을 상정, 외무대신이 참석한 가운데 수정없이 가결되었다"(『衆議院議事速記錄』2, 60쪽).

과한 것이다.[49)]

1909년 9월 4일 간도협약의 체결과 함께 각 商埠地에 일본 간도총영사관이나 분관이 설치되었다. 이에 따라 일제는 한인에 대한 領事裁判權을 확보할 수 있었다.[50)] 이는 入會裁判의 실시를 의미하는 것으로 이 문제에 대한 청·일간의 논의는 다음과 같다.

> 간도의 한인으로서 자신의 희망에 따라 청국에 귀화한 자를 제외하고 앞으로 商埠地 밖에 거주하는 자는 종래의 例에 따라 청국의 법권에 복종한다. 그리고 행정상의 처분 및 違警罪처분과 보통의 안건은 모두 청국 관리가 처분하게 하고 사안이 중대한 것과 한인간의 경우 또는 피고가 한인일 경우 監禁 10년 이상의 형에 처하거나 민사소송으로서 재산 10만 원 이상의 안건에 대해서는 청국관리의 판정 후 일본영사관에서 知照한다. 만일 이 재판이 법률에 의거하지 않고 판결한 것이 발견될 경우에는 領事가 이 省의 交涉使에게 조회하며 提法使에게 위원을 파견하여 覆審을 행하는 領事는 법정에 나가 관찰할 것.[51)]

위와 같은 사실에 비추어 볼 때 일제의 재판권 행사는 일정한 제약을 받게 되었다. 비록 영사관에 사법경찰을 상주시켰을지라도 이는 商埠地 일본거류민의 召還·訊問만이 가능하였을 뿐이다. 하지만 1899년 韓淸條約에 명시된 本國法을 적용시킬 수 없었으며 한인의 지위는 갈수록 악화되었다. 또한 일제는 이른바 '不逞鮮人'들을 단속하기 위해 다수 한인의 거주지인 雜居地 내 한인에 대한 재판권도 행사하고자 하였다.

---

49) 『間島關係(開放及調査)』1, 420쪽.
50) 朴慶輝는 재판권과 영사재판권을 혼동해서 서술하였다(박경휘, 「재중조선족의 법적지위에 대한 역사적 고찰」, 『백산학보』 44, 백산학회, 1994, 116~117쪽). 정확하게 말하자면, 전자는 넓은 의미의 법적 구속력의 집행을 의미하며, 후자는 좁은 의미의 그것을 뜻한다.
51) 『間島關係(開放及調査)』2, 61~62쪽.

1909년 8월 13일 일제는 內閣會議 결정을 통해 간도에 대한 재판권을 포기하고,[52] 특히 잡거지 거주 한인의 재판권에 대해서는 만주에 대한 여러 가지 현안 해결에 방해가 된다고 하여 入會裁判(立審制度)을 실시함으로써 청국에 유리한 입지를 마련해 주었다.[53] 따라서 일제는 최소한의 間接裁判權만을 확보할 수 있었다. 한인에 대한 영사재판권은 우선 간도 내에서 항일독립운동가들을 탄압하는 데 사용되었다. 나아가 1910년 한일병합 이후에는 日本法에 근거하여 한인사회를 통제하였다. 일제는 이미 1909년 10월 勅令 236호의「朝鮮總督府 裁判所令」을 제정하여 식민통치의 법적 장치를 마련하였다.[54] 합병과 동시에 총독에게 이른바 制令權이 부여되었으며, 또한 1912년에는「朝鮮民事令」·「朝鮮民事訴訟印紙令」·「朝鮮不動産登記令」·「朝鮮刑事令」·「朝鮮笞刑令」·「朝鮮監獄令」 등을 공포·시행하였다.[55]

한편 일제는 1911년 3월 3일 衆議院에서 간도 영사재판권에 대한 법률안을 제정하였다. 그 내용은 다음과 같다.

간도에서 영사관 재판에 관한 법률안

제1조 간도에 주재하는 제국영사관의 예심을 위한 사형·무기징역 또는 단기 1년 이상의 징역 혹은 금고에 해당하는 죄의 공판은 조선총독부 지방재판소에서 이를 관할한다.

제2조 간도에 주재하는 제국영사관의 관할에 속하는 형사에 관하여 외무대신이 필요하다고 인정할 때는 그 사건을 관할하지 말

---

52) 일제는 한인에 대한 재판권을 청국에 양보하는 대신 安奉線 철도부설권을 획득하였다. 이는 남만주철도주식회사의 사업의 하나로써 추진되었는데, 이 문제에 대해 일제 閣議에서도 상당한 논란이 있었다(『衆議院議事速記錄』 2, 60쪽).
53) 日本外務省,『日本外交文書並主要文書』上, 319~320쪽.
54) 朝鮮總督府,『朝鮮民事令·刑事令』, 1912. 조선총독부 재판소는 크게 地方法院(1심), 覆審法院, 高等法院으로 구성되었다.
55)『朝鮮總督府官報』 1912년 3월 18일.

것을 당해 영사관에게 명하고 단지 피고인을 조선에 있는 감옥으로 이송하여야 한다.

제3조 위에서 규정한 바와 같이 피고인은 조선에 있는 감옥으로 이송할 경우에 조선총독은, 그 사건이 지방재판소에 속할 때에는 피고인이 이송되는 감옥의 소재지를 관할하는 조선총독부 控訴院의 검사로서, 재판관할 지정 신청을 그 공소원에 위임한다. 전항의 신청 및 재판에 관해서는 형사소송법 제33조(管轄裁判所의 제정 : 필자)의 규정에 준거한다.

제4조 지방재판소 권한에 속하는 사항에 관하여 간도에 주재하는 제국영사관이 행하는 재판에 관한 公訴 또는 抗告는 조선총독부 공소원에서 이를 관할한다. 區裁判所의 권한에 속한 사항에 관하여 간도에 주재하는 제국영사관이 하려는 재판에 대한 控訴 또는 항고는 조선총독부 지방재판소에서 이를 관할한다.

제5조 제1조 및 제4조의 경우에 관할권을 갖고 있는 조선총독부 재판소는 조선총독이 이를 정한다[56]

위의 법률안과 같이 간도 내에서 발생한 한인 형사사건 즉 항일운동가에 대한 재판은 간도영사관 내 자체재판소에서 관할하는 것이 아니라 조선총독부 산하 지방재판소와 그 상급법원에 위임하게 규정하였다. 또한 제4조의 경우는 控訴(抗訴)와 항고 등과 같이 피고의 권리를 보호하는 방법이 일방적으로 조선총독부 산하 재판담당기관에 의해 장악되고 있음을 알 수 있다. 이는 한인의 재판권 행사에서 가장 중요한 '不逞鮮人'의 재판을 간도와 인접한 조선에서 실시하는 것이 더 적합하다고 판단한 일본 본국 및 조선총독부의 '鮮滿一體

---

[56] 『衆議院議事速記錄』 2, 211쪽.

化'정책의 산물이었다.[57]

 같은해 3월 12일 제국의회 중의원에서는 간도의 경제적 이익을 위하여 재판권의 양보를 어느 정도 인정하자고 합의하였다.[58] 실리를 잃지 않으면서도 중국과 분쟁이나 미·영 등의 간섭을 가급적 최소화하려는 것이었다. 일제는 일련의 유화적인 움직임 속에서도 세력 확장을 위해 영사관을 증설하거나 영사관원을 증원하는 정책을 시행했고, 이주한인의 지위는 더욱 위축될 수밖에 없었다. 이에 간도 이주한인의 권리보호와 지위신장을 목적으로 한 墾民會·農民契 등 한인단체가 설립되었다.[59]

 간민회의 활동은 민족교육 실시, 한인의 자립경제활동 등 한인지위와 관련된 운동을 전개했다. 특히 韓僑董事會는 이주한인의 民籍을 명확히 하여 마적이나 그 밖의 무뢰한을 몰아내고 치안을 유지하며 審判員을 두어 民事 일체의 예심을 하고 중국 관헌에게 보고하는 등 한인보호에 적극적으로 활동하였다.[60] 일제는 간민회의 활동에 대하여, 중국측의 한인에 대한 압력과 한인 회유 등의 수단을 동원해 탄압했다. 중국측은 한인들에게 中國入籍을 권유하였다.[61] 그 이유로 조선에서는 아직 國籍法의 적용이 없어 당연히 중국의 法權下에 있어야 한다는 것이다. 이는 중국측이 이주한인을 일본 침략 세력의 첨병으로 인식하여 실시한 정책의 한 형태이다.[62]

 이와 같은 중일의 裁判權에 대한 대립 속에서 이주한인은 많은 피

---

57) 간도에서 정치범에 대한 처리 중 체포와 취조는 총영사관 또는 영사 분관에서 실시하고 형은 조선 내로 이감하여 집행하였다(『衆議院議事速記錄』 2, 250쪽).
58) 『衆議院議事速記錄』 2, 250쪽. 일제는 1912년 3월 7일 남만주에 관한 치안유지 방침을 상정하여 간도뿐 아니라 전 만주에 걸쳐서 그들의 이익과 배치되는 한인의 행동 및 辛亥革命 政府軍의 방해를 제거하고 그들의 이권을 보호하고자 획책하였다(日本外務省, 『日本外交年表竝主要文書』 上, 368쪽).
59) 朝鮮總督府, 「第2間島地方 團體」, 『朝鮮人槪況』, 1916.
60) 朝鮮總督府, 「第2間島地方 團體」, 『朝鮮人槪況』.
61) 『間島關係(開放及調査)』 2, 108~109쪽.
62) 牛丸潤亮, 『最近間嶋事情』, 224쪽.

해를 입게 되었다. 그 구체적인 예를 보면 다음과 같다.

　　1913년 8월 12일 朝鮮 會寧郡 주민 邊圭錫 외 여러 명은 공모하여 京城에서 吉林官帖을 위조하여 행사하던 중에 체포되었다. 공범자의 재판관할권은 京城地方法院으로 이송한 후 처리, 이번 변규석이 局子街 시내에 잠복한 것을 정탐하여 알아내고 이 지방 분관에서 체포하여 경성으로 송치시켰다. 그 체포지가 商埠豫定地 밖이므로 관찰사가 이를 불법이라 하여 범인의 還付를 요구하였다. 그 이유는 邊武(변규석의 위명)는 잡거지 小營子의 주민으로 단지 토지를 점유하고 있을 뿐이며 체포지점이 상부지 밖이고, 아직 상부지로 결정되지 않았기 때문이다. 이에 永瀧 총영사는 상부지 밖의 일본주민은 2년 이내에 상부지 안으로 이주할 것을 고시하였다.[63]

위와 같이 일제는 商埠地 밖에 거주하는 이주한인이 중국의 법권에 복종하고 중국관리의 재판관할에 속하는 것을 명시하였으나, 간도 내의 한인을 감시하고 항일독립운동가를 색출하기 위해 편법을 사용하기도 하였다. 이에 대항하여 한인들은 부일협력자 및 친일주구에 대한 물리적 수단을 사용했다.[64] 韓人村을 방문하여 한인사회의 항일 분위기 및 배일(항일)의식 배양에도 적극적으로 노력하였다. 1913년 10월 27일에 발생한 日本巡査와 韓人通譯人에 대한 한인들의 대응은 그 단적인 예라 할 수 있다.

　　1913년 10월 27일 한인사회를 방문·감시하던 小路순사와 通譯人 崔應南은 二道溝의 한인 마을에서 교육상황 및 교사의 구성, 학습의욕

---

63)『間島關係(開放及調査)』1, 362~363쪽.
64)『朝鮮族簡史』, 30쪽 ; 朝鮮總督府, 「제2間島地方 團體」, 『朝鮮人槪況』.

등에 대하여 질문하던 중 수십 명의 한인에게 폭행당하였다. 한인들은 자신들의 죄를 인정하지 않고 小路에게 사죄장을 강요했다. 체포된 후 首犯者의 처벌은 局子街에서 판결이 가볍게 되어 檢事가 이를 吉林高等審判廳에 항고하였다. 이 재판에서 首犯 李綱國에게는 "有期徒刑(징역: 필자) 1년 2개월에 처하고, 未決拘留日數를 공제하여 행한다"라는 판결언도가 내려졌다. 이에 대하여 피고는 불복하고 곧바로 大理院에 상고하였다. 그 판결언도서는 "전재판에 있어서 輕微傷害罪로서 제51조 자수의 예를 적용하고 減하여 구류 20일에 처한다. 단 감금죄를 물어 전 판결을 취소하고 상해죄로서 有期懲役 8개월, 小路 및 崔太郎의 감금죄로 각 5개월, 10개월 합 1년 6월에 처한다."[65]

위와 같이 일제의 한인에 대한 재판권 확보 노력은 한인의 보호와 권리 신장 및 이익 증대를 위한 것이 아니라 만주침략 시 한인 통치를 원활하게 하기 위해서였다. 특히 재판 당사자인 被告와 原告의 기준이 모호한 상태에서 재판이 진행되는 경우가 많았다. 따라서 한인사회의 감시와 탄압은 각처에서 행해졌다. 또한 開放地=商埠地 이외의 한인의 법적 보호는 매우 취약한 상태에 있었다. 당시 한인의 거주지는 상부지보다 농업종사자가 많은 한인사회의 특성상 잡거지에 밀집되어 있었다.[66] 잡거지 내의 크고 작은 문제는 자체 내에서 해결할 수밖에 없었다. 그러면 간도협약기 그 적용실태는 어떠하였는가. 1910~1914년에 걸친 한인 피해조사에 의하면 상부지보다 잡거지에서 일어난 범법사건이 훨씬 많았다.

[표-1-3]은 중국의 법권에 속하는 잡거지에서 중국인의 한인에 대한 가해상황이 매우 심각하였음을 보여주고 있다. 그리고 가해자의

---

65) 고려서림, 『間島地域韓國民族鬪爭史』 1, 1989, 519~522쪽.
66) 辛珠柏, 「滿洲地域 韓人의 民族運動 硏究(1925~1940)」, 성균관대박사학위논문, 1995, 37쪽.

체포보다는 한인의 법적 강제 구속력에 더 중점을 둔 것 같다. 즉 한인재판사건에서 嚴基岩의 경우 피해자와 가해자를 명확하게 구분하지 않고 오히려 피해자인 한인에게 불리한 판결을 내렸다. 특히 한인간의 형사 문제는 일제로서는 매우 신중히 검토해야만 하는 사건이었다. 당시 일제의 밀정이 항일투사에게 살해되는 사건이 빈번히 발생하였기 때문에 더욱 그러하였다.[67]

[표-1-3] 이주한인 피해사례(1910~1914)

성 명	발생일자	지 역	가해자	피해규모	처 벌	비 고
嚴基岩	1910.7.3	百草溝 (잡거지)	吉林巡防兵	행부상 소 2마리 무단도살 領事館에서 고문 받음	汪淸縣 初級 審判廳에 압송, 嚴基岩에 벌금형. 병사 1명 笞刑, 1명 면직	엄기암이 벌금형에 대해 항고
吳丙然	1910.2.27	水間坪 (잡)	중국인 강도	부상, 금, 잡품 탈취	미체포	
金萬金	1910.6.24	三道溝 靑山里 (잡)	중국인 草福山	殺人	局子街 地方裁判所에 감금	5연발 총으로 살해
李禮女	1910.9.22	水北社 新村(잡)	중국인 강도	부상 소지품 강탈	미체포	
鄭永端	1911.9.12	四道溝 (잡)	중국인 강도	45원 강탈 복부에 刺傷	체포	
石基元	1912.4.14	水南社 富岩村 (잡)	한인강도	상해 3원80전, 잡품 6건 탈취	미체포	

---

67) 특히 이른바 잡거지에 거주하는 한인에 대한 法權문제는 매우 중요한 사안이었지만 일제로서는 청국과 마찰을 최소화하기 위한 방책만을 마련하였다. 따라서 한인의 보호가 주된 목적이었다고 주장하는 일제측의 입장은 간도에 대한 지위 확보와 밀접한 관련이 있다(國史編纂委員會, 「間島地方 憲兵撤退에 따른 對備策協議 件(小村外相→曾禰統監 明治 42년 9월 4일)」, 『統監府文書』 10, 182쪽 참조).

李鎭奎	1912.5.24	上里社 藥水洞	한인강도	234원 잡품대 60원 강탈	미체포	
尹在仁	1912.10.12	東郎社 (잡)	중국인 강도	20전 강탈	체포	
金泰順	1913.3.3	水南社 小頭道溝	중국인 강도	목면 등 금품 강탈	처벌방법 교섭	
金容泰 외 그의 처	1912.9.2	琿春시내	한인	살해	미체포	김용태는 일제의 밀정
柳彦益	1910.4.12	新興坪	중국인 강도	1명살해 1명부상 4백원 탈취	死刑	
孫君甫			중국인 강도	살해 30원 탈취	1명 死刑 2명 무기	
金應燮	1911.8.29	太拉子	한인 林長春	살해	체포	일본측의 심리로 立會
金宗植	1912.1.16	銅佛社	중국인 강도	중경상	범인 보석	
李鍾洛	1912.2.7	海蘭河 부근	중국인 강도	토지대금 50원 탈취	미체포	
林秉律	1914.9.14	龍井	중국 순경	刺傷	해순경 면직, 병원비 4원 지급	순사 5명이 한인 폭행, 일제공동.

* 고려서림,『間島地域韓國民族鬪爭史』1, 527~549쪽.

한편 일본자본주의의 지역적 팽창 속에서 이루어진 滿蒙條約은 滿洲 및 東蒙古地域에서 확고한 영토권·경제권을 확보하려는 데 목적을 두었다.[68] 즉 제1차 세계대전의 호황을 누리면서 일제는 대륙침략의 교두보인 만주에 대한 철저한 이권확대에 심혈을 기울였다. 商租

---

68) 淸澤洌,『外交史』, 東洋經濟申報社出版部, 1965, 362~363쪽.

權의 인정, 농업·공업 경영 등의 자유도 그러한 정책의 부산물이었다. 한편 제5조에는 다음과 같이 재판권에 대해 기술하였다.

　　일본국신민은 例規에 의해 교부받은 여권을 지방관에게 제출하여 등록을 받고 또 中國警察法令 및 課稅에 복종해야 한다. 民刑訴訟은 일본국신민이 피고일 경우에는 日本國領事官에게, 또 중국국민이 피고일 경우에는 中國領事官에게 이를 심판케 하고 서로 관원을 파견하여 臨席傍聽해야 한다. 단 토지에 관한 일본신민과 중국국민간의 민사소송은 중국 법률 및 지방관습에 의해 양국에서 관원을 파견하여 共同審判할 것.[69]

　위와 같이 한인을 일본신민으로 간주한다는 것이 일제의 재판권행사에 가장 중대요소로 작용하였다.
　한편 일제는 상부지 밖의 한인에 대한 구인장을 집행하고 간도 한인의 民刑事 소송 등의 업무를 실시하려고 하였다. 그러나 중국측의 강력한 반발로 어느 정도 양보하지 않을 수 없었다. 일제와 중국은 자국의 이익을 대변하면서 한인의 재판권에 대해 상이한 입장을 보였다. 일제는 영사재판권의 강화와 한인에게 신조약을 적용하여 효율적으로 통제하려고 하였다.[70] 반면 중국은 일제의 침략정책에 대응할 적절한 힘과 외교적 복안이 결여된 채 일제의 물리적 힘에 비협조적 태도만을 견지할 따름이었다.
　이른바 21개조약으로 일컫는 이 조약의 체결로 중일간에는 간도 한인에 대한 법권 즉, 재판권에 대해 다른 입장을 견지하였다. 조선총독은 간도 한인에 대하여 일부 치외법권을 인정하여 제국신민으로

---

69) 日本外務省, 『日本外交年表竝主要文書』 上, 407쪽.
70) 『衆議院議事速記錄』 3, 172쪽.

취급하고, 또한 한 縣에서 다른 현으로 이주할 때 두 개의 법권에 복종하는 불편을 없애고 소송사건이 있을 때 일제 法權에 복종해야 한다고 하였다.[71] 한인에 대한 재판권 확보가 간도지역의 통제와 직결되는 것이기 때문이었다.[72]

일제 식민지정책에 불만을 품은 한인은 間島를 항일운동의 策源地로 삼았다. 중국측은 간도 잡거구역 내 한인을 한일합병 후 일본신민도 아니며 특수한 권리를 향유하는 동시에 특수한 의무를 가지고 있다고 인식하였다. 따라서 중국측은 한인이 간도 잡거구역 내 토지를 소유할 수 있으며, 일본인과 달리 중국법권에 복종해야 한다고 했다.[73] 이처럼 양국은 자국이익의 입장에서 협약의 배타적 측면만을 강조하면서 한인의 처우 개선에는 어떠한 언급조차 없었다. 그 결과 한인은 국적충돌 속에서 열악한 법적 지위에 처하게 되었다.[74]

2. 대륙침략 토대의 구축

1) 統監府間島派出所의 기능

1905년 11월 을사늑약 체결 이후 일제는 통감부를 설치하여 半 식민지체제를 완비하였다. 특히 일제는 남만주에 대한 특수권익 확보를 간도에서 실현하고자 하였다. 1906년 11월 統監 伊藤博文은 간도문제의 해결 및 한인보호를 구실로 '間島督務廳編制'를 제정했다.[75]

---

71) 한인의 법권 구속력 관할문제는 二重國籍문제를 야기시켰다. 이는 일제가 간도에서 항일독립운동을 제거하고 나아가 중국측의 법적 효력을 약화시키고자 조약의 구속력을 더욱 강화하였기 때문이었다(金正柱,『朝鮮統治史料』10, 231쪽).
72) 朝鮮總督府,『間島問題ノ經過ト移住鮮人』, 143~144쪽.
73) 金正柱,『朝鮮統治史料』10, 233쪽 ;『間島關係(開放及調査)』2, 94~101쪽.
74) 朝鮮總督府,『間島問題ノ經過ト移住鮮人』, 142~177쪽 참조.
75) 國史編纂委員會,「在間島韓人保護要求 照會」,『統監府文書』2, 304~306쪽.

일제는 1907년 8월 22일 대륙침략의 교두보로써 龍井에 間島派出所를 설치하였다.[76] 파출소의 설치의도는 명목상 한인과 일본인 보호였다.[77] 그러나 실질적인 목적은 만주침략에 대비한 본격적인 현지조사와 간도 내 중국 관헌의 동향 및 정세관찰에 있었다.[78] 파출소 설치는 십여 년간 지속되었던 간도관할문제에 대하여 일제의 발언권을 강화하고 나아가 간도에서 독점적 지위를 확보하기 위한 전위대 역할을 수행하였다.[79]

간도파출소는 직원을 총괄하는 소장 즉 장관이 있고, 사무관·헌병·통역관·軍醫 등으로 조직되었다. 또한 所內에는 행정조직으로 總務課·監察課·警務課·調査課를 두었으며[80] 파출소 보호의 명목으로 헌병분대[81]를 설치하였다. 특히 감찰과는 과장[82] 이하 모두 한국 관헌으로 한인의 감찰 및 회유, 한인의 호구조사, 한인의 이권 조사 등의 한인 관련업무를 담당했다.[83]

---

76) 간도파출소에 대한 대표적인 연구는 다음과 같다. 秋月望,「統監府 間島派出所의 設置 動機」,『史叢』26, 高大史學會, 1982 ; 權九勳,「日帝의 統監府間島派出所의 設置와 性格」,『한국민족운동사연구』6, 1992 ; 崔長根,「韓國統監府의 '間島침입'에 관한 論證-統監府派出所의 설치경위-」,『朝鮮史硏究』6, 1997. 이들 연구에서는 파출소의 설치동기 및 활동 등을 주로 간도의 영유권 문제 및 조사사업에 치중하여 설명하였다. 하지만 통감부에서 영사관 설치로 이어진 일제의 외교정책과 나아가 한인의 법적지위 문제에 대한 구체적인 분석을 찾아보기 힘들다. 한편 金靜美는 일제의 대륙침략정책상 철도사업계획에 따라 간도파출소가 설치되었다고 보았다(김정미,「中國東北部における抗日朝鮮·中國民衆史序說」, 現代企劃室, 1992, 74~75쪽).
77) 국사편찬위원회,「間島派出所 間旬報 送付 件」,『統監府文書』10, 120~123쪽 참조. 간도파출소장인 齋藤季治郞은 開所 1주년 기념식에서 다음과 같이 연설하면서 설립목적으로 한인보호를 누차 강조하였다. "우리들이 한인보호의 명을 받들어 작년에 간도에 와서 …… 淸國 官憲이 파출소의 철회를 요구하고 병력으로 한인을 위협하였다"(篠田治策,『統監府間島派出所紀要』, 158~160쪽).
78) 吳祿貞,「序」,『延吉邊務報告』, 1908 ; 고려서림,『間島地域韓國民族鬪爭史』1, 1989, 104~106쪽.
79) 국사편찬위원회,「間島問題ノ件」,『統監府文書』2, 324~325쪽.
80)『統監府臨時間島派出所分課規程』,「統監府訓令第13호, 1908.7.18)」.
81) 1909년 간도 在住 憲兵의 수는 장교·하사관·일반병을 합쳐 모두 171명이었다(고려서림,『間島地域韓國民族鬪爭史』1, 111쪽). 이들의 활동은 명목상 청국관리에게 핍박받는 한인보호에 있었으나, 실제로 한인호구조사와 항일운동탄압 등의 활동을 하였다.
82) 파출소 감찰과장 崔基南은 일진회 회원이었으며 파출소가 철수한 후에도 간도에 거주하면서 巨商으로서 활동하였다.
83) 권구훈,「일제의 통감부간도파출소의 설치와 성격」,『한국민족운동사연구』6, 217~227쪽 참조.

이와 같이 준행정기구의 틀을 갖춘 간도파출소는 간도의 영유권 문제에도 깊숙이 관여하는 한편 한인 보호라는 명목으로 적극적인 조사활동을 전개하였다. 齋藤 소장이 "간도가 한·청 어느 나라의 영토에 속하는가 라는 현안에 대해 오랫동안 한국의 행정지도와 외교권을 가진 우리(일본 : 필자)가 이 문제의 해결에 착수하고, 한국신민 보호의 목적을 가지고 在韓國統監은 본직 수반에 임명하여 여러 직원을 대동하면서 이 지역에 주둔"하였다[84]고 주장했다. 대한제국의 외교권 즉 실질적 국권이 상실된 상태에서 일제는 본격적으로 국제적 사안인 국경문제에도 관여하였다. 따라서 한인 보호는 구실이었고 그 주된 임무는 현지답사를 통한 대륙침략의 효율적인 방안을 강구하는 데 있었다.[85]

일제의 조사에 의하면, 이주한인에 대한 淸國 官憲의 압박과 청인 지주의 수탈은 한인의 생활을 더욱 열악한 상태로 내몰았다.[86] 청국 관헌은 북간도에 이주한 청인에 대해 한인과 달리 토지 분배와 거주지 확보 등에서 관대하게 대우하였다.[87] 따라서 간도파출소는 이주한인의 열악한 환경·교육·위생·통신·교통문제의 개선에 착수하면서 한인에 대한 회유정책을 실시했다.[88] 특히 교육기관의 설치[89]와

---

84) 篠田治策,『統監府間島派出所紀要』, 53~54쪽.
85) 국사편찬위원회,「吳祿貞에 대한 憲兵增派辨明 回答 件」,『統監府文書』10, 162쪽.
86) 국사편찬위원회,「光霽峪東盛湧街에서 淸兵暴行 및 鈴木事務官 白頭山出張 件」,『統監府文書』2, 348쪽. 특히 청국 관헌의 한인 압박문제는 세금징수에서 심각하게 표출되었다. 淸兵들은 일정한 원칙도 없이 한인에게 금전 및 곡물을 무상으로 징발하고 이 과정에서 부녀자를 폭행하는 등의 많은 부작용을 초래하였다.
87) 李勳求,『滿洲와 朝鮮人』, 平壤崇實專門學校, 1932, 106쪽 ; 統監府間島派出所,『間嶋産業調査書』1편(農業調査書), 31쪽.
88) 申奎燮,「日本の間島政策と朝鮮人社會 -1920年代前までの懷柔政策を中心して」,『朝鮮史研究會論文集』31, 1993, 162쪽.
89) 1906년 민족운동가인 李相禼을 중심으로 설립된 瑞甸書塾은 독립군양성소인 근대적 민족교육기관으로 철저한 민족교육을 실시하였다. 이에 일제는 한인에 대한 통제 회유책으로 서전서숙을 압박·폐교시킨 후 보통학교를 세우고 식민교육정책을 실시하였으나 크게 성공하지는 못했다(『연변문사자료』5, 1~4쪽).
90) 金正柱,『朝鮮統治史料』1, 334~335쪽. 1907년 8월 24일 龍井村에 설립된 慈惠病院에서 진료한 환자수는 1909년 파출소가 폐소될 때까지 韓人 16,141명, 日人 1,302명, 淸

龍井村에 설립된 慈惠病院[90]은 한인들을 회유하는 데 중요한 수단이었다. 이러한 사업들은 파출소장 齋藤季治郞의 「韓國臣民의 福利增進」이라는 훈시와는 달리 식민지교육의 확대 실시와 원활하고 기민한 대륙진출 정책수행을 위한 기초작업이었다.

요컨대 간도파출소의 중요 기능은 한인 보호에 있다기보다는 淸國官憲과 마찰을 줄이고 만주일대를 시찰·조사하는 데 있다고 보는 것이 타당하다.[91] 따라서 한인의 법적 지위나 생활환경은 크게 개선되지 않았으며, 오히려 일제는 한인 보호 명목으로 헌병의 증원을 요청하기도 하였다. 이에 청국 정부에서는 임의로 헌병을 증파하고 나아가 이주한인에게서 세금을 거두는 행위를 청국의 주권을 침해하고 있다고 간주하여 파출소의 책임자인 齋藤의 철퇴를 요구하였다.[92]

간도파출소는 회유정책을 실시함과 동시에 이주한인에 대한 본격적인 호구조사에 착수하였다. 이 조사는 파출소 파견 헌병들이 담당하였으며, 1907년 9월 9일부터 10월 7일에 걸쳐 실시되었다. 조사 결과 보고서는 같은해 12월 副統監 曾禰荒助에 의해 李完用에게 제출되었다.[93] 이후에도 호구조사는 지속적으로 실시되었다. 호구조사의 실제목적이 "간도 내에 있는 주민의 총호수·총인구의 수를 파악하는 데 있다"[94]라고 한 데서 알 수 있듯이 이는 보다 효율적인 한인통

人 1,586명, 프랑스인 4명 등이다. 일제는 이 병원을 보다 원활하게 유지·경영하기 위해 본국에서 의대생 3명을 파견하기도 하였다(延邊朝鮮族自治州檔案館編,『延邊大事記』, 1990, 25쪽).
91) 日本外務省,『日本外交文書』42-1冊, 469쪽.
92) 국사편찬위원회,「淸政府로부터의 齋藤 中佐 撤退要求 件」,『統監府文書』2, 388쪽.
93) 高麗大 亞細亞硏究所,『舊韓國外交關係附屬文書(間島案)』8, 1974, 22~25쪽.
94) 高麗大 亞細亞硏究所,『舊韓國外交關係附屬文書(間島案)』8, 22쪽.
이때 조사된 호구·인구수는 다음과 같다(篠田治策,『統監府臨時間島派出所紀要』, 211쪽).

國籍	村數	戶數	人	口	合 計	비율
韓	529	15,356	男39,523	女32,553	72,076	76.7%
淸	209	3,044	13,623	8,360	21,923	23.3%

* %는 조사 총인구에 대한 비율임. 牛丸潤亮,『最近間嶋事情』, 21쪽에서는 71,000명이

제를 목적으로 하고 있었다. 한인에 대한 파출소의 호구조사는 현지 중국 관헌과 마찰을 야기하였다.[95] 중국입장에서 파출소의 한인호구조사는 중국의 주권을 침해하는 행위였기 때문이다.

이와 같이 일제가 주장하는「한인 보호」는 대륙침략정책을 은폐하기 위한 구호에 불과한 것이며, 이 조사사업의 불합리성이 여실히 나타나는 대목이라 할 수 있다. 첫째 국경분쟁 미결 지역인 간도지방에서 제3자가 인구조사를 실시한 것은 분명한 월권행위이며, 둘째 그때까지 방관적인 입장을 취하고 있던 청국관리와 관계를 악화시켰다.[96] 이러한 양측의 대립적 관계 속에서 이주한인의 위상은 크게 약화되었다.

뿐만 아니라 파출소의 보호명목으로 설치된 헌병대는 오히려 파출소 사업활동의 전위대 역할을 담당함으로써 곳곳에서 청국과 마찰을 빚기도 하였다.[97]『日本外交文書』1909년 1~8월의 간도문제 관련문서에는 총 20건의 청·일 관헌의 마찰과 충돌 기록이 보인다.[98] 이는

라고 하였는데, 이는 한인들이 납세 이유를 들어 조사를 거부하거나 또는 조사불충분으로 발생한 오차라고 짐작된다.

95) 구체적인 예를 들면, "작년 말(1908년 : 필자)부터 각 分遣所에 명하여 한인에 대한 호구조사를 실시하였으나, 청국 헌병이 곳곳에서 이를 저지하였다. 1월 25일 東盛湧 부근에서 청국 순경 여러 명은 千賀 憲兵의 조사를 저지하고 권총으로 무장한 상태에서 한인을 위협하였다. 또한 조사에 협조해서는 안 된다고 종용하였다. 이에 파출소는 森川 中尉를 현장에 파견하여 그 불법적 행동에 항의하였다. …… 局子街에서 奧村 대위는 회견에서 한인보호를 위해 필요한 호구조사를 방해하는 데에는 이유가 없다"라고 항의하였다(日本外務省,「在間島我官憲韓人戶口調査」,『日本外交文書』42-1冊).

96) 朝鮮總督府警務局,『在滿韓人ト支那官憲』, 1930, 204쪽. 일제의 도전적이며 침략적 행위에 청국 관리 대응은 매우 신중하였으며 한인의 처리문제 등에 매우 고심하였던 것 같다. 1909년 5월 당시 東三省辨務督辦 吳祿貞은 다음과 같이 주장하였다. "간도문제에 관하여 나는 그 토지가 명확히 우리의 영토임을 확신하기 때문에 그 해결방법으로써 간도에 거주하는 한인은 첫째 한국영토에서 월경하여 여러 해 동안 개간에 종사하여 가장 일찍 토착인으로 살고 있는 사람 越墾者는 완전한 귀화인으로서 청인과 같은 취급을 받는다. 또 하나는 招墾者 즉 간도 미개간지를 개간시킨 자로서 이는 청국에서 그 토지를 급여받고자 점차 토착화한 자이다. 귀화인이 아닌 한인에 대해서는 일본이 臺灣人의 국적을 정한 예와 같이 2년을 기한으로 하여 청국에 귀화한 자는 귀화를 인정(허락)하고 한국으로 돌아간 자는 그 기간에 재산을 정리하여 자유로이 왕래하여 간도에 있는 동안은 완전히 청인과 동일한 권리를 부여한다"(日本外務省,『日本外交文書』42-1冊, 474~475쪽).

97) 高麗大 亞細亞硏究所,『舊韓國外交關係附屬文書(間島案)』8, 10~11쪽.

98) 日本外務省,『日本外交文書』42-1冊, 間島問題의 청일간 분쟁 건을 분류해 보면, 禹跡

매달 약 2~3건의 크고 작은 충돌이 있었음을 보여준다. 통감부간도 파출소와 청국 관리의 대립이 지속된 것은 일제가 간도 내에서 보다 유리한 정치적·사회적 우위를 지켜 경제적 이권을 획득하기 위한 것임을 여실히 보여준다. 또한 헌병이 한인 가옥에 무단으로 침입하고 불법행동을 자행하는 폐해가 속출하였다.

1909년 7월 間島 百草構 春融社에서 일본 헌병 2명과 한국 순사 1명이 사건의 취조 명목으로 한인 金仁吉의 가옥에 침입하였다. 그의 아우 一吉과 族弟 洛用 등이 있었는데, 인길과 낙용은 危亂을 두려워하여 도주하였다. 일길과 그 조카는 헌병에 의해 체포·구타·고문을 받았고, 그 후 헌병들은 무기를 내려놓고 일길의 포박을 풀어 식사준비를 시켰다. 동행한 한국순사는 낙용의 처를 강제로 끌고 가 强姦하고 또 다른 헌병을 불러 기이한 행동을 하였다. 이에 일길은 격분하여 옆에 있는 무기로 헌병을 구타하여 중상을 입혔다.[99]

위의 사건은 吳祿貞에게 접수되었고 齋藤 간도파출소장에게 정식으로 항의·통보되었다. 그러나 파출소장은 통감부에 보낸 문서에서 이를 은폐·조작하였다.[100] 이 사건을 통해 볼 때 재등 소장이 한민 보호에 관한 시정방침 훈시에서 「한인 보호」·「황국신민의 복리증진」·「帝國下의 편리함을 향유」라고 한 것은 한낱 허울 좋은 구호에 불과했음을 여실히 보여주고 있다. 이처럼 간도파출소는 무장병력을 동원하여 한인사회를 감시·조사하고 임의로 법을 강제 집행하고(아직 일제는 재판권을 갖지 못함), 겉으로는 인도주의적 태도를 견지하

洞 사건 4, 戶口調査 2, 刑事事件 4, 憲兵增派 8, 기타 2 등이다. 특히 헌병증파에 의한 충돌이 많았다는 것은 일제가 대륙침략에 필요한 군사력의 확보를 위한 조처였다는 것을 쉽게 짐작할 수 있다.
99) 日本外務省, 『日本外交文書』 42-1冊, 483~484쪽.
100) 日本外務省, 『日本外交文書』 42-1冊, 483~484·493·495쪽.

는 이중적인 정책을 실행하였다. 또한 파출소 내 조직의 위상을 높이고 효율적으로 실무 추진을 위한 관제개정을 통하여 담당자의 자격요건을 강화하였다.[101] 따라서 한인은 조직적이며 무단적인 파출소의 활동과 중국의 무방침한 태도 속에서 법적 보호를 받을 수 없었다.

특히 일제헌병의 행태는 "재판권 확보는 경계문제의 결정 여하에 따라 間島在住 한인의 재판을 한국의 재판권하에 두며, 경계가 확정될 때까지 파출소에서 재판사무를 취급한다"[102]라고 한 일본외무성의 훈시와는 차이가 있어 보인다. 이는 실질적으로 본국의 정책입안을 충실히 이행한 것임을 알 수 있다. 따라서 한인의 지위는 일제의 정책 편의상 혹은 열강과 교섭대상의 형태에 따라 달라질 수밖에 없었다.

2) 間島協約을 통한 국제적 입지 강화

한인 보호라는 명목으로 설치되었던 통감부간도파출소는 간도지역에 대한 철저한 조사를 통하여 대륙침략의 토대를 마련하였다. 일제의 간도지역 교두보 마련은 일본인 이주와 상권 형성에 필요한 철도 부설까지 연결되어 정책적 실행으로 나타났다. 또한 일제는 간도에서 보다 확고한 지위를 구축하기 위하여 국제분쟁 상태에 있는 간도영유권 문제에도 깊숙하게 개입하였다. 1908년 일본 衆議院에서는 간도문제에 대한 일본정부의 적극적인 개입을 촉구하였으며, 나아가 간도문제가 한국문제의 가장 중요한 문제라고까지 지적하였다.[103] 간도에 대한 일제의 관심은 명목상 한인 보호와 주권 문제로 표현되었

---

101) 日本外務省, 『日本外交文書』 42-1册, 474쪽.
102) 金正柱, 『朝鮮統治史料』 1, 382쪽.
103) 『衆議院議事速記錄』 2, 28쪽. 특히 중의원 의원 望月小太郎은 만주와 간도의 특수성에 대하여 정부를 상대로 자신의 견해를 피력하였다. 그는 "일본의 과잉인구를 해소하기 위하여 캐나다·미국으로 적극적인 이민정책을 전개하였지만, 상대국인 미국에서

지만, 실질적으로는 이 지역에서 러시아 세력의 견제와 중국으로부터 이권획득에 있었다.[104]

일제의 간도영유권문제[105] 개입은 청국의 강한 반발에 직면하였으며, 일본 내에서도 간도영유권문제와 대륙침략정책을 별개의 사안으로 분리하여 진행해야 한다는 여론이 비등했다. 간도지역이 러시아·청국·한국 삼국의 접경지역이고 군사적·경제적으로 매우 중요하기 때문에 무력을 통한 강제적 해결보다는 점진적이며 원만한 해결책이 최선이라는 주장이 나오기도 하였다.[106] 일제는 대륙침략의 전초기지로서 간도에 대한 입지강화를 목적으로 청국과 영유권문제를 논의하게 되었다.[107] 일제는 청국과 교섭을 통하여 보다 유리한 군사적·경제적 활동을 확보할 수 있었으며 나아가 한인을 이용하거나 통제하는 제도적 장치를 마련할 수 있었다. 통감부간도파출소 철폐와 총영사관 설치는 보다 조직적으로 간도지역의 한인을 통제할 수 있게 하는 기반이었다.

1909년 9월 4일 일제의 全權公使 伊集院彦吉과 淸國 會辦大臣 梁敦彦 사이에 체결된 이른바 간도협약은 일제의 대륙침략 의도를 노골적으로 드러낸 대표적인 경우이다. 한인의 법적 지위문제와 철도문제 등이 포함되어 있는 간도협약에는 무엇보다도 제2조 "청국정부는 본 協約 조인 후 이른 시일 내 외국인 거주 및 무역을 위하여 다음

東洋人移民排斥法에 따라 일본인 이민에 상당한 어려움이 있다. 그런데 간도지역은 滿韓의 경계지로서 일본은 이 지역을 명백하게 할 필요가 있으며, 나아가 물산이 풍부한 이곳을 남만주와 연결하여 일본인 이민 토대를 마련해야 할 것이다"라고 주장하였다(『衆議院議事速記錄』 2, 31~32쪽).

104) 『衆議院議事速記錄』 2, 75쪽.
105) 간도영유권 문제에 대한 대표적인 연구는 다음과 같다.
姜昌錫, 『統監府硏究』, 국학자료원, 1994 ; 金明基 編, 『間島硏究』, 법서출판사, 1999.
106) 『衆議院議事速記錄』 2, 76~77쪽. 統監府에서는 간도를 한국 영토라고 선언하였으며 이를 관철하기 위하여 군대를 동원하는 방법까지 고려하였으나 간도협약으로 무산되었다(강창석, 『통감부연구』, 227~228쪽).
107) 김춘선, 「'북간도' 지역 한인사회의 형성 연구」, 148쪽.

의 各地를 개방할 것이며, 일본정부는 이들 각지에 영사관 또는 영사관 분관을 설치하고 개방 기일은 별도로 정한다."[108])에 유의할 필요가 있다. 왜냐하면 일제는 龍井村·局子街·頭道溝·百草溝 4곳을 개방하여 자국의 자본제적 상품을 공급하는 시장으로 기능을 담보하고, 이를 통하여 일본 상권의 확대를 도모하였기 때문이다. 일제의 이러한 움직임은 開放地 확대 요구로 표출되었으며,[109]) 나아가 1910년대 이후 일제의 지속적인 자국 상권 확대 정책을 추진하는 배경이었다.

간도협약 체결과 함께 '滿洲五案件'도 체결되었다. 협의의 의미에서 전자를 영유권에 관한 조약이라고 한다면, 후자는 일제의 경제적 침략토대를 위한 안전판이라고 할 수 있다. '만주5안건'은 주로 일제의 경제적 진출에 초점을 맞추고 있었다.

> 제1조 청국정부는 新民屯과 法庫門간의 철도를 부설할 경우 미리 일본정부와 商議하는 데 동의한다.
> 제2조 청국정부는 大石橋 營口支線을 南滿洲鐵道支線으로 승인하고 남만주철도 기한 완료시 일률적으로 청국에 교환할 것과 이 지선의 말단을 營口로 연장하는 데 동의한다.
> 제3조 청일 양국 정부는 撫順과 煙台의 탄광에 관하여 다음과 같이 평화적으로 상정한다.(중략)
> 제4조 安奉철도 沿線 및 남만주철도 幹線 沿線의 鑛務는 撫順 및 煙台를 제외하고 1907년 東三省 督撫가 日本國 총영사와 議定한 大綱을 참작하여 日淸 양국인의 합의로 하고 세칙은 추후 督撫와 일본국 총영사간에 상정한다.

---

108) 『間島關係(開放及調査)』 1, 456쪽.
109) 『間島關係(開放及調査)』 1, 521쪽.

제5조 京奉철도를 奉天으로 연장하는 것에 대해 일본 정부는 이의
가 없다는 것을 밝혔다. 그 실행 방법은 지방에서 양국 관헌
및 전문기사가 타협하여 商訂하는 것으로 한다.[110]

이와 같이 일제의 청국에 대한 경제적인 이권획득은 간도라는 지역을 고립대상이 아닌 남만주·북만주와 연결시키는 형태로 표출되었다. 나아가 철도를 이용하여 대륙침략을 보다 원활하게 수행하기 위한 신속성을 확보했다. 또한 간도지역 지하자원 즉 원료에 대한 독점적 확보를 목적으로 일제는 철도부설권 획득을 가장 주된 안건으로 상정하였다.[111]

한편 간도협약을 통하여 일제는 삼국의 접경지역인 간도에서 러시아 세력을 견제할 수 있었다. 이는 당시 간도지역이 러시아 경제권과 매우 밀접한 관련이 있었고 또한 일제로서도 이를 무시하고서는 경제적 진출을 도모할 수 없는 상황이었기 때문에 간도협약이 세력 확장을 위한 토대가 되었음을 의미한다.[112] 남만철도와 더불어 간도지역에서 철도부설권 획득은 자본진출과 군대의 신속한 이동을 위해 필수조건으로 작용하였다.[113]

간도협약을 둘러싼 정책 입안자들의 의견 차이에도 불구하고 일제는 이를 통하여 간도지역에서 제반 정책 실행을 위한 토대를 마련하였으며, 동북아 국제정세에서 러시아를 견제하고 자국의 이익을 관

---

110) 『間島關係(開放及調査)』 1, 473~477쪽. 일본 外相 小村壽太郎은 간도영유권 문제뿐만 아니라 만주에서 일본의 배타적 권리획득을 동시에 해결하고자 하였다. 이는 만주에 대한 미국의 관심을 배제하고 나아가 만주와 조선문제를 연계하여 처리하고자 하였음을 의미한다(森山茂德, 『近代日韓關係史硏究』, 東京大出版會, 1987, 239~243쪽).
111) 일제는 철도부설이 청진항의 개항과 더불어 일본제품의 물류에 큰 공헌을 할 것이라고 믿었다. 남만주의 철도와 함경도 해안지역의 철도 연결은 만주경영의 중요한 방법이었음을 의미한다(『衆議院議事速記錄』 2, 67쪽).
112) 구대열, 『한국 국제관계사 연구』, 역사비평사, 1995, 113쪽.
113) 『日本外務省文書』 Reel 14(MT11248), 「日露戰役後における滿洲諸問題に關する政務局長取調槪要」.

철하였다.[114] 하지만 일제가 그 세력을 키워갈수록 간도 이주한인의 사회적·경제적 상황은 식민지와 유사한 방향으로 흘러갔다. 일제의 명목상 한인보호정책은 오히려 청국측의 반발을 야기하는 원인이었다.[115] 이렇듯 일제의 팽창정책이 강화될수록 이주한인의 사회적 지위와 경제적 토대는 위축되거나 중국 관헌으로부터 압박당하는 요인으로 작용하였다.

3. 통신체제의 완비

1) 통감부시기 통신체제

(1) 통신망 구축의 기초

제국주의시대 열강은 보다 우월한 과학기술을 과시하면서 식민지를 확대하였다. 그 가운데 중요한 하나가 통신기술이었다. 일제도 예외는 아니었다. 간도지역은 이주한인이 대다수를 차지하고 있었기 때문에 일제에게 통신망은 이른바 '不逞鮮人'을 감시하고 한인사회를 통제하는 중요한 수단으로 인식되었다. 1907년 통감부임시간도파출소를 설치하여 한인사회에 대한 통제책을 강구하였던 일제는 명치유신 이후 자국 내에서 빠르게 실시되었던 우체국을 비롯한 통신체제의 구축을 간도에서도 실현하려고 하였다. 제한된 인적 자원을 활용하여 효율성의 극대화를 꾀하였던 일제로서는 러시아와 접경지역인 간도에 대한 통신망 설치가 급선무였다.

---

114) 김춘선, 「'북간도'지역 한인사회의 형성 연구」, 151쪽.
115) 청국과 마찰은 간도파출소 시기부터 이미 나타나고 있으며, 일제는 이를 한인 보호와 연결하여 군대의 增兵과 자국의 이익확대를 목적으로 하였던 것이다(국사편찬위원회, 「上件에 관한 派出所長에의 對處方案 訓令 件」, 『統監府文書』 2, 383~384쪽).

Ⅰ. 韓人의 間島 移住와 일제의 통신체제 구축

　주지하듯 일제는 러일전쟁 이전부터 만주에 큰 관심을 보였다. 만주의 지리, 원료공급지로서의 기능에 주목하고 상품판매시장을 확보하기 위해서 1907년 8월 22일 龍井에 설치된 통감부임시간도파출소는 일제의 대륙침략을 위한 전위대 역할을 담당하였다. 즉 동만지역에 대한 본격적인 조사와 이 지역 중국 관헌의 동향 및 정세 관찰에 업무를 집중시켰다. 이러한 기능을 담당하기 위해서는 경찰과 군대 기능을 수행할 수 있는 헌병의 역할이 절대적이었다. 아울러 이들이 유기적으로 작용하기 위해서는 본국 또는 준식민상태인 한국과 긴밀한 연락체계가 필수적인 사안이었다. 근대적인 통신체제의 완비는 효율적인 식민통치와 직결되었기 때문에 일제로서는 서둘러 간도에 전신사업을 추진하는 것이 당면과제로 떠올랐다.

　간도파출소의 설치 당시 일제가 정보를 주고받을 수 있었던 시스템은 매우 불편하였다. 당시 간도파출소에서의 전신 취급은 회령을 통해서만 이루어졌다. 즉 교통헌병이 회령에서 직접 전신 우편을 휴대하여 간도파출소에 연락하는 방법이었다. 이러한 방법을 사용할 때 회령과 용정간에는 약 이틀이 소요되었고, 일반인들은 전신 우편을 수취하는 데 매우 불편하였다. 뿐만 아니라 청국의 예민한 반응은 일제로 하여금 보다 확실하고 견고한 통신시설과 기관의 설치를 필요로 하게 되었다.

　이러한 이유를 들어 '관민 모두 하루속히 전신의 개설을 희망' 한다는 빌미로 1907년 9월 하순 통감부 통신관리국에서는 전신선 가설에 착수하였다.[116] 공사는 10월 1일부터 시작되어 용정촌에 간도우체국이 개설되었고 전신 가설공사로 이어졌다. 이때 일제는 청국의 간섭

---

116) 篠田治策, 『統監府臨時間島派出所紀要』, 212쪽.
117) 간도헌병대의 편제는 헌병소좌 1명, 대위 1명, 중위 2명, 하사 10명, 상등병 50명, 二等軍醫 2명, 간호장 1명, 간호수 2명, 蹄鐵工長 1명, 傭馬丁 12명 총 68명이며 승마는 34두였다(국사편찬위원회, 『統監府文書』 2, 305쪽).

을 배제시키고자 많은 헌병을 파견하였다.[117] 이는 공권력의 강화를 통하여 힘의 균형을 이루어내고자 한 것이다. 전신 공사는 일제의 일방적인 요구에 의해 추진되었다. 전신 공사를 완성한 이후 통감부파출소장 齋藤季治郞은 각 촌민들에게 전선 보호에 관하여 주의 사항을 다음과 같이 고시하기에 이르렀다.

> 이번 회령에서 六道溝(용정촌)에 이르는 전신선을 가설하여 통신을 개시하였는데, 연도 각 촌민은 깊은 주의를 기울이고 전선 전주의 보호에 임하여야 한다. 더욱이 전신은 문명의 이기로써 本職이 대한국 신민의 생명 재산을 보호하는 대임을 완전하게 하고 통감부 혹은 대한국 정부 관청과 통신을 교환하는 데 필요할 뿐만 아니라 모든 국적을 불문하고 일반 민중의 통신을 꾀하여 그 편익을 도모함이 크므로 이를 보호하고 그 기능을 완전하게 하는 것은 실로 각 촌민의 공익상의 의무이다. 때문에 전주 전선을 훼손하는 자는 바로 엄벌에 처할 뿐만 아니라 이를 등한하여 그 보호를 게을리 하는 촌민 역시 책임을 물 것이다. 그리고 전주 전선을 훼손하고 방해하는 자는 바로 체포하여 파출소 혹은 가까운 지역의 헌병에게 신고해야 하며 각 촌민은 이 뜻을 엄숙히 받들어 과오가 없길 기대한다.[118]

위의 인용문은 파출소장 연설로 내용에 협박성이 다분히 포함되어 있다. 일제가 간도파출소를 설치하면서 대륙침략을 위한 하나의 중요한 방책이 통신에 있음을 간접적으로 피력하였다. 청국 관헌의 동태 관찰은 일제로서 매우 민감하게 취급하였던 사안이었다. 간도가 중국 영토라는 점에서 일제는 '한인 보호' 라는 명목을 들고 나왔지만 국제법상 아무런 법적 강제력을 발휘할 수 없는 상황에서 힘의 논

---

118) 篠田治策, 『統監府臨時間島派出所紀要』, 212~213쪽.

리로 간도파출소를 설치함으로써 나타난 현상이었다. 아무튼 일제가 간도파출소 설치와 함께 전선을 설치하는 과정은 협박과 회유가 동시에 수반된 작업이었다. 특히 파출소장은 1907년 7월 23일 伊藤博文에게 보낸 서한에서 통감부파출소와 회령간의 전선 가설을 강력하게 요청하였으며[119] 또한 같은 날 우편신 전신국 설치도 신청하였다는 사실[120]에 비추어 보아 통신 필요의 절대성이 강조되었음을 알 수 있다. 즉 전신선 설치의 공공성을 일제의 세력확대로 표출한 것이다.

하지만 간도파출소의 전신선 가설에는 몇 가지 어려운 점이 있었다. 첫째는 공사비 문제이며, 둘째는 목재의 수급, 셋째는 청국 관헌의 방해였다. 1907년 9월 18일 통감부 통신관리국장인 池田十三郎은 한국주차군 사령관 長谷川好道에게 다음과 같은 전문을 보내 당시 어려움을 토로하였다.

간도 전신 창설에 즈음하여 공사비 예산 등에 대해서 아직 명령을 받지 못했다. 이는 긴급한 사안인데, 하지만 미리 전신 선로를 답측하고 또 소요 재료품 등은 일시 보수용품을 회령까지 수송 집적하여 두었다. 나아가 한편으로는 간도 내에서 비밀로 전주 벌채에 착수하여 예산 통과 이후 한꺼번에 바로 공사를 진행하여 극히 단기간에 개통을 도모함으로써 정책상의 편의를 제공하였다. 대략 준비된 후 전주 채벌에 대한 청국 관헌의 강력한 방해가 심하여 일본 공사 담당자에게는 도저히 재료를 가져 나오기가 불가능하다는 뜻을 알린다. 회령방면은 두만강 상류로부터 나오고 또 六道溝 방면은 청국인을 권유하여 그들에게 직접 공급하게 한다. 현재 취할 수 있는 방법을 쓰거나 혹은 청국 관헌의 방해를 받아 목재 운반이 불가능한 경우 齋藤 파출소장에게 의뢰하여 헌병의 보호를 받

---

119) 국사편찬위원회, 「間島派出所長 赴任前 統監의 承認을 要하는 事項 上申 件」, 『統監府文書』 2, 325쪽.
120) 국사편찬위원회, 「郵便電信局設置ノ件申請」, 『統監府文書』 2, 328쪽.

아 직접 채벌할 것을 미리 정한다. 공사 예산의 취지는 大藏省과 협의하여 9월 14일 동경에서 전보를 통지받아 이에 제반 준비로서 17일부터 본 측량에 착수하여 21일에 전선주를 세우고 가설공사를 하여 다행히 지장이 없으면 10월 1일경까지는 통신을 개시할 수 있을 것이다.[121]

특히 전신주를 수급할 때 청국 관헌의 방해가 강력하였음을 알 수 있다.[122] 청국은 일제의 전신 가설에 대응하기 위해 老爺嶺에서 전주를 채벌하고, 전선은 海林에서 운반하는 등 공사를 급히 서두르고 있었다.[123] 1907년 8월 4일부터 청국측은 길림-영고탑-훈춘-국자가에 전선을 가설하기 시작했다. 청국은 러시아에 남아 있는 전주를 이용하여 일본의 전신선에 대응하기 위하여 하루속히 전선 공사를 준공하려 하였다. 이때 동원된 인원은 400여 명으로서 모두 군인들이었다.[124]

이러한 청국측의 대응에도 일제의 전신 가설공사는 계획대로 진행되었다. 1907년 9월 16일부터 시작된 전신 가설공사는 21일 측량이 종료되었고, 24일에는 회령방면부터 建柱 및 가선공사를 착수하기에 이르렀다. 이렇게 일제의 전신 가설이 나름대로 순조롭게 진행될 수 있었던 것은 군사력과 치안력을 겸비한 헌병의 존재가 절대적이었다. 또한 그만큼 간도지역의 중국측 치안이 부재하였음을 반증하는 것이기도 하다.[125] 이렇게 해서 1907년 간도파출소를 설치함과 동시에 일제는 전신선도 가설할 수 있었다. 1907년 9월 26일 태랍자 부근까지

---

121) 국사편찬위원회, 「間島電信創設ニ關スル槪況 報告」, 『統監府文書』 2, 354쪽.
122) 국사편찬위원회, 「電信架設에 관한 件」, 『統監府文書』 2, 355쪽.
123) 국사편찬위원회, 「齋藤中佐의 額木索放火와 吉林으로부터의 淸兵派兵 및 電線架設終了 來電」, 『統監府文書』 2, 356쪽.
124) 일제가 청국의 대응과 함께 고민하였던 것이 마적의 움직임이었다. 1907년 8월 20일경 마적 400명이 額木索에 출몰하여 호수 대부분을 방화·약탈하였다고 국자가 경찰서 국장이 담화를 발표할 정도로 마적의 폐해는 컸다(국사편찬위원회, 『統監府文書』 2, 365~366쪽).
125) 국사편찬위원회, 「電信線 架設 工事 進行 狀況 報告」, 『統監府文書』 2, 357쪽.

가설을 마쳤으며 28일 용정까지 가설을 종료하였다.[126]

간도지역에 대한 통감부파출소의 전신 가설은 정책의 신속성 숙지와 그에 따른 지역확대에 주안점을 두고 진행되었다. 다시 말해 통신시설에 대한 일제의 '은밀한 시도'는 대륙침략의 원활성을 담보로 적극적이며 신속하게 이루어졌다. 이를 통한 대륙침략에 필요한 통신망 확대가 주요 목적이었다는 것을 알 수 있다.

(2) 간도우체국의 설치 – 금융과 통신의 이중주

간도지역에 적극적으로 '진출'하기 위해 일제는 도로망 정비와 통신시설 설치를 서둘렀다. 가장 기본적인 대외정책은 정책의 객체에 대한 정확한 정보파악에 있듯이 일제는 간도파출소를 설치하면서 이 문제를 빨리 해결하고자 했다.[127] 일제는 간도를 '개발'한다는 빌미로 회령과 사이에 전선을 가설하고자 하였다.[128] 간도파출소 총무과에서 전선 설비에 대하여 총괄하면서 추진된 통신망 구축은 이러한 정책의 표현이었다. 간도파출소의 동정 및 수집된 정보를 통감부에 보내는 데 시일이 많이 소요되고, 이러한 점을 극복하기 위해서도 가장 먼저 필요했던 것이 전신선의 설치와 접선 기능을 담당한 우체국 설치였다.

일반적으로 우체국은 제국주의의 대외 확장 때 금융과 통신 기능을 담당하였다. 1908년에 설치된 간도우체국은 소수의 일본 상인을 위해 환업무를 담당했다. 하지만 우체국의 업무 가운데 하나인 통신부문 역시 일제로서는 간과할 수 없는 중요한 분야였다. 간도우체국은 일제가 간도지역에 설치한 최초의 금융기관이자 통신기관이었다. 엄

---

126) 국사편찬위원회, 「電線架設 完了의 件」, 『統監府文書』 2, 365쪽. 전신 가설 이후 크고 작은 전신선 절단 사건이 발생하였으나 기본선 유지에는 변함이 없었다(高麗大 亞細亞問題硏究所, 『舊韓國外交關係附屬文書(間島案)』 8, 1974, 80쪽.
127) 篠田治策, 『統監府臨時間島派出所紀要』, 66쪽.
128) 篠田治策, 『統監府臨時間島派出所紀要』, 39쪽.

격한 의미에서 우체국의 기능은 통신에 있었다. 일제가 우체국을 통하여 회령과 간도지역간에 연락을 취하였던 것도 그리고 금융의 기능을 강조한 것도 다음의 인용문을 통해서 충분히 짐작할 수 있다.[129]

> 우편국은 뒤에 局子街로 확장하여 거주 일본인은 물론 일반 淸人·韓人의 편익을 꾀하고자 하였다. 청국측에서도 1907년 12월 20일 국자가·琿春·寧古塔을 경유하여 길림으로 통하는 전신을 개시하였다. 다음해 5월 8일부터 국자가에 우편국을 설치하여 일반 통신사무를 개시한다. 종래 청국측에서는 국자가와 길림간의 공용통신은 遞騎로서 하여왔는데, 전신선의 가설과 함께 신속하게 길림·봉천·북경과 통신할 수 있게 되었다. 우편국 개설에 따라 일본인·한인이 편익을 얻었던 것은 신속 확실하게 통신을 할 수 있었던 것이고 또한 금융기관이 없는 간도에 일본 혹은 한국 내지와 거래에 종사하는 자는 모두 우편 혹은 전신환으로 금전을 주고받았으며 혹은 저축심이 결여된 한인도 파출소의 장려에 따라 우편저금을 하였다. 이 우편저금은 날로 증가하였다. 그리고 청국 관민도 역시 일본 통신기관의 확실함을 신용하여 자국기관이 있음에도 불구하고 일본의 통신기관을 이용하는 경우가 많았다.[130]

간도우체국은 회령우체국과 연락을 취하면서 모든 우편업무를 담당하였다. 1910년 局子街에 우편취급소가 설치되면서 용정과 하루 한 차례, 百草溝와는 3일에 한 번 우편 연락이 가능해져 일제로서는 한층 나은 통신망을 구축할 수 있었다.[131] 특히 1912년 11월에 용정

---

[129] 간도우체국은 일본에서 설치한 것으로서, 중국측에서는 자국영토에 일본이 설치한 우체국을 이용해야 하는 결과를 초래하였다. 하지만 중국측의 대응은 미약했다. 琿春縣의 경우를 보면 1913년에 비로소 우체국 업무를 담당하는 곳이 설치되었으며, 1923년에 되어서야 우체국에 관한 관할권을 획득하였다(李澍田 主編, 『琿春史志』, 吉林文史出版社, 1990, 522쪽).
[130] 篠田治策, 『統監府臨時間島派出所紀要』, 213~214쪽.
[131] 東洋拓植株式會社, 『間島事情』, 1918, 189쪽. 1916년 통신 담당기능을 엿볼 수 있는 전

Ⅰ. 韓人의 間島 移住와 일제의 통신체제 구축

과 회령간 전화가 개통되어 간도지역과 국내와 긴밀한 연락망이 확보될 수 있었다. 일제가 간도우체국의 업무 확장에 관심을 갖는 것은 당연하였다. 이에 대해 "간도우체국이 업무확장을 한다는 것은 일본 제국의 세력이 간도 내에 부식하는 것으로 또 경제적 세력이 현저하게 신장되는 것을 증명하고 있는 것이다"[132]라고 하였다. 이렇듯 간도우체국은 금융업무뿐만 아니라 통신업무를 병행하면서 일제의 세력확장을 위한 첨병역할을 담당하고 있었다.

근대적 통신기관의 설치를 우체국에서 찾아볼 때 간도우체국은 식민지 중앙은행인 조선은행이 1917년 3월 용정에 출장소를 개설하기 전까지 금융업무를 담당한 대표적 기관이었다.[133] 조선은행의 간도 침투는 일제가 그동안 중점적으로 진행해 온 대륙침략에서 경제정책에 관한 한 결정판이라고 할 수 있다.[134] 조선은행은 1909년 남만주 安東縣에 출장소를 개설한 이래 지속적인 외연 확대를 통해 만주지역 금융기관의 새로운 세력으로 등장하였다.[135] 조선은행은 일제가 만주에서 수출초과를 지속적으로 유지하는 데 필요한 환업무를 무리없이 수행하였다.[136] 조선은행 용정출장소의 개설은 남만주보다 상대적으로 일본 세력이 미약했던 간도와 북만주의 러시아 접경지역을 적용대상으로 한 상업금융기관의 진출이었다.

화・전보 건수는 전보의 경우 1개월 평균 678통, 전화의 경우에는 644통이었다.
132) 東・拓, 『間島事情』, 191쪽.
133) 이는 조선은행이 龍井에 출장소를 개설하였던 지역적 배경에 그 원인이 있다고 할 수 있다. 당시 용정에는 중국인이 많지 않았으며, 구성원의 대부분은 이주한인이었다. 또한 일본의 대륙침략 기관이 대부분 이곳에 자리를 잡고 있었기 때문에 치안상으로도 매우 유리한 곳이었다(川口忠, 『間島琿春北鮮及東海岸地方行脚記』, 大連小林又七支店, 1932, 81쪽).
134) 波形昭一, 『日本植民地金融政策史の研究』, 392쪽.
135) 조선은행 지점 및 출장소는 1920년 현재 봉천・대련・장춘과 개원・하얼빈・전가전・영구・길림・용정 등 18개이다(朝鮮銀行, 『鮮滿經濟十年史』, 383~384쪽). 이 가운데 동만, 즉 간도지역의 유일한 출장소인 용정출장소의 개설은 러시아세력의 확대 방지 및 한인을 이용한 세력 확장이라는 두 가지 기능을 내포하고 있다.
136) 朝鮮銀行, 『鮮滿經濟十年史』, 384쪽.

간도우체국은 1910년 8월 국자가 영사분관에 그 분국이 설치된 이후 업무가 더욱 확장되었다. 특히 會寧·淸津 등지와 거래하는 일본·한인 상인의 대부분은 이 우체국을 통해 환업무를 처리하였다. 간도우체국은 우편·전신이 주요업무였음에도 불구하고 금융대행업무도 담당했다.[137] 이는 당시 환업무를 담당할 만한 근대적인 금융기관이 설치되지 않았기 때문에 일제로서는 무역업에 종사하는 자본가 및 상인의 편의를 제공하고자 간도우체국의 업무를 확장하였던 것이다. 1910~1913년 간도우체국의 영업상황은 다음과 같다.

[표-1-4] 간도우체국의 영업상황(단위 : 엔)

지역\연도	1910	1911	1912	1913
龍井	218,725	276,146	303,799	523,947
局子街	39,780	120,465	205,563	300,316
합계	258,505	396,611	509,362	824,263

구분\민족	일본인	조선인	중국인	합계
우편물	50	35	15	100
외환	50	40	10	100
전신	50	40	10	100

* 金正柱, 『朝鮮統治史料』 9, 861·884~885쪽.

위의 표를 보면 간도우체국의 역할은 환거래를 위한 필수적인 기관으로 자리 잡아갔음을 알 수 있다. 간도우체국은 통신기관이면서 동시에 금융기관의 역할을 담당하였다.[138] 이러한 간도우체국의 두 가지 기능 가운데 환업무는 조선은행 용정출장소가 설치되면서 감소되

---

137) 고려서림, 『日本外務省特殊調査文書』 11, 1989, 676쪽.
138) 統監府臨時間島派出所, 『間嶋産業調査書』 3編(商業調査書), 29쪽.

었다. 간도우체국은 조선과 밀접하게 연관성을 맺고 있었다. 즉 금융 업무 때 조성된 자금은 조선은행 羅南지점을 거쳐 京城 본점으로 이송되었다.[139] 이렇게 간도우체국의 금융업무가 활발하게 진행될 수 있었던 요인은 통신기술이 뒷받침되어야만 가능하였다.

요컨대 일제는 간도우체국을 설치하여 통신업무뿐만 아니라 우편 저금, 우편환 업무를 담당케 하였다. 이는 간도지역 상권을 둘러싼 세력경쟁에서 일본 상인의 편의를 도모하고 나아가 간도지역의 상권을 독점하기 위한 하나의 포석이었다. 물론 우체국을 설치하기 전에 이미 전선 가설사업을 진행한 것은 두말할 필요도 없다. 전선 가설사업을 추진하는 동안 일제는 중국측과 수많은 마찰을 빚었다.[140] 일제가 자국민의 안위와 한인 보호를 위해서 전선 가설을 비롯한 통신시설을 설치한다고 하였지만, 간도협약기 중국측에서는 일제의 전선가설이 침략적 의도에서 비롯된 것이 아닌가라고 항의할 정도였다. 그러나 중국측에서는 변방지역인 간도에서 일제가 세력확장을 꾀하는 데 대하여 제어할 만한 공권력이 부재했다. 이러한 점을 이용하여 일제는 간도는 물론 북만주·러시아지역에까지 '근대성'의 첨병이라고 자랑하는 우체국을 이용하여 세력 확장을 추진하였다.[141]

---

[139] 1912년 이후부터 간도우체국은 조선은행 회령지점에서 자금을 조달하였다. 따라서 지리적으로 인접한 회령과 교통편의가 요구되었으며, 당시 여러 조건 속에서 자금 조달이 용이한 회령지점을 택하게 된 것이다(朝鮮銀行, 『朝鮮銀行五年志』, 13쪽).
[140] 일제와 중국은 1923년에 이르러서야 우편물 교환에 관한 약정을 체결하고 경성·부산·인천·회령·경원의 우체국을 교환국으로 지정하여 업무를 개시하였다(朝鮮總督府 遞信局, 『朝鮮遞信事業沿革史』, 1938, 70쪽).
[141] 일제는 1915년 이후 東滿通信社를 통하여 만주지역에 대한 정보를 수집하고 자신들의 선전 자료를 알리기에 주력하였다(陸軍省, 「間島出動隊ノ行動ニ對スル非難反駁材料調査ニ關スル件」, 『間島事件關係書類』下).

2) '간도출병'과 통신시설

(1) '간도출병'을 통한 군용선 가설

1920년 10월 '훈춘사건'을 조작한 일본제국주의는 마적을 소탕하고 자국민을 보호한다는 구실로 대규모 병력을 간도에 파견하였다.[142] 주지하듯 일제가 군대를 파견한 실질적인 목적은 간도지역에 대한 확고한 세력부식과 함께 항일독립군에 대한 철저한 탄압에 있었다. 간도에 파견된 일본군은 조선주둔의 제19사단 예하부대가 주축이 되었다.[143] 일제는 이미 북간도 한인사회에 대한 '토벌계획'을 치밀하게 준비하였으며, 이는 「間島地方不逞鮮人剿討計劃」으로 구체화되었다.[144] 이에 근거하여 일제는 북간도 한인사회를 철저히 유린하는 가운데 이러한 잔혹한 행위는 한인사회를 통제하는 채찍으로 사용되었다.

일본영사관의 움직임은 당시 독립운동단체와 한인사회의 운명을 좌우하였다. 이들은 일본군과 연결하여 독립운동가의 인적사항과 동향, 단체의 병력과 장비상황 등을 예의 주시하면서 정보수집에 적극 가담했다.[145] 그렇다면 일제가 '간도출병'을 단행하면서 신속하게 움직일 수 있었던 기동력의 원천은 무엇인가. 바로 통신시설이었다.

일제는 간도출병을 전쟁으로 규정하면서 통신시설 확충과 중요성에 초점을 맞추었다.[146] 게다가 중국 관헌의 움직임에 대한 불만 역시 전신선 가설을 촉진시켰다.[147] 육군성에서는 조선총독부에 의뢰

---

142) 김춘선은 일제가 간도에 군대를 파견한 목적을 간도의 '조선화' 또는 '간도와 조선의 일체화'를 도모하는 데 있다고 파악하였다(김춘선, 「庚申慘變 연구-한인사회와 관련지어」, 『한국사연구』 111, 한국사연구회, 2000, 139쪽).
143) 金正柱, 『朝鮮統治史料』 2, 40~80쪽.
144) 김춘선, 「경신참변 연구」, 146쪽.
145) 金泰國, 「滿洲地域 '朝鮮人 民會' 硏究」, 國民大博士學位論文, 57쪽.
146) 金正柱, 『朝鮮統治史料』 2, 63쪽.
147) 『日本外務省特殊調査文書』 13, 540쪽.

하여 慶源과 訓戎간 체신 전신주에 군용전신선을 添設하였다. 이는 훈춘과 가까운 지역을 먼저 통신으로 연결하면서 원거리에 대한 정보를 가시적으로 확보하기 위함이었다. 이를 위해 육군성은 '시베리아 사건' 때 특무로 활동했던 육군통신기수 2명을 청진우체국에서 임시 훈융수비대에 파견하여 통신사무를 맡아보게 하였다.[148] 이후 용산 병기창에서 통신기자재를 보급받아 이를 간도지역 전신선 가설에 충당했다. 1920년 10월 11일 일본 육군성 군사과에서는 이른바 '不逞鮮人'을 제거한다는 목적으로 예산을 배정하였으며 필요에 따라 조선총독부에 통신원 파견을 요청하였다.[149] 이에 따라 1920년 10월 14일 군참모 天野소좌는 육군성에서 세부사항을 지시받아 본격적으로 전신선 가설에 착수했다. 일제는 이를 크게 4기로 나누어 작업을 시작하였고 군용통신망의 범위도 크게 벗어나지 않았다.

> 먼저 경원과 훈춘간에 전신선을 신설하고, 회령-용정촌-국자가 및 종성-용정촌간 전신선을 첨가 신설하고, 용정과 두도구간 전화복선을 신설한다. 2기는 회령-청진-나남간 전신선을 첨설한다. 제3기는 회령-北倉泙-경원 및 북창평-온성간 전신선 첨설, 제4기는 古茂山-무산-西江간 전신 1선 첨설 및 신설한다.[150]

---

148) 金正柱, 『朝鮮統治史料』 2, 64쪽. 육군성은 19사단에 지시하여 총독부에 신설 통신망 및 건축소재, 통신원 문제에 대하여 협조를 구하였다.
149) 陸軍省, 「間島事件ニ關スル朝鮮軍參謀指示事項(1920. 10.11)」, 『間島事件關係書類』 上.
150) 金正柱, 『朝鮮統治史料』 2, 64쪽.

[도-1] 군용통신망회선도(1921.1)

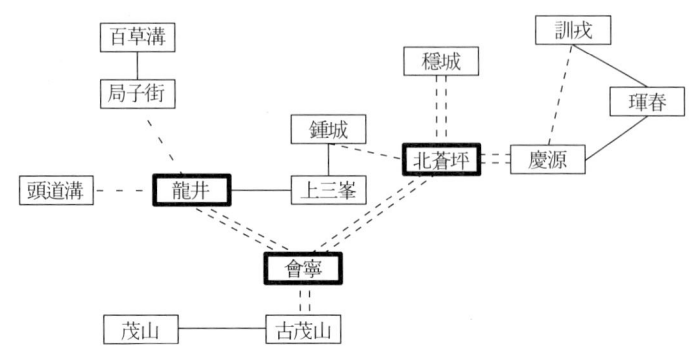

* ===체신국선 첨설 복선
  ---체신국선 단선
  ——신설 군용선
  ‒‒중국전주에 첨설

　회령·용정·북창평에는 전화교환소를 설치하여 각 지역의 통신 상황에 유연하게 대처할 수 있게 하였으며, 회령·경원·훈춘·용정과 국자가에는 육군전신소가 설치되었다. 이처럼 일제가 신속하게 통신망을 설치하였던 것은 당시 일본군 수뇌부에서 통신시설의 설치는 간도에 출병한 일본군의 안위와 직결된다고 인식할 정도로 중요시했기 때문이다. 특히 통신기재는 임시군사비에서 지급될 정도로 시급한 사안이었다. 통신기재는 육군성 경리부에서 지급하였으며, 체신성과 협의를 통하여 이루어졌다. 이미 그해 10월 9일 제19사단에서 유무선 전신용 기재에 대하여 지급을 청구하였다. 주요 물품을 정리하면 다음과 같다.

[표-1-5] 주요 통신기재

품목	수량	비고	품목	수량	비고
통신차	2	반영구적 통신기재	중피복선	300km	
전주차	2		전령식전화기	40	
예비품차	2		인부용 전화기	15	

* 陸軍省, 「通信器材支給ノ件(146호, 1920년 10월 9일」, 『間島事件關係書類』上-3, ; 金正柱, 『朝鮮統治史料』 2, 324~325쪽.
** 일반적으로 이동식 통신자재의 소모품은 2개월분을 기준으로 하여 지급하였음.

　또한 일본군은 원활한 통신작전을 전개하기 위해서 통신기재뿐만 아니라 전신 요원의 증가를 요청하였다. 당시 일본군의 유무선 통신시설에 대한 중국측 간섭과 한인 독립운동가들의 저항이 도처에서 진행되고 있었기 때문에 실무진은 절대적으로 부족했다.[151] 12월말 근위사단장 藤井幸搥가 육군대신 田中義一에게 전신요원의 필요성을 다음과 같이 주장하였다.

　이미 제19사단에 증가 배속되어 1920년 10월 초순 간도에 파견을 명령받은 제19사단 전신대 기수(전신연대 村科廠附 기수) 前田新藏은 종래 무선 전신 기술을 습득하였기 때문에 전신연대에서 흠이 없는 자이므로 이 파견대 편성 당시 단시일 안에 임무를 충분히 수행할 수 있다고 생각하여 출발하였다. 게다가 1921년 1월에는 무선 전신 수업원을 전신연대에서 파견하였으며, 그 교육을 위해 한층 본인의 귀환을 요구하여 이때 조건이 맞지 않아 빨리 귀환하려고 하였다. 만일 이 전신대 업무상 지장이 발생할 때는 기수 대용으로서 무선 기술을 이해한 하사를 파견하여 줄 것을 요청하였다. 추가로 제19사단 전신대장 笠森

---

151) 당시 한인 독립운동가들은 간도통신부를 설치하였으며 이를 통하여 일본군의 동태를 관찰하였다. 額穆縣에 통신중앙기관을 두었으며, 통신중앙부장은 崔元一이었다(金正明, 『朝鮮獨立運動』 3, 376~377쪽).

중위(전신 연대 파견의 주임자)에게 전신 연대로부터 미리 협의한 결과 前田 기수를 귀환하는 것에 별문제가 없다고 하였다.[152]

이렇듯 일본 육군에서는 간도출병시에 전신요원의 필요성을 인식하였고, 이에 대해서 특별경비를 책정하여 이들을 파송하기에 이르렀다. 이러한 예비비의 지출[153]을 부담하면서까지 진행된 전신요원의 증파[154]는 당시 정확한 정보수집의 필요성과 군대의 이동에 대한 문제점을 인식한 후에 나타난 조치였다. 청산리전투에서 패배한 원인을 군용선과 체신국선의 혼선, 한인 교환수의 정보 도청에서 찾고 있었던 일제는 독립군을 '토벌'한 결과 오히려 그들이 간도에서 안전하게 활동하고 있다고 판단하였다. 이유는 전화 교환수로 한인을 고용하면서 이들이 기밀을 누설하였기 때문이라고 파악할 정도였다.[155] 정확한 증거를 확보하지 못한 상태에서 일제로서는 자국의 피해 사실을 한인의 기밀누설로 호도하려고 하였으며, 나아가 군대 출동에 수반되어 나타난 민간인 학살 역시 은폐하고자 하였다.[156]

한편 일제의 각 기관 사이에 군용전선을 둘러싸고 공중전보 및 영

---

152) 陸軍省,「間島派遣中ノ技手ヲ歸還セシメラレ度件上申(제312호, 1920. 12. 25)」,『間島事件關係書類』上-3, 285~286쪽.
153) 제19사단 공병 작업에 소요된 금액은 총 4,084원이었다. 세부적으로 보면 훈춘-경원-훈융간 건설비로 2,911원, 회령-용정간 254원, 용정-국자가간 179원, 용정-두도구간 247원, 두도구-동불사간 493원이다(金正柱,『朝鮮統治史料』2, 326쪽). 이 가운데 훈춘과 경원지역은 국경선을 사이에 두었기 때문에 가장 많은 경비가 소요되었는데, 특히 이 지역이 중국과 러시아 접경 지역이기에 더욱 그러하였다.
154) 구체적인 사항은 다음과 같다. ① 차출 사단 근위사단 파견인원 공병 하사 4명, 공병 卒 44명, 計卒 1명, 技手 1명. ② 먼저 파견하는 요원은 1920년 10월 14일 산악 승선하여 출발하며 조선 항만에 상륙한 날 제19사단장의 예하에 편입한다. ③ 병기는 평시 휴대한 것을 휴대한다. ④ 피복은 평시 용품 가운데 가장 새로운 것을 충당한다. 그 정수 및 著裝 휴대에 관한 규정은 1920년도 육군 동원계획 훈령세칙에 의거한다. 단 인식표 및 휴대 口糧을 휴대하는 것으로 한다. ⑤ 선박 수송은 육군 운송부 본부에서 청구한다. ⑥ 수송 도중의 급한 사항은 근동 사단장이 담당한다. ⑦ 본 건에 필요한 경비는 모두 임시 군사비로 지출한다(陸軍省,「電信要員增加配屬ノ件 (密受제492호)」,『間島事件關係書類』上).
155) 陸軍省,「鮮人電話手機密漏泄ノ件回答(朝參密제1110호)」,『間島事件關係書類』上.
156) 金正明,『朝鮮獨立運動』3, 376~377쪽.

사관의 공식적인 관보를 취급하는 데 대하여 몇 가지 갈등양상이 표출되었다. 먼저 육군성에서는 외무성과 간도총영사관이 군용전선을 이용하여 업무연락을 하고 있는 것에 대하여 불만을 토로하였다. 제19사단 참모장은 영사관의 관보취급을 아예 못하게 할 정도였다. 육군성에서는 외무성이 군용선을 이용하여 관보를 취급하면 간도지역에 출병한 일본군의 작전에 방해를 줄 수 있다고 판단하였다.[157)]

이 문제는 당시 외무대신 內田康哉가 육군대신 田中義一에게 외무성의 군용전선 사용방법에 대하여 협조를 구하는 선에서 마무리되는 듯하였으나 오히려 더욱 복잡하게 확대되었다.[158)] 왜냐하면 당시 일제는 용정-국자가-훈춘을 선으로 연결하였는데, 훈춘과 국자가 군용통신소에서의 전보취급이 4자간 즉 육군성·외무성·체신성·조선총독부 알력으로 표출되었던 것이다. 특히 일본 육군성과 외무성의 전신 사용권 문제는 간도지역에서 그들의 헤게모니 쟁탈전과 같은 양상을 보였다. 일제의 모든 외교문제는 외무성에서 주관하는 것이 원칙이나 당시 일제의 대외 정책상 군대의 활동이 활발하게 진행되고 있었다. 간도지역을 '토벌'한다는 명목으로 이미 일본 육군이 군사활동을 벌인 상태에서 외무성과 육군성의 헤게모니 다툼은 또 다른 양상으로 치달았다. 여기에서 주목해야 할 점은 조선총독부의 움직임이다. 寺內正毅 때부터 선만일체화를 공공연히 주장해 온 조선총독부가 당시 이주한인에 대한 어떠한 인식과 정책을 갖고 있었는가도 아울러 파악해야 할 것이다.

1920년 11월 말에 조선군 참모장은 조선총독부 정무총감에게 훈춘 군용통신소의 운영권을 조선총독부에서 맡아주었으면 한다는 서신

---

157) 陸軍省,「間島地方軍用電信使用方ニ關スル件(密제566호, 1920. 11. 18)」,『間島事件關係書類』上.
158) 陸軍省,「間島地方軍用電線ノ使用方ニ關スル件(1920. 11. 16)」,『間島事件關係書類』上.

을 보냈다.[159] 조선총독부에서 군용통신소의 취급업무를 관할하여 군용통신에 지장 없는 범위 내에서 군용선을 사용하여 공중전보를 취급한다는 취지였다. 이미 육군성에서는 '간도출병' 시 통신원이 부족할 수 있다고 판단하였기 때문에 필요하면 조선총독부에 원조 요청을 취하려고 하였다.[160] 물론 여기에서 체신성의 승인은 별도의 문제로 처리되었다. 조선총독부는 처음에 외무성과 갈등을 고려하면서 신중한 행보를 하였다.[161] 즉 외무성과 육군성의 이해관계를 적절히 안배하여 양 기관의 이해를 얻어 군용통신 소통에 지장이 없는 범위 내에서 공중 전보를 취급하고 나아가 지속적으로 통신소를 관리하기 위하여 통신원을 파견하는 방안을 적극 검토했다. 조선총독부는 한걸음 나아가 통신관서의 설치 및 통신업무의 격증에 따른 관리원 파견에 대해 육군성과 협의하였다.[162]

1921년 1월 조선총독 齋藤實은 외무대신에게 군용선의 공중전보 사용에 관한 서신을 보냈다.[163] 이 서신에서는 조선총독부에서 군용전신선을 이용하여 공중통신을 실행하고 체신성과 협의도 총독부에서 담당하겠다는 의지를 보였다.

이처럼 각 기관의 공중전보 취급에 대한 논의는 간도출병 당시부터 진행되었지만[164] 각 기관의 협의가 원활하게 이루어지지 않아 결

---

159) 陸軍省, 「琿春及間島軍用通信所ニ於ケル公衆電報ヲ總督府ニ取扱シタ件通牒(朝參密 제1170호, 1920. 12. 10)」, 『間島事件關係書類』 上.
160) 金正柱, 『朝鮮統治史料』 2, 175쪽.
161) 외무성에서는 통신시설을 북만주나 연해주까지 연장하여 체제 선전에 이용하고자 하였다(金正明, 『朝鮮獨立運動』 3, 511쪽).
162) 조선총독부에서는 이 문제에 대해 매우 민감할 수밖에 없었다. 당시 식민통치에 가장 근간이 되는 헌병경찰제도하에서 식민지인의 저항, 특히 국경 밖에서 이루어지고 있는 항일운동을 효과적으로 제어할 수 있는 수단을 통신망의 확장을 통해서 얻고자 했을 것이다.
163) 陸軍省, 「琿春及局子街兩軍用通信所ニ於テ公衆電報取扱開始ニ關スル件(1921. 1. 10)」, 『間島事件關係書類』 上.
164) 먼저 논의된 것은 제19사단에서 군용 이외 남는 시간에 공중관보, 전신관보, 우편국 상호의 전보, 신문, 통신 전보, 통신원 상호간의 신문기사에 관한 전보 기타 고급 군대 지휘관의 점검 승인을 통한 전보 취급 방법을 고려하여 이를 인가한다. 단 체신성에서

국은 조선총독부에서 관리를 파견하는 선에서 마무리되었다. 즉 총독부 체신국에서 부설 전신에 대한 관리와 유지를 맡게 되었다.

[표-1-6] 체신국에서 부담한 유지 관리비

일시	금액(엔)	공사구간
1920.10.2	17,000	경원-훈융, 회령-국자가 군용선
1920.11.29	22,634	경원-훈융, 회령-국자가, 용정-두도구, 용정-종성, 나남-청진, 고무산 회령, 북창평을 경유하여 온성, 경원에 이르는 군용선. 고무산에서 무산을 경유하는 선
1920.12.20	81,200	경원-훈춘, 종성-용정 전화선 신설비. 용정-두도 구간 전화선 신설비. 회령-청진, 나남간 회령, 북창평, 경원, 북창평, 온성간, 고무산, 서강간 전화선 첨가비

* 陸軍省, 「電信電話線ニ關スル件」, 『間島事件關係書類』 下.

[도-2] 체신국에 위탁한 군용통신망[165]

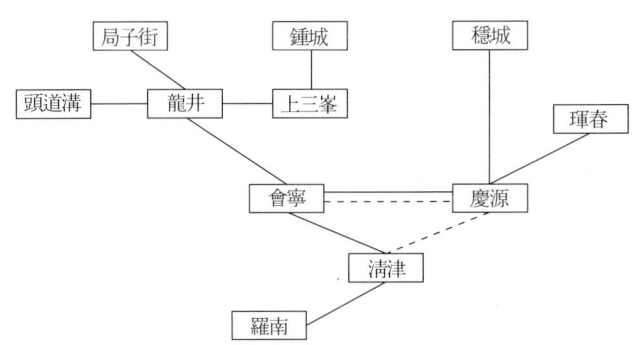

* ── 군용선단선
　--- 기존체신국선

행하는 의견으로서 체신국과 특히 군대에서 행하는 취지를 표시한다. 둘째 琿春에 파견된 체신국의 전신 기사는 공중 전보 취급을 위하여 육군 기사로 임명한다 등이었다 (陸軍省, 「琿春ニ於ケル軍用電信局公衆電報取扱其他ニ關スル件(1920. 11. 5)」, 『間島事件關係書類』 上).

165) 나남과 회령간은 1920년 12월 12일에 완료되었고, 회령과 훈춘은 11월 1일, 경원과 온

표에서 알 수 있듯이 조선총독부 체신국에서는 육군성이 설치한 군용선을 보수·유지하는 데 상당한 비용을 지출하였다. 이는 양 기관의 이해에 따른 것으로 조선총독부 입장에서는 함경도와 대륙을 잇는 전신선의 구축이라는 점, 육군성에서는 외무성과 마찰을 피하고 군 작전에 불필요한 힘의 낭비를 미연에 방지하기 위함이었다.

일본외무성과 육군성은 특히 훈춘과 한반도를 잇는 전화선과 전신선의 존치문제를 둘러싸고 이견을 보였으며, 공중우편 업무 문제 또한 고민거리였다. 이에 대하여 양 기관에서는 중국측의 대응에 주시하면서 군용통신설비는 철병 이후에도 이를 상설 통신설비로 두고자 하였다.[166] 여기에서 일제는 중국 지방관헌의 항의[167]에는 대응을 자제하고 중국 중앙정부의 직접 반응에만 대응했다. 또한 중국측에 통신의 편리함을 강조하여 통신시설에 대한 업무를 표면화시켰다.

(2) 군용선을 둘러싼 중일간의 갈등

일제는 '간도출병'과 함께 訓戎과 琿春 사이에 군용전화선을 가설하였다. 그후 慶源과 훈춘간에도 다시 전신선을 가설했다. 육군측에서 가설한 전화선은 주로 총독부와 협의하여 가설되었다. 여기에서 주된 의제는 그동안 중국 관헌의 묵인하에 비공식적으로 취급되어온 각종 통신업무를 표면화시키는 점이었다.[168] 이는 일제가 그동안 중국 관헌의 동향을 살피면서 우편업무 가운데 통신업무를 수행하였지만 군대출병 이후 독자적인 전선 확보를 추진하고 있었음을 뜻한다.[169]

성은 11월 28일, 회령과 용정은 11월 31일, 용정과 두도구는 10월 8일, 용정과 국자가는 11월 6일에 개통되었다.
166) 陸軍省,「琿春ニ於ケル軍用電信局公衆電報取扱其他ニ關スル件(1920. 11. 5)」,『間島事件關係書類』上.
167) 延辺檔案館 所藏,「吉林延吉道 道尹公署指令」(1921. 4. 2).
168) 朝鮮總督府,「제2間島地方 團體」,『朝鮮人槪況』참조.
169) 李澍田 主編,『琿春史志』, 519쪽.

1920년 11월 30일 일본 각의에서는 훈춘사건의 선후 조치에 관해 여러 사안을 놓고 격론을 벌이면서 철병 이후 이를 상설화할 것을 고려하였으며[170] 중국측과 마찰에 대해서도 상당히 민감하게 대응하였다.[171] 1920년 12월 중국정부는 훈춘을 비롯한 간도지역에 설치한 일본 군용전신 전화를 빠른 시일에 철거할 것을 요구하였으나 외무성에서는 출병과 함께 필요한 설비로써 이는 철병과 동시에 해결될 것이라고 하였다.[172] 하지만 일제의 이러한 약속은 지켜지지 않았으며 중국측의 불신은 더욱 깊어졌다. 길림 교통부 소속 顧寶善은 일제가 부설한 군용전선을 답사하기 위해 길림부터 영고탑을 거쳐 국자가에 이르는 등 세심하게 대응하였다.[173]

군용선 처분에 대하여 양국이 본격적으로 협의를 진행한 때는 1921년 4월경이다. 이때는 일제가 이른바 '간도출병'에 대한 '성과'가 어느 정도 나타났다고 인식하고 있었던 때이며, 중국 역시 더 이상 일본군의 침략행위를 좌시할 수 없는 상태였다.[174] 일본외무성과 육군성은 지속적인 연락을 취하면서 출병 당시 설치했던 군용전화·전신선의 처분문제를 놓고 중국측의 대응에 주시하였다. 중국측의 철거 요구가 거세지자 일제는 철병과 함께 군용선도 철거하겠다고 하면서 다음과 같이 제안하였다.[175]

먼저 양도해야 할 임시가설한 군용전화선 등은 그 재료원가의 범위 내에서 일정한 대가를 중국측이 지불해야하며, 둘째 조선측 통신

---

170) 김정명, 『조선독립운동』 3, 254~255쪽.
171) 『동아일보』 1921년 8월 14일자.
172) 陸軍省, 「琿春及間島方面軍用電信電話ニ關スル中國側ノ抗議ニ關スル件(132호)」, 『間島事件關係書類』 上.
173) 강덕상, 『현대사자료』 28, 413쪽.
174) 중국은 일제의 한인 귀순 공작에 대하여 매우 심각한 우려를 표명하였다(延辺檔案館 所藏, 「華軍在新興洞斥責金哲榮不應歸順日軍等」, 『吉林延吉道尹公署』).
175) 陸軍省, 「間島ニ於ケル軍用電線買收方支那側ヨリ申出ノ件(亞二機密送제65호, 1920. 5. 13)」, 『間島事件關係書類』 下.

체계와는 별도로 협의 결정한다. 셋째 실제적 인도는 철병 후에 한다. 그리고 통신선로에서 중국어와 일본어를 함께 취급하며 일본인이 일정 부분을 담당해야 한다고 하였다. 일제는 중국이 지불해야 할 금액을 구체적으로 제시할 정도로 중국과 협상에서 우위를 차지하고 있었다.[176]

1921년 12월 당시 간도총영사인 堺與三吉은 외무대신 內田康哉에게 중일 양국의 협정안[177] 가운데 제3항은 중국측 입장에서는 받아들이기 곤란하다고 보고하였다.[178] 원래 협정안은 외무성에서 작성하였는데, 3항이 갖는 의미는 간도총영사관이 자리잡고 있는 용정과 조선 회령과 원활한 통신소통을 목적으로 한 것이었다. 일제는 노골적으로 회령과 용정간의 전신 가설은 오랜 현안이며 권리선이라고

---

176) 용정촌-국자가간 신설 1만 원, 상상봉-용정촌-두도구간 신설 6만 원, 경원-훈춘간 1만 원이었다(陸軍省, 「間島ニ於ケル軍用電線買收方支那側ヨリ申出ノ件(1921. 5. 20)」, 『間島事件關係書類』 下).

177) 협정안 전문은 다음과 같다. ① 1920년 일본군이 간도 훈춘지방에 건설한 전신 전화선은 모두 중국에 양도하고 이를 관리 사용하는 선은 다음과 같다. 첫째 局子街에서 龍井村에 이르는 선, 둘째 頭道溝에서 용정촌에 이르는 선, 셋째 용정촌에서 上三峰에 이르는 선, 넷째 琿春에서 慶源에 이르는 선, 다섯째 훈춘에서 訓戎에 이르는 선. ② 훈춘에서 조선 경원에 이르는 선은 일본과 중국 양국 국경을 접속 지점으로 한다. ③ 국자가에서 용정촌에 이르는 선은 용정촌을 접속 지점으로 하고 같은 곳에서 연락 통보하는 것으로 한다. 단 장래 용정촌과 회령간의 전선에 관하여 일본과 중국 양국 정부의 협정을 거칠 경우에는 이에 비추어 조치를 취하는 것으로 한다. ④ 용정촌에서 두도구간의 전선은 먼저 전화선으로서 사용하고 이후 두도구의 상업이 발달하여 局을 설치하며 통신이 필요하다고 인식될 때 중국은 局을 설치하고 전신사무를 취급하여 이를 이용할 수 있다. ⑤ 훈춘에서 조선 훈융에 이르는 전선은 일본군에서 이미 철거하였으며 중국 영토 내에 남아있는 전주는 중국 전보국에서 철거하고 자유로이 사용할 수 있다. ⑥ 용정촌에서 상삼봉에 이르는 전선은 군용 전화선으로서 상삼봉은 현재 도문철도의 기점 정거장이다. 때문에 이 선은 중국에서 양보하여 후에 전화 공사에서 수단을 강구하여 통화를 꾀함으로써 쌍방 공중의 편리를 제공할 것. ⑦ 국자가·훈춘·용정·두도구 등의 중국 전신국은 일본 관민의 편리를 도모하기 위해 특히 和文전보를 취급할 것(용정촌에 局을 설치하거나 아니면 중국에서 스스로 규정할 것). 단 중국의 통신 기사에 의해 화문전신을 취급함이 마땅하며 만약 착오가 심하게 있으면 그 임무를 담당하지 못한다고 공인될 경우 일본에서 통신기수를 전보국에 파견하여 지도의 임무를 담당하는 것으로 한다. 그 기한은 3개월 이상 반년 이내로 한정하며 비용을 모두 일본에서 부담하는 것으로 한다. ⑧ 양국 전선의 접속 연락상 수속 및 전신료에 관한 규정은 일본과 중국 양국 정부에서 각 전신 기술원을 파견하고 별도로 협의 결정하는 것으로 한다(陸軍省, 「間島ニ於ケル軍用電線 處分交涉ニ關スル件(1921. 2. 2)」, 『間島事件關係書類』 上).

178) 陸軍省, 「軍用電線處分交涉ニ關スル件(機密제553호, 1921. 12. 30)」, 『間島事件關係書類』 上.

주장할 정도였다. 이에 대하여 중국은 명백한 주권 침해 행위로 동의할 수 없다고 하였다. 전선 협정안에 대하여 자신감을 갖고 거의 일방적으로 중국에게 자신들의 이익을 관철시키려고 했던 것은 이미 旅順-煙台間의 海底 전신선에 관한 노하우가 있었기 때문이다. 따라서 중국과 일제의 군용전신 처분 문제는 일제의 일방적인 제시에 중국측이 어떻게 대응하고 있는가에 주목할 필요가 있다.

일제는 그들 스스로 간도출병시에 가장 중요하게 여겼던 것이 통신시설이라고 인정하였다.[179] 육군차관이었던 山梨半造는 독립군과 러시아 과격파가 조선에 대해 지원하는 것을 차단하기 위해서는 일본이 통신시설을 유지해야 하며 이를 중국측에 처분하는 것은 매우 애석하다고 하였다.[180] 그렇다면 일제는 왜 통신시설의 존치를 고집하게 된 것일까.

먼저 재류 일본인에 대한 통신업무를 원활하게 하기 위함을 들 수 있다. 전화선 가설 주체인 육군성은 조선총독부와 협의하여 공중전보를 취급한다는 취지를 내세웠다. 특히 조선총독부에서 직접 전기기사를 파견하여 우체국에서 공중전보를 취급하게 하여 재류민의 편의를 제공하였다. 여기에서 일제는 군용선으로 우편 사무를 취급하는 것이 중국의 통신권을 침해함으로써 문제의 소지가 있다고 판단하였지만, 중국측으로 하여금 일제의 설비를 이용하게 하여 그 편의를 제공하면 별무리가 없을 것이라 여겼다.[181] 훈춘에서는 종래 중국 관헌의 묵인 하에 취급되어 오던 각종 체신업무를 표면화하여 중국인이 우편전신을 이용할 때도 일본인과 동일하게 취급할 것을 주문하였다. 둘째 이주한인 특히 독립군에 대한 감시의 공고화를 위해서였다. 또한 러시

---

179) 陸軍省, 「間島ニ於ケル我軍用電線買收方支那側ヨリ申出ノ件(1921. 4. 11)」, 『間島事件關係書類』 下.
180) 陸軍省, 「間島ニ於ケル我軍用電線買收方支那側ヨリ申出ノ件回答(1921. 4. 12)」, 『間島事件關係書類』 下.
181) 陸軍省, 「間島ニ於ケル軍用線處分問題」, 『間島事件關係書類』 上.

아의 군사동태에 대한 정보를 얻기 위함이었다.

일제의 이러한 행위에 대하여 중국은 이미 1920년 12월 10일 중국 외교총장이 재중국 일본 공사 小幡에게 중국의 동의를 얻지 않고 가설한 전신·전화선은 명백한 주권 침해이므로 하루속히 모두 철거해야 한다는 취지의 항의서를 제출하였고, 1921년 4월에는 연길 도윤이 간도총영사에게 군대철퇴와 함께 철거해야 한다고 요구하였다.[182] 즉 첫째 회령-용정간 전신선·전화선, 둘째 용정촌-국자가간 전신선, 셋째 용정촌-두도구간 전화선, 넷째 용정촌-종성간 전화선, 다섯째 경원-훈춘간 전신선과 전화선에 대하여 철거를 요구했다. 하지만 중국측에서도 전신선의 존재가 나름대로 유용하다고 판단하였기 때문에 협의는 계속되었다.[183] 중국측은 용정촌-훈춘-경원간 전선은 이후에도 보존하여 통신망으로 사용할 필요가 있으며, 용정촌-두도구간의 전선은 완전하게 유지하여 전신국을 개설하겠지만 일본인 초빙은 논외로 하였다. 즉 일본인 전신 기술자의 초빙은 중앙정부의 반대로 실현되기 어렵다고 판단했다.[184]

한편 일제는 연길 도윤과 협의한 결과 독립운동가를 감시·체포하기 위해 통신시설이 절대적으로 필요하지만 중국이라는 지역적인 제약을 극복하기는 어렵다고 판단하였다. 통신기관과 시설의 설치·유지는 국가에서 관장하는 것이 바람직한데 당시 상황으로서는 일본이 전신국의 설치와 유지를 할 수 없었다. 또한 실질적으로 중국 교통부에서는 간도 전신공사를 진행하고 있었다. 1921년 8월 1일부터 국자가-백초구-훈춘간 전신공사를 시작하여 일반인의 통신 편의를 꾀하였다.[185] 이처럼 중국측의 발빠른 대응에 대하여 간도총영사관 서기

---

[182] 陸軍省,「間島ニ於ケル軍用線處分問題」,『間島事件關係書類』上.
[183] 강덕상,『현대사자료』28, 428쪽.
[184] 陸軍省,「間島ニ於ケル我軍用電線買收方支那側ヨリ申出ノ件回答(1921. 4. 12)」,『間島事件關係書類』下.
[185]『동아일보』1921년 8월 14일「間島電信工事」.

생 高松은 다음과 같은 절충안을 제시했다.

첫째 모든 전선을 매수하여 용정촌에서 국자가-훈춘-경원간의 전선을 그대로 두고 나머지는 중국측에서 자유롭게 처분하게 할 것. 둘째 상기 2개소는[186] 무료로 讓受하여 이를 존치하며 나머지는 중국측에서 매수하게 하고 또는 일본측에서 자유롭게 처분한다. 셋째 상기 2개소는 매수하여 그대로 두고 다른 곳은 일본측에서 철거할 것. 넷째 전부 무상으로 讓受하거나 전부 이를 존치하여 활용할 것. 단 용정촌 시내 중국측 전신주에 添架하는 것은 배제할 것. 다섯째 전부 무상으로 양수하고 국자가선 및 훈춘선만 두고 다른 것은 자유롭게 처분하며 다음에 대해서는 염두해 둘 것. ① 중국측이 가장 반대하는 것은 용정촌-두도구간의 전신선 유지로, 두도구에서 전신국 설치는 우리쪽의 전선으로 유지하는 것을 고집할 필요가 없다. 따라서 새로이 전신국을 설치하는 것도 이를 현존의 전화국으로 인도하여 전화선으로 이용하여 지장이 없게 하며 더욱이 상삼봉-용정촌간의 急設 전화선도 양도하여 피차 연락하는 것은 중국측에 유리하게 한다. ② 국자가-용정촌, 용정촌-두도구간의 중국 전주에 添架된 전선은 무상으로 인도하여 중국측의 자유로운 처분에 맡긴다. ③ 훈춘-경원간의 전선은 이를 일본에서 유지하고 단독으로 중국측에 인도할 때는 중국 영토상 전선만 인도하는 것이 바람직하다. ④ 일본인 초빙은 일본어 통신 취급상 필요하며 중국측에서 이를 부담으로 여겨서는 안되며 강하게 용빙을 주장할 수 없기 때문에 상당 기간 일본에서 무급으로 사람을 파견하여 권리를 확보하는 것이 바람직하다. ⑤ 국자가-용정촌간의 전신선은 중

---

186) 이 문제는 단순히 전선을 설치하고 철거하는 문제가 아니라 이곳을 둘러싼 일본과 중국간의 첨예한 대립양상이 표출된 지점이기 때문이기도 하며, 나아가 이곳을 중심으로 펼쳐지는 일본의 적극적인 경제침략 양상도 두드러지게 나타나고 있다는 점에서 매우 중요한 문제로 처리해야 할 것이다.

국측에서 강하게 반대하기 때문에 그대로 유지할 것. ⑥ 전반에 걸쳐 일본이 주장하는 것은 중국측으로서 장래 완전하게 이 통신선을 유지하는 것으로서 위의 취지를 명확하게 하는 기회로 한다. 그렇지만 충분하게 양해를 얻고 두어야 한다. ⑦ 대가를 바란다는 점을 강하게 주장할 필요는 없고 다른 조건의 여하에 따라 이를 무상 교부하는 것도 고려하면서 가능한 한 일본에 유리한 조건을 용이하게 하기 위해 교섭을 끌어내서 이용해야 할 것이다.[187]

간도총영사 대리 堺는 중국측이 지나치게 무상으로 무조건에 전선을 인수하려는 태도에 대하여 우려를 표명하였지만, 통신시설이 일본인에게 편의를 제공한다는 측면에서 더 이상 문제삼지 않았다. 그 가운데 일본문 전보 취급 기사를 초빙하는 문제는 중국 기술자의 기술 습득까지 일본측에서 자비로 기술원을 파견하여 역시 편의를 도모한다는 선에서 마무리되었다.[188]

이렇듯 중국과 일본간의 통신 설비 처분 문제는 간도라는 지역적 특성 때문에 쉽게 처리되지 않았다. 간도출병시 일제가 설치하였던 통신시설은 각기 용도가 명확하였다. 예를 들면 독립군 '토벌'에 필요한 통신선이 있는가하면 일본인 상인의 상거래를 원활하게 도모하기 위한 선도 있었다. 다시 말해 군용선으로 설치되었지만 그 용도가 고정화된 것은 아니었다. 양국간의 협의는 계속되었으며, 일본에서는 좋은 조건을 지속적으로 중국측에 제시하였다. 일제는 자국의 입장을 관철하기 위하여 철병한 이후에도 통신 설비의 처리문제를 중국측과 협의했다. 앞서 언급한 협정안도 무수히 많은 공문이 오간 결과로 나왔지

---

187) 陸軍省,「間島ニ於ケル軍用電線處分問題」,『間島事件關係書類』上.
188) 陸軍省,「軍用電線處分交涉ニ關スル件(1921. 12. 30)」,『間島事件關係書類』上. 1910년대에 표방하였던 선만일체화의 실체적 구현인가 아니면 일본 본국에서 직접 만주에 대한 관할을 언명한 것인가를 규명하기 위해서는 일본외무성·체신성·조선총독부의 정책 방향을 살피는 것이 우선되어야 할 것이다.

만 실질적으로 효력을 보게 된 것은 몇 년 후의 일이었다.

1925년 芳澤 일본 공사와 중국 외교총장 顧維釣간의 협의하에 군용전신·전화선에 대한 관리권을 중국에 이양하였다. 하지만 일제는 전화 사용에 대한 우선권을 끝까지 주장했다.[189] 정보수집과 중국 관헌 동태에 필요한 통신선의 확보는 대륙침략을 추진하고 있던 일제에게는 보이지 않는 효과적인 '무기'였다. 일제가 중국과 수많은 교섭을 통하면서 통신권의 우위를 확보하고자 했던 것도 이후 전개될 대륙침략의 불확실성을 제거하고자 했던 중요전략이었다. 1925년 체신청이 일본과 만주의 전화선을 개통하는 데 필요한 자금을 체신성에서는 기술적 문제만 해결되면 언제든지 투자할 수 있다고 한 것도 이러한 맥락에서 이해해야 할 것이다. 즉 통신비에 많은 부분을 할애하였던 것은 그만큼 통신체제의 중요성이 부각되었기 때문이다.[190]

1939년 9월 30일 체신대신이 조선총독 南次郎에게 보낸 일본·조선·만주 전화시설 공사 낙성식 축하 전문은 일제가 식민지시기 통신사업에 얼마만큼의 역점을 두고 있었는가를 단적으로 말해준다.

南조선총독 각하 內鮮을 통하여 다시 만주를 연결하여 內鮮滿 전화 케이블이 완성되기에 이른 것을 경하드립니다. 오늘 일본은 동아신질서 장기건설에 매진하고 있는 이때 그 제일선인 조선과 내지가 거의 가깝게 되었으며 그 거리를 단축하였다는 일은 우리 국방상 원래부터 정치·경제 기타 사회 전반에 걸쳐 기여하는 바가 크다는 것은 두말할 필요가 없습니다. 본 공사가 3개년간 긴 세월을 요하여 세계에 과시할 빛나는 개가를 거두었던 것은 각하 및 귀 관계자의 절대적인 원조에 의한 것으로 감사를 드립니다.[191]

---

189) 『동아일보』 1925년 7월 18일자.
190) 『동아일보』 1925년 4월 18일 「연락전화 계획」.
191) 『朝鮮遞信』 258, 64쪽.

위의 인용문에서 알 수 있듯이 제국주의 국가들은 식민지를 지배하고 '경영'하는 데 통신체제의 완비를 필수적인 요소로 인식하였다. 통신과 군대, 식민지지배라는 메카니즘의 완성은 피지배 민족에게는 암울하고 큰 상처로 남을 수밖에 없었다.

일제의 통신체제 구축은 그들의 독점적이며 배타적인 권익을 획득하기 위한 수단을 완비하였던 것이지 결코 간도지역에 거주하는 이주한인에 대한 생활 편의 및 삶의 질적 향상을 꾀한 것은 아니었다. 일제가 통신체제를 통해 궁극적으로 추구하였던 것은 대륙에 대한 탐지였다. 예를 들면 간도임시파출소 설치 이후 한인의 호구조사 및 간도지역 산업조사를 위하여 전신·전화선을 가설하였으며, 이로 인해 중·일 양국간의 분쟁이 일어나기도 하였다. 이와 같이 일제가 국내외적 제약에도 굳이 통신체제를 구축하였던 것은 간도지역의 원료공급지와 상품판매지로서 기능성을 담보로 하였기 때문이다. 더욱이 일본인 상인의 간도상권 독점은 교통·통신기관을 이용하여 정보를 수집하고 물류체제와 거래대금선을 효율적으로 꾀하였기 때문에 가능한 현상이었다.

Ⅱ. 農業金融機關의 설치와 운영

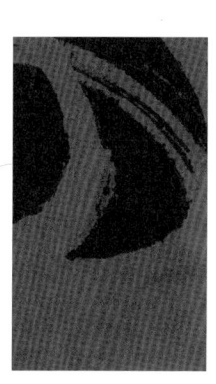

1. 間島救濟會의 설립과 회유적 수탈의 강화

1) 간도구제회의 설치경위

　식민지 경제정책의 특징은 본국의 자본주의적 경제체제를 식민지의 비자본주의 환경에 이식시키는 과정을 거치는 데 있다. 1911년 日帝는 간도에 특수금융기관인 간도구제회[1]를 설치하여 '이주한인의 열악한 경제상황'을 타개한다는 취지로 금융활동을 전개하였다. 일제는 이른바 '구제'라는 표면적 이유를 내세워 공적자본을 투여하여 사적자본을 종속하려 했다.

　1904년 8월 일제는 한국과 제1차 한일협약을 체결하여 '고문정치'를 단행하였다. 이때 경제고문으로 目賀田種太郎[2]이 부임하였으며, 조선을 식민지 자본주의 체제에 적합한 금융체제로 전환시키고자 하였다. 첫번째 작업은 화폐개혁의 단행이었다.[3] 메가다는 당시 통용되던 구한국화폐인 白銅貨의 가치를 평가절하시키고[4] 나아가 한국의 자본흐름을 원활하게 한다는 명목하에 조선의 전통적 신용금융거래수단인 어음을 폐지하려는 입장이었다. 즉 일제는 화폐개혁의 정당성을 주장하면서 한국화폐의 혼란상황이 보조화폐의 남발에서

---

1) 1911년 설립 당시의 명칭은 龍井村救濟會였으나 1918년 東洋拓殖株式會社가 업무를 인수하면서 間島救濟會로 바뀌게 되었다. 본고에서는 편의상 '간도구제회'로 통칭한다.
2) 일본 大藏省 財政局長 目賀田은 부임 직후 龍山典圜局을 시찰하고, 한국화폐제도의 혼란이 전환국에서 야기되었다고 주장하면서 용산전환국을 폐지하였다(松本重威 編, 『男爵目賀田種太郎』, 1938, 370~372쪽). 따라서 대한제국은 자체적으로 화폐를 주조하거나 발행하지 못하였다. 재정고문 目賀田의 對韓경제침략 정책과정에 대해서는 황하현, 「目賀田種太郎의 대한 경제공세에 대한 식민지적 재정지배구조의 형성을 중심으로-」, 『日帝의 對韓侵略政策史研究』, 현음사, 1996 참조.
3) 1905년 일제는 한국정부와 화폐 정리사무 및 국고취급계약을 체결하여 第一銀行으로 하여금 그 업무를 담당·위탁케 하였으며, 그 발행권의 무제한 통용을 공인하여 중앙은행의 성격을 부여하였다(青柳綱太郎, 『朝鮮統治論』, 朝鮮研究會, 1923, 369쪽). 그리고 모든 업무를 일제의 외무·大藏大臣에게 속하게 하였으며 통감부 관제 재정에 따라 그 업무의 감독을 받게 하였다(第一銀行 編, 『韓國ニ於ケル第一銀行』, 1909, 30·261~262쪽).
4) 교환비율은 舊貨銀 10兩에 新貨 金 1圜이었다(『奏本』 87, 請議書 제6호; 『奏本』 8, 서울대 奎章閣, 1998, 11쪽).

비롯된 것으로 인식했다.[5] 일제의 금융장악 정책은 第一銀行券의 발행으로 표출되었다. 이러한 일련의 조치에 대하여 정부의 대책은 매우 소극적이었으며, 국민은 정부의 경제정책에 대하여 신뢰하지 않았다.[6] 화폐개혁은 종래 한국인의 상거래 위축과 금융공황을 야기시켰다.[7] 이에 대해 정부는 각 지역 상인들의 금융혼란 상황을 해소하기 위해 皇室의 內帑金 30만 원을 대부하는 정책을 시행하였다. 하지만 재정고문 및 일본정부의 강제적 금융정책으로 별다른 효과를 거두지 못했다.[8] 또한 정부는 화폐교환의 순조로운 진행만을 강조하면서 금융혼란의 근본해결책을 제시하기에 역부족이었다.[9]

한편 일제는 만주경영의 선결과제로 관동주 및 만철부속지의 권리확장을 추진하는 동시에 이주한인이 다수 거주하고 있던 간도지역을 일제의 상품과 만주의 원료를 교환하는 시장으로 간주하고 이 지역에 대한 집중적 투자를 전개하였다. 따라서 일제는 1907년 統監府臨時間島派出所를 설치하여 이주한인의 경제력을 장악하고 나아가 대륙진출의 교두보를 마련하고자 하였다. 반면 정부는 이주한인의 경제구제를 실행하지 못하였음은 물론 오히려 임시예산을 편성하여 통감부간도파출소 직원의 봉급을 지급하는 등 이율배반적인 지출을 감행했다.[10]

통감부시기 간도에는 근대적 금융기관이 전무한 상태였다. 이 시기 이주민의 경제상태는 매우 궁핍하였다. 종래 만주의 농산물은 밭농사

---

5) 『明治大正財政史』 18, 1939, 113쪽.
6) 화폐개혁안 상정 시 각의 회의에서 대신들의 반수 이상이 회의에 불참하였는데, 정부의 이러한 불성실한 태도는 국민의 불신을 야기한 원인 중의 하나였다(『奏本』 88 ; 『奏本』 8, 66~69쪽).
7) 秋田豊, 『朝鮮金融組合史』, 朝鮮金融組合協會, 1929, 11쪽 ; 윤석범 외, 『한국근대금융사연구』, 세경사, 1996, 82~88쪽.
8) 金正明, 『日韓外交史料(保護及倂合)』 8, 原書房, 1980, 147쪽.
9) 『奏本』 94 ; 『奏本』 8, 381쪽.
10) 탁지부에서 간도 임시교부금 명목으로 4,900원의 예비금을 지출하였다. 또한 獸醫 배치명목으로도 3,000여 원을 예비금으로 지출했다(『奏本』 13, 208~210).

중심의 高粱과 大豆였는데, 이주한인의 수전농법이 보급되면서 경작 방법과 재배작물의 종류도 다양해졌다. 그러나 당시 이주한인의 농업 자본력은 중국인에 비해 규모면에서 매우 열악하였다. 한인들은 토지 소유자가 많지 않아 농업자본을 유용할 수 있는 경우가 매우 적었고, 貸借期限도 일반적으로 단기로서 수확물을 바로 시장에 방매하여 자금을 획득해야 했기 때문에 공정한 가격을 보장받을 수 없었다.[11]

한인은 노동투입량에 비해 수입 정도는 매우 낮아 자금축적이 용이하지 않았다. 이주한인은 대부분 中農 이하의 생활을 영위하였기 때문에 자금의 축적은 주로 契를 통해서 이루어졌다.[12] 계와 같은 조선의 전통적 자금축적 방식 또한 중국인 지주의 착취 등으로 제 기능을 발휘하지 못하였다. 이주한인은 소작농으로서 경작기에 이르면 이미 식량이 소진된 경우가 많았으며, 그들은 주로 곡식을 중국인 지주에게서 구할 수밖에 없었다. 중국인 지주는 高利로 양곡을 대부하여 가을에 粟 1石에 대하여 1석 5두를 회수하는 등 경제적 수탈을 자행하기를 서슴지 않았다.

商埠地에서 한인 상인은 현금지불보다 외상거래를 많이 하여 자금회전이 원활하지 않았기 때문에 자금압박을 받았다. 이에 한인 상인들은 저당권을 설정받고 淸商에게 자금을 차입하였는데, 기한 내에 상환하지 못했을 때에는 채권자에게 그 권리가 이전되었다. 왜냐하면 차입금은 월 4분 이상의 고율 이자였기 때문에 변제능력을 상실하여 담보물의 권리를 이전할 수밖에 없었다. 또한 보증인제도로 인하여 채무자의 채무 불이행시에는 모든 채무는 보증인이 책임질

---

11) 統監府臨時間島派出所, 『間嶋産業調査書』 1편(農業調査書), 68쪽. 한인 1호 당 평균 자산은 다음과 같다. 토지 가격 49원 50전, 가옥 50원, 가축 42원 50전, 가구 및 농구 80원 50전, 유통자본 10원으로 총 232원 50전이다.

12) 近藤三雄, 「間島地方に於ける鮮農經濟事情」, 『滿鐵調査月報』 11-9, 1931, 78쪽. 일제는, 契에는 일반계원의 감시 기능만이 존재하며 그외의 감독 기관이 없어 그 관리상 무책임하게 흐를 소지가 있다고 판단했다. 계는 금융정책의 시행을 가로막고 나아가 조선경제에 큰 해악을 끼친다고 인식하였다(秋田豊, 『朝鮮金融組合史』, 64쪽).

수밖에 없어 함께 몰락하는 경우가 종종 있었다.[13] 이와 같은 폐단을 줄이기 위하여 상부지의 이주한인들은 商務東殖契를 조직하여 상업 자금을 축적하고 나아가 상거래시 필요한 자금을 융통해 주었다.[14]

이러한 상황 속에서 일제는 본국의 자본축적에 필요한 상품·원료 공급지로서 만주에 대한 적극적인 경제정책을 전개하였다. 만주경영에 필요한 상설, 또는 비상설 기관을 설치하여 자국의 통상무역 증대와 이권획득에 역점을 두었다.[15] 당시 일제는 만주지역의 광산 과 목재 가공에 관심을 갖고 있었다.[16] 삼림지역은 백두산에서 哈爾巴領을 경유하는 지역, 嘎呀河 상류의 牧丹領 삼림, 琿春河 상류 등지에 널리 분포되어 있었다. 일제는 각 산림지역에 철도를 부설하여 벌채한 목재를 운송하였으며, 운송이 곤란한 지역에는 직접 목재공장을 설치하여 산림채취를 용이하게 하였다.[17] 이처럼 일제의 지속적인 투자에 따라 특히 북간도지역의 琿春·龍井과 같은 상권을 중심으로 무역량이 상당히 증대되었다.[18]

일제의 對滿무역액은 중국세관의 발표에 의하면 1909년 1억 4천6백만 냥에 이르렀으며, 1910년에는 1억 5천9백만 냥에 달하여 1년 사이 약 10% 정도 증가했다.[19] 만주에서 일제의 무역량 증가 원인은 南滿洲鐵道株式會社의 지속적인 철도부설과 이에 따른 상권형성에 있었다. 남만주의 大連·牛莊, 북만주의 綏芬河·滿洲里·하얼빈·

---

13) 統監府臨時間島派出所, 『間嶋産業調査書』 3(商業調査書), 41~42쪽.
14) 統監府臨時間島派出所, 『間嶋産業調査書』 3(商業調査書), 31쪽.
15) 日本外務省, 『日本外交年表竝主要文書』 上, 原書房, 1976, 356쪽.
16) 유광열, 『間島小史』, 60쪽; 朝鮮雜誌社, 『新朝鮮新滿洲』, 1913, 537~541쪽.
17) 1903년 義盛公社의 설립 후 일제는 철도목재 등을 가공하여 대륙진출에 필요한 자원을 조달하였다(朝鮮雜誌社, 『新朝鮮新滿洲』, 593쪽; 牛丸潤亮, 『最近間嶋事情』, 朝鮮及朝鮮人出版社, 1927, 324~327쪽).
18) 朝鮮雜誌社, 『新朝鮮新滿洲』, 613~615쪽.
19) 朝鮮雜誌社, 『新朝鮮新滿洲』, 594쪽.

훈춘・용정을 중심으로 무역거래량은 현저하게 증가하였다.[20] 더욱이 1912년부터는 만주의 수입액이 크게 증가하게 된다. 이는 이주민의 증가와 일본의 자본제적 상품이 1차 산업보다 비교우위에 있음을 단적으로 반영하는 것이다. 수입액의 급속한 증가는 간도 상권의 예속화와 일제의 경제적 세력권 구축의 공고화를 의미한다. 1911년 용정의 예를 들면 수출액은 19,496냥에 비해 수입액은 127,290냥에 달하는 등 무역역조는 약 6.5배였음을 알 수 있다.[21] 특히 1912년 길림철도의 개통 이후 수입품의 증가는 더욱 두드러지게 나타났다.[22]

일제의 對滿 무역거래에서 수출초과 현상이 지속됨에 따라 그들로서는 발행권의 통용뿐만 아니라 대외채무를 탕감할 수 있는 좋은 기회를 갖게 되었다.[23] 일제는 급증하는 무역량과 자국상품의 판매대금 및 지불수단인 화폐의 통일을 위해 局子街와 琿春지역에 금융기관 설치를 추진함으로써 보다 원활한 무역거래를 도모하였다.[24] 또한 영국・미국을 비롯한 열강은 만주에서 자국 상업발전에 역점을 두었다. 특히 영국은 중국에 대하여 화폐통일의 시행을 강력히 권고하는 형편이었다.[25]

일제의 경제침략이 주로 원료에 치중되었지만 본래의 목적은 일본상품의 자유로운 매매를 활성화시키기 위한 円貨의 블록화였다. 1910년 전후 만주(간도)에서 통화는 일본은행 兌換券과 第一銀行 發行券, 한국통화(白銅貨), 러시아의 지폐 및 銀銅貨, 청국통화 특히 吉林永衡官帖[26] 등의 화폐였다.[27] 특히 간도지역의 수입품 가운데 의

---

20) 『日本外交文書』 44-2, 46쪽・65~66쪽.
21) 朝鮮樑誌社, 『新朝鮮新滿州』, 614쪽 ; 永井勝三, 『會寧及間島事情』, 會寧印刷所, 1923, 210쪽.
22) 수출입 무역에 대해서는 제3장 1절에서 자세히 언급하였다.
23) 朝鮮銀行, 『朝鮮銀行五年志』, 1915, 15쪽.
24) 朝鮮銀行羅南出張所長, 『間島及琿春地方經濟狀況』, 1913, 53쪽.
25) 『日本外務省文書』 Reel 38(MT 12110), 「英國商業聯合會ノ決議ニ關スル件」.
26) 吉林官帖은 吉林永衡官銀錢號에서 발행하였던 不換지폐이며, 모두 7종이 있었다. 관첩

류계통은 주로 大阪을 비롯한 일본 등지에서 수입하였기 때문에 일제로서는 지불수단의 효율성을 기하기 위해 자국의 금융기관을 설치해야만 하였다. 즉 만주의 통화는 本位制의 기준에서 볼 때 금·은·동 3계통으로 통일되지 않았기 때문에 중국과 경제적 교역을 위해서도 금융기관의 정비 개선이 필요했다.[28] 각 통화의 불일치는 통화간의 번거로운 교환을 초래하였으며 자본주의적 상품거래에 지장을 주었다. 당시 각국의 통화는 약간의 변동은 있었지만, 일본은행권[29] 1円에 대해 청국 관첩 1吊 5백文(1909.5), 러시아화폐 1루블에 대하여 3吊 6백文으로 교환되었으며, 일화 1전은 韓 엽전 6개에 상당하였다. 이와 같은 교환율은 시기적으로 변동을 보였으며, 제1차 세계대전 이후 루블화가 가치하락으로 불환지폐로 전락하면서 일본 화폐의 경쟁력은 더욱 강화되었다.[30]

한편 간도에서 근대적 금융기관이 전무한 상태에서 금융업무를 담당하였던 것은 間島郵遞局이었다.[31] 간도우체국은 1907년 9월 용정에 설치되고 1910년 8월 국자가 영사분관에 그 분국이 설치된 이후

과 銀元의 公定 시세는 처음에는 은원 1원에 1吊 2白文이었다. 이 길림관첩은 종래 길림성 각처에서 일반적 통화로서 유통되었지만 대량으로 발행되어 가치의 하락을 초래하였으며, 하얼빈·長春 등지에서는 하얼빈 大洋號의 통화가 유통되었다(滿洲事情案內所編,『滿洲事情』(中), 滿洲事情案內所, 1934, 8쪽).

27)『統監府臨時間島派出所,『間嶋産業調査書』3편(商業調査書), 26~27쪽.
28)『日本外務省文書』Reel 23(MT 12277),「日支親善卜日支經濟的提携ニ關スル方策施設概要」.
29) 원칙적으로 일본은행권은 일본 내에서만 통용이 가능하였으나 육해군성·관동도독부 등의 지출 및 일본인 여행객의 휴대금의 증가로 만주에서 통용량이 증가하였다. 1913년 만주에서 법화로 인정되어 正金銀行에서 兌換券이 발행되었다. 조선은행권은 일본은행권과 같이 취급되었으며, 1917년 만주에서 正金은행 업무를 인계하였다. 이 은행권은 일본 내에서 사용할 때는 반드시 환전해야만 하였다(水田直昌,『財政金融から見た朝鮮統治とその終局』-朝鮮總督府關係重要文書纂集(3), 1962, 47~48쪽).
30)『朝鮮總督府調査月報』5-1, 1915, 62쪽. 루블화의 하락과 간도경제계의 변화에 대해서는 제3장 2절에서 자세히 언급하였다.
31) 統監府臨時間島派出所,『間嶋産業調査書』3(商業調査書), 29쪽 ; 국사편찬위원회,「郵便電信局設置ノ件申請」,『統監府文書』2, 1998, 328쪽. 식민지시기 만주지역에서 우체국의 기능과 활동에 대해서는 향후 본격적인 연구가 이루어져야 할 것이다. 왜냐하면 일제는 우체국을 통하여 통신과 기초적인 금융활동을 전개하였기 때문이다(국사편찬위원회,「電信線架設工事 進行狀況 報告」,『統監府文書』2, 357쪽).

본격적인 업무를 추진하였다. 會寧·淸津 등지와 거래하는 일본·조선 상인의 대부분은 환업무를 위해 우체국을 이용했다. 간도우체국은 우편·전신업무가 주요업무였지만, 금융대행업무도 담당하였다. 1910~1913년 간도우체국의 금융영업상황을 보면 다음과 같다.

[표-2-1] 간도우체국 영업상황(단위 : 엔)

지역 \ 연도	1910	1911	1912	1913
龍井	218,725	276,146	303,799	523,947
局子街	39,780	120,465	205,563	300,316
합계	258,505	396,611	509,362	824,263

* 金正柱, 『朝鮮統治史料』 9, 851쪽.

[표-2-1]에서 알 수 있듯이, 용정에서는 상업활동이 활발하게 전개되고 있었다. 특히 당시 일본인들 대부분이 거주하고 있었던 지역이 용정이었기 때문에 간도우체국은 주로 일본 상인이 많이 이용하였다. 또한 거래고의 증가는 간도지역에 대한 무역고의 증가를 의미한다. 1913년 용정의 수출입액이 약 85만 원인데[32] 간도우체국의 이용대금이 52만여 원으로 큰 비중을 차지하고 있다.

이와 같은 상황에서 일제는 대륙침략을 위한 경제적 기반을 확보하기 위하여 근대적인 금융기관을 설립하려 하였다. 즉 1909년 3월 일본제국의회에서는 '만주에서 금융기관 설립'이란 건의안이 제출되었다. 이처럼 일제는 만주에서 자국의 경쟁력을 강화하기 위한 수단으로 橫濱正金銀行의 설립과 더불어 한 걸음 더 나아가 法貨를 발행할 수 있는 은행 설립을 추진하였다.[33] 발행권 은행 설립은 만주경영에

---

32) 南滿洲鐵道株式會社, 『間島事情』, 1917, 65쪽.
33) 『衆議院議事速記錄』 2, 126쪽.

필요한 재원을 조달하기 위한 중요한 사안이었다. 중국측이 吉林永衡官帖局에서 동만지역의 금융권을 장악하고 있었기 때문에, 중국인과 경쟁에서 우위를 확보하고 증가하는 무역량에 따른 통화의 통일을 위해 발행권 은행설립이 필요하였다.[34] 민간사업의 활동을 유도하여 서구열강세력이 미약한 만주에서 경제적 입지를 강화하고 나아가 만주무역에서 독점적 우위를 확보하기 위하여 금융기관의 진출·설립을 적극 추진했다. 이와 같이 일제는 보다 적극적인 방법으로 금융기관 설치에 나섰다. 1908년 당시 간도에 일본인 거주자가 113명에 불과하였지만, 그들 대부분은 현금거래가 용이한 상업 등에 종사하였기 때문에 일제는 금융기관을 신속히 설치하고자 했다.[35]

조선총독부는 만주침투를 경제력의 확장으로 인식하는 등 이를 위해 간도지역의 한인을 활용하고자 하였다. 이러한 정책 기조하에서 이주 韓農에게 低利의 자금을 융통하여 한인 지위 향상에 노력한다는 방침을 정했다.[36] 이러한 가운데 1911년 5월 간도 용정촌에서 대화재가 발생하였다. 일제의 조사에 의하면, 대화재는 1911년 5월 9일 오후 1시 반경 용정촌 중앙의 청국인 가옥에서 발화하였고, 이로 인해 용정촌 전체 가옥의 70% 정도가 소실되었다. 가옥피해는 한인 가옥 140개, 일본인 가옥 40여 개, 청국인 가옥 20개이며, 인명피해는 한인 사상자가 2명을 넘었다고 한다.[37] 이에 일제는 재류한인을 보호한다는 명목으로 龍井村救濟會를 설립하여 피해 한인에게 자금을 대출하려 하였다.[38] 당시 피해 한인은 자금조달을 위해 중국측에 토지를 매각

---

34) 『日本外交文書』 44-2, 48쪽.
35) 高麗大 亞細亞問題研究所, 『舊韓國外交文書(間島案)』, 1976, 255~256쪽. 1910년 간도에서 일본상점은 주로 잡화·면직물을 취급하였으며, 규모도 자본금 10만 정도의 巨商이었다(南滿洲鐵道株式會社, 『間島事情』, 1917, 53~54쪽).
36) 安井誠一郎, 「滿洲における朝鮮人問題」, 『社會事業講習講演錄』, 朝鮮總督府社會事業課, 1934, 480~482쪽.
37) 外務省警察史, 『間島地域韓國民族鬪爭史』 1, 고려서림, 1989, 321쪽.
38) 『間島關係(開放及調査)』 1, 142쪽.

하였고,[39] 일제는 이러한 현상의 확대를 우려하였다. 이는 곧 商埠地 내 한인, 나아가 일제의 세력축소를 의미하고 나아가 중국측의 세력 신장을 야기할 수 있기 때문에 일제는 신속하게 구제회를 설치했 다.[40] 또한 일제는 구제회 설치가 간도의 지역 발전을 촉진하는 중요 한 계기가 되었다고 선전하였다.[41]

따라서 일제는 '평화적 수단'으로서 경제적 이익을 신장시키고 나 아가 자국의 기업발전과 통상 확장 및 다수의 거류민 증식을 도모하 기 위해 만주 각지에 개방지를 확장하여 日貨배격운동의 확산을 미 연에 방지하고 금융권의 재편을 시도하였다.[42] 일제가 금융경제권의 확장을 시도한 것은 만주와 몽고라는 광대한 지역을 획득하기 위한 많은 군사비 지출 등으로 현지 재정의 확충이 필수적이었기 때문이 다. 곧 일제의 이른바 '평화적 방법'은 경제적 이권신장을 도모하기 위한 통화의 '엔화권' 형성이었다. 또한 일본 상품의 거래 때 발생하 는 화폐교환의 번거로움을 해결하기 위해 외환 업무를 주로 하는 금 융기관의 설립이 절실하였다.[43]

---

39) 『間島關係(開放及調査)』 1, 151~152쪽. 한편 중국측에서는 구제회에 대항하기 위하여 龍井村 상무 분국이 주최하고 각 지방 중국인 지주들이 출자하여 1911년 12월에 자본금 25만 吊로 이주민 구호를 주요한 목적으로 토지 및 가옥을 담보로 대부하는 共濟會를 조직하였다. 이 단체는 대출의 범위를 한정하지 않고 상부지뿐만 아니라 농촌 지역에까 지 미쳤는데, 설립목적과는 달리 이주한인의 귀화책에 부심하였다. 이러한 공제회의 활 동은 대출금의 남발, 즉 무자격자에 대한 원칙 없는 대출로 담보물의 부실과 대부금의 회수 불능 상태에 빠져 1917년 이후에는 거의 유명무실한 상태에 이르렀다(南滿洲鐵道 株式會社(이하 滿鐵), 『間島事情』, 73쪽).
40) 신규섭, 「日本の間島政策と朝鮮人社會」, 『朝鮮史研究會論文集』 31, 1993, 166쪽. 한인 가운데 청인 지주에게 토지를 담보로 자금을 대부받을 경우에는 주로 고율의 이자를 부 담해야 하기 때문에 일제는 이 기회를 이용하여 청인지주 보다 저리로 자금 대출을 단 행하여 재만 한인의 경제력을 장악하고자 하였다.
41) 滿鐵, 『間島事情』, 73쪽.
42) 日本外務省, 『日本外交年表竝主要文書』 上, 370~372쪽 ; 朴永錫, 「日本帝國主義下 在 滿韓人의 法的地位에 관한 諸問題」, 『한국민족운동사연구』 11, 1995, 42쪽. 일제는 일 화배척운동이 중국에서 통상무역뿐만 아니라 官民의 시설경영에 나쁜 영향을 주는 등 對중국 경제 활동에 최대의 타격을 끼칠 것이라고 판단하였다.
43) 滿鐵, 『間島事情』, 75쪽 ; 波形昭一, 『日本植民地金融政策의 研究』, 早稻田大學校出版部, 393쪽.

간도에 대출업무를 담당하는 금융기관이 설립되지 않은 상황에서[44] 조선총독부는 중국인의 경제적 토대가 강화되는 것을 방지하고 동시에 일본 세력의 扶植이라는 두 가지 목적을 이루기 위해 구제회를 적극적으로 활용하고자 하였다.[45] 때문에 구제회의 조직적이며 대규모의 구제사업은 중국 개인 지주가 한인을 경제적으로 장악하는 것에 비해 상대적인 효과를 거두었다.[46]

1912년 당시 만주에 진출한 일본은행과 지점은 18개였다.[47] 이들 은행은 대부분 부동산 담보은행이며 외환은행으로서는 규모가 작았다. 이 가운데 한인의 금융업무와 직접 관계가 있는 것은 조선은행 만주지점에 불과했다. 따라서 일제는 구제회를 통하여 엔화의 유통을 촉진하고 일본인의 경제력을 강화하고자 하였다. 더욱이 본국의 일본인 실업가를 초빙, 지역적으로 인접한 러시아와 무역에도 적극 활용하였다.[48] 구제회 설립 전후 금융기관의 현황을 살펴보면 [표-2-2]와 같다.

[표-2-2]의 무역흥업주식회사는 1917년 9월에 주식회사로 출자 전환하고 업무의 확장을 꾀하여 간도 각지에 출장소를 마련하였으며, 자본금 10만 원으로 주로 조선·간도 생활용품의 매매와 중요 수출입품의 판매업을 담당하였다.[49] 당시 금융기관의 특징은 일반적으로 행하였던 담보대출을 주된 방법으로 삼고 있다는 점이다. 이자는 월 3분의 고율이며, 자본금 총액은 매우 영세한 형편이었다. 당시 간

---

44) 만주의 금융기관은 이전부터 票莊·錢莊·銀爐·錢舖·當舖 등이 있었다. 錢莊의 경우 독자적으로 화폐를 발행하기도 하였다(南滿洲鐵道株式會社庶務部調査課, 『滿洲に於ける通貨及金融の槪要』, 同會社, 1928, 46쪽).
45) 『間島關係』 1, 143쪽.
46) 滿鐵, 『間島事情』, 73쪽 ; 『間島關係』 1, 272쪽.
47) 滿鐵, 『間島事情』, 56쪽.
48) 『日本外務省文書』 Reel 12(MT 11262), 「極東露領ト北滿洲トニ關スル川上總領事ノ政策上ノ意見書」. 일제는 북만주와 露領이 지역적으로 밀접하기 때문에 러시아세력의 공고화와 그에 따라 남만주에서 일본의 지위에도 상당한 영향을 미칠 것이라는 점을 우려하였다. 특히 동만지역에서 일본세력의 확장은 러시아에 대한 제휴와 세력제거라는 두 가지 측면에서 중요시되었다.
49) 현규환, 『한국유이민사』 上, 335쪽.

도에 근대적 금융기관이 거의 없었기 때문에 대출방법과 이자의 성격은 고리대적인 측면이 강하게 나타날 수밖에 없었다.

[표-2-2] 한인·일인 경영 금융기관(1914)

	共成貯金會社	貿易興業株式會社	廣東會社	龍井村共同貯金組合
설립년월	1911. 12	1910. 9	1911. 1	1913. 11
회원종류	한인 기독교인	한인 천주교, 기독교인	천주교, 기독교인	일본 상인, 한인
회원총수	150명	130여 명	63명	30명
출자방법	회원1인 금10전 만 3년간 출자	회원 1인 금10전 만3년간 출자	좌동	月掛(1원 이상), 日掛(30전 이상 출자)
집 합	월 1회	월 1회	좌동	일정 기일 정함
대부이자 및 기한	월 3분, 3개월	월 3분, 4개월	월 3분, 6개월	영리목적: 월 2분 5리, 신용대부: 월 2분, 조합원외 신용대부: 월 3분
대출방법 및 활동	50원 이내는 신용있 자의 보증, 50원 이상은 담보물 제공	좌동	좌동	신용(조합원의 저축 장려, 자금공급)
자금총액	1,600여 원	1,400여 원	500여 원	400원
발기인	金義重	金一龍	梁泰元	靑木英三

* 金正柱, 『朝鮮統治史料』 9, 866~869쪽 ; 滿鐵, 『間島事情』, 73~75쪽.

이러한 상황 속에서 구제회는 가시적으로 '조선인 구제'를 슬로건으로 내세웠으나 실질적으로는 토지매수와 일본 상품권의 형성을 통하여 일본세력의 확장을 도모하였다.[50] 일제는 간도지역의 금융상황이 매우 자국에 불리하다고 판단하고 있던 터였기에 이 기회를 이용해 토착자본을 잠식하고 한인 경제력을 장악하고자 시도했다.[51]

---

50) 朝鮮銀行羅南出張所長, 『間島及琿春地方經濟狀況』, 43~45쪽.
51) 『間島關係』 1, 144~146쪽.

한편 일제는 1915년 이른바 '滿蒙條約'의 체결 이후 만주에서 보다 유리한 특권적 지위를 확보하고 商埠地뿐만 아니라 잡거지의 토지획득에 용이하게 접근할 수 있었다. 따라서 그 업무의 동질성으로 구제회 사업은 東洋拓殖株式會社 금융부로 이임되었다.[52]

2) 저리대출과 韓人 經濟基盤 잠식

구제회에서는 가옥 피해에 대하여 토지를 담보로 설정하고 자금을 융통하여 1차로 약 30채의 가옥을 신축하는 데 필요한 자금을 조달하였다.[53] 이 자금은 조선총독부 은사금의 일부였다.[54] 처음 대출대상은 용정촌 상부지 내의 한인과 일본인 거주자에 한하였다.[55] 그리하여 일제는 간도구제회를 통하여 토지를 적극적으로 매수하고자 하였다. 이는 다음의 인용문에 잘 나타나 있다.

> 1910년 이미 소유 중국인의 대부분이 이의 매수를 완수하였지만 龍井村에서는 여타 商埠地와는 달리 수년전 중국에 귀화한 조선인 명의로서 취득된 토지를 수백 명의 조선인에게 분매한 것이 약 10만 평이며 기타 일본인도 귀화 조선인에게 토지를 사서 그 소유토지가 5천 300여 평(관유지 제외)에 이르렀다. 용정촌 시가의 대부분은 일본인·

---

52) 『日本外務省文書』 Reel 637(MT33335). 1917년 6월 일본 임시의회에서 동양척식회사법 개정안이 상정되어 이민 및 금융업무를 滿蒙까지 확장할 계획을 입안하였다(牛丸潤亮, 『最近間嶋事情』, 259쪽).
53) 『間島關係』 1, 146쪽. 간도구제회는 설립초기에 조선은행 羅南출장소를 이용하여 자금을 조달하였으나, 1913년 조선은행 會寧출장소가 설치된 이후 이곳에서 자금을 조달하였다.
54) 일제는 조선인의 재정상태를 고려하여 종래 5분 이자의 공채를 4분 이자로 바꾸어 빈약한 경제상태의 조선인을 구제하고 거치 후 50년 상환이라는 恩賜公債를 발행하였다. 그러나 조선에 대한 특전이라는 은사공채는 식민지 재정의 확충을 도모하기 위한 일제의 강제 공채 모집의 형식을 띠게 되었다(岡崎遠光, 『朝鮮金融及産業政策』, 同文館, 1911, 87~91쪽). 은사공채 총액은 3천만 원이었으며, 구제회 설립계획에서는 약 4만원 정도를 상정하였다.
55) 滿鐵, 『間島事情』, 72쪽.

조선인 소유지로서 중국측에서는 가옥의 건축을 위해서 일본인과 조선인이 토지를 매입할 것이라고 판단하였다. 그리고 1910년 여름 상부국에서 도로의 부지와 모범가옥 축조용지의 매수를 개시하자마자 중국인·조선인 등은 전매의 목적으로서 法外의 가격을 받고 매점하려고 하여 심할 경우 1평의 地價가 15원 내외로 폭등하기도 하였다. 이에 따라 상부국에서는 필요한 것만 얻고 나머지는 모두 매수를 중지하기에 이르렀다.[56]

또한 구제회 회칙 가운데 이와 관련된 내용은 다음과 같다.

> 제1조 본회는 주로 간도용정촌 및 그 부근 在住 조선인 구제를 위한 부동산 매매·대여 또는 부동산을 저당으로 하는 자금 대출을 주된 목적으로 한다.
> 제4조 본회의 존립 기한은 발기일로부터 10년으로 한다. 단 간도주재 일본제국총영사의 인가를 받아 이를 연장할 수 있다.
> 제5조 본회의 사무소를 재간도 일본총영사관 내에 설치한다.
> 제8조 본회는 다음과 같은 업무를 담당한다. 부동산의 매수, 회원에 대한 부동산의 양도 및 대부.[57]

위의 회칙 중 제1·8조는 간도구제회의 주된 업무가 토지의 매수에 있었음을 잘 보여주고 있다.[58] 이는 구제회의 지출비 가운데 토지매입비가 차지하는 비중이 약 25% 이상을 차지하고 있다는 사실을 통해 충분히 짐작할 수 있다. 또한 간도구제회가 간도총영사관 내에

---

[56] 東拓, 『間島事情』, 777쪽.
[57] 『間島關係(開放及調査)』 1, 174~177쪽.
[58] 1911년 9월부터 3개월간 구제회는 토지매수 비용으로 3,849원을 사용하였다. 이는 대부금 10,600원을 제외하면 지출의 대부분을 차지하고 있다(『間島關係(開放及調査)』 1, 197쪽).

설치된 임시기구였기 때문에 독자적인 사업활동을 기대하기 어려웠다. 이는 당시 간도정책에 대한 조선총독부와 일본외무성에 대한 사업주체의 성격을 파악하는 데 중요한 문제이다. 간도총영사관은 일본외무성의 직접 통제하에 있었음에도 간도구제회의 자금을 조선총독부에서 지원받았던 것은 간도지역이 鮮滿一體化의 대상이었기 때문이다.[59]

일제는 구제자금의 지출 및 대금 회수 등 원활한 업무활동을 위해 회장 1인·회원 6인을 선출하여 평의회를 구성했다. 회장에는 영사관 촉탁 부속농원 주임 喜田正澄을, 평의원은 赤萩織吉[60]·林文弘·金景洙·崔甫仲·安仁洙·崔基南을 임명하였다.[61] 회장은 자금의 운용 및 회수 출납 정리를 담당하였으며, 평의원은 이를 협의했다. 또한 대출조건은 평의회에서 심사하고 토지·가옥 등 주로 부동산을 담보로 하였으며, 회수자금의 관리는 회장이 우편저금을 이용하였다.[62] 이와 같이 평의회 업무의 효율성을 제고시키기 위해 제정된 內規는 다음과 같다.

    1. 토지평가액은 1평 금 2원 50전을 최고 한도로써 이하 차등을 둘 것.
    2. 자금대여는 평가액의 8할을 초과할 수 없다.
    3. 자금대부는 1口에 금 1,000원 이내로 할 것. 단 가옥·건축 등 특별한 사정이 있을 때 이를 허용.

---

59) 초대 총독이었던 寺內正毅의 지론은 鮮滿一體化의 실현에 있었다. 이는 그가 1916년 일본 수상에 재직하면서 그대로 표출되었다. 따라서 그는 대륙침략을 수행하는 데 있어 조선은행의 만주진출을 적극적으로 추진하게 되었다(波形昭一, 『日本植民地金融政策の硏究』, 395쪽).
60) 赤萩는 이주 초기 用達商과 같은 유통업을 경영하였으며 용정 圭洋行主를 경영하면서 이주민의 증가와 함께 자본을 축적하였다(永井勝三, 『會寧及間島事情』, 會寧印刷所, 1923, 202쪽).
61) 『間島關係』 1, 181~182쪽 ; 東洋拓植株式會社, 『間島事情』, 778쪽에서는 永瀧 총영사관이 회장을 맡았다고 기술하였다. 이는 실질적인 책임과 권한을 총영사가 갖고 있었기 때문에 발생한 오류라고 생각된다.
62) 『間島關係』 1, 162~163쪽.

4. 건물매입 또는 擔保貸는 그 건물 소재의 토지와 합계하여 분리할 수 없다.
5. 이자는 다음과 같이 정한다(원금 500원까지 1년 15원, 원금 500원 이상 1,000원까지 1년 금 13원, 원금 1,000원 이상 1년 금 10원).
6. 이자는 1개년 分 3회로 나누어 대출월까지 매 4개월로 납입한다. 단 납입기한을 초과하고 납부하지 않을 때는 연체이자에 대하여 금 100원 당 매월 금 1전을 步合하여 이자를 징수한다.
7. 이자 체납 1년 이상인 자는 그 담보품을 구제회에서 수용하여 元利에 충당한다.
8. 담보에 제공된 부동산은 다른 채무의 부담 없음을 요한다.[63]

　위와 같이 구제회 내규는 명목상 한인의 구제자금 대출 취지와 일견 부합하는 면이 있다. 즉 연체이자의 경우에는 당시 통용되던 고리대에 비해 상당히 低利에 해당된다고도 볼 수 있다. 그러나 당시 한인을 포섭하기 위한 기만책으로서 실질적으로는 연체이자의 경우 복리로 계산하여 원리금을 회수하였다. 제2조의 경우 담보물의 평가액을 80%로 정하고 있으나 실질적으로는 45% 선에서 대출되었다. 오히려 구제회에서는 광범위하고 조직적으로 대부사업이 진행되었다는 점에서 한인사회에 대한 경제적 장악력은 상대적으로 확대되었다. 대출금이 연체되었을 때 채무자의 부동산 등 담보물을 강제 수용한다는 점은 공공연히 행해지고 있던 금융거래와 일치하고 있다. 원리금 상한 기한을 1년으로 정하였으나 실질적으로는 6개월 심지어 3개월 정도의 단기 대출이 대부분이었다.[64]

　이렇듯 일제의 특수지위 확보와 다른 국가에 대한 배타적 경제활동을 유지하기 위해서도 간도에서 금융정책은 구제회를 통하여 신속

---
63) 『間島關係』 1, 186~187쪽.
64) 統監府臨時間島派出所, 『間嶋産業調査書』 3편(商業調査書), 42쪽.

하게 진행되었다.[65] 이는 간도지역의 대부업무를 주로 吉林永衡官帖局 延吉分局에서 관장하였기 때문에 일제로서는 구제회를 통하여 담보 및 신용대부를 실시하고자 한 것이다. 조선총독부가 鮮滿一體化에 입각하여 간도에 대한 신속한 세력확장을 도모하려는 것도 이러한 맥락에서 이해할 수 있다. 간도구제회의 1911년부터 3년간 대출 상황을 정리하면 다음과 같다.

[표-2-3] 간도구제회 대출상황

용도	영업	가옥건축·매입	부채상환	토지매입	농우·농구	기타	계
건수	90(35.7%)	30(11.9%)	57(22.6%)	35(13.9%)	20(7.9%)	20(7.9%)	252
담보	토지가옥	가옥	토지	일본인	한인		
건수	230	2	20	22	230		252

* 『間島關係(開放及調査)』1, 194~287쪽.

총 252건 가운데 일본인에 대한 대출건수는 22건이다. 대출액은 평균 약 200원으로 총액 4,300원이다. 한인에 대한 대출금 평균액 278원에 비하여 낮은 편이나 다음을 유의할 필요가 있다. 구제회 평의회 의원인 崔基南과 林文弘은 각각 3,800원과 5,000원의 대출금을 받았다. 이는 대출금 총액의 21.4%를 차지한다. 최기남의 경우 대출금의 대부분을 토지매입에 사용하였다. 따라서 실질적인 한인 대출금 평균은 위의 사항과 금융조합(2,000원)과 같은 단체대부를 제외하면 약 113원 정도로 이는 일본인 대출금의 50% 정도에 지나지 않았다. 구제회의 대출사업이 일본인과 최기남과 같은 친일인사에 집중되고 있음을 알 수 있다.[66]

---

65) 일제는 1910년 봉건적 만주사회를 일신한다는 명목으로 '남북만주에서 양국의 특수권익을 유지' 한다는 내용의 제2차 日露협약을 체결하였다. 즉 만주에서 열강들의 세력을 배제하고 양국간의 충돌을 미연에 방지함으로써 세력을 확장하여 상업을 진작시키고자 하였다(『日本外交年表竝主要文書』上, 332~333쪽).
66) 『日本外交史料館文書』61545, 「間島一般」.

대출상황의 특징은 다음과 같다. 첫째, 담보물의 성격이다. 구제회는 자산가치가 있는 가옥·토지에 대한 담보물을 설정하여 구제회 평의회에서 심의·결정하였다. 때문에 대부분의 담보물은 한인들의 주된 경제적 기반이었으며 내규에서 알 수 있듯이 연체이자 등 상환능력을 상실하였을 때 경제적 파탄은 급속하게 진행되었다. 둘째, 대출용도는 주로 상인들의 영업활동에 사용되고 있다. 상인들은 대부금을 주로 부채탕감·원자재 매수 등에 사용하였다. 이는 총독부가 규정한 가옥 신축 및 개축의 목적에 위배된다. 그런데 1915년 '滿蒙條約' 이후에는 주로 농업경영상 필요한 대출이 대부분을 차지하게 되었다.[67] 또한 평의회 의원에게 상당한 액수의 대출금을 제공하기도 하였다.[68] 셋째, 당시 이자가 일반 錢鋪·當鋪 등 중국인 금융업자의 고리와 비교하였을 때 低利로 대출되었지만 결과적으로 한인 생활개선에 도움을 주지 못하였다.[69] 일제의 신임을 받은 이주한인이 대출을 받고 이를 다른 한인에게 다시 대부해 주었다. 때문에 자금이 필요한 이주한인은 일정 부분 이들에게 의존할 수밖에 없었고,[70] 따라서 일부 한인에 대한 회유에서 간도 이주한인사회에 대한 전반적인 수탈형태로 그 성격이 변모해 갔다. 농업자본력의 결핍은 일제 금융자본의 잠식현상으로 표출되었다.

일제의 대출방법은 당시 이주한인의 경제력을 감안할 때[71] 상환능

---

67) 『滿鐵調査月報』 11-9, 1931, 80쪽.
68) 최기남은 통감부간도파출소 內部書記官으로 재직하였으며, 이후 상당한 재산을 모았다 (『間島關係』 1, 290·293쪽).
69) 일반적으로 금리는 일정하게 적용된 것이 아니라 정세변화에 따른 변동 금리로서 일반적으로 3分이 표준이지만 시세에 따라 5~6分에 달하기도 하였다(朝鮮銀行調査部, 『鴨綠江江岸地方經濟狀況調査報告』, 1920, 36쪽).
70) 『間島關係』 1, 290~291쪽.
71) 국사편찬위원회, 「往電제145호」, 『統監府文書』 2, 383쪽. 청국 관헌은 가을 추수기에 이주한인에게 납세고지서를 발급하고 세금을 징수하였다. 그러나 雜稅 등 과중한 세금 부과로 淸韓간의 마찰이 빈번하게 발생하였으며, 이러한 마찰은 청국 관헌의 물리력으로 해결되었다. 이와 같이 이주한인은 청국측의 과중한 세금 징수로 인해 매우 열악한 생활을 영위했다.

력을 고려하지 않은 것이라 할 수 있다. 물론 평의회는 대출자의 자격에 대한 심의를 거쳤다. 하지만 실제 대출은 저리라고 선전하면서 가옥·토지의 담보대출에 담보능력이 부실한 한인에게 연대보증을 세우는 방법을 활용했다. 이는 한인사회에 대한 일제의 경제력 장악과 함께 한인사회의 동반 부실화를 촉진하는 요인이었다.[72] 일제는 담보물의 설정가격을 45%로 정하였기 때문에 원리금을 상환 받지 못해도 담보물을 처분하여 더 큰 이익을 확보할 수 있었다.

한편 구제회는 대출과 함께 토지 등 부동산 매입을 적극적으로 추진하였다. 일제가 '日支經營' 전략의 일환으로 통화권을 단일화함으로써[73] 구제회의 부동산 매입은 활발하게 진행되었다.[74] 일제는 만주를 상공업원료 및 식량 공급지로 파악하였기 때문에 구제회를 통해 토지매수의 어려움을 해결하려는 입장이었다.[75] 매수가격 설정은 실질 거래가의 45% 선에서 진행되었으므로 일제는 소규모 투자로 막대한 이득을 취할 수 있었다. 담보물 설정시 토지 평가액은 평당 1엔 정도였으나 이주민의 증가 등 제반 사회여건의 변화로 실제로는 商阜地 내 1등지는 평당 19엔 정도에 거래되었다. 이와 같이 담보가격을 조작하는 방법으로 일제는 잡거지·상부지의 토지를 매수하여 한인의 경제적 기반을 잠식하였다.[76] 또한 대출자 가운데 가옥을 개

---

72) 『齋藤實文書』 11, 60~61쪽. 구제회 시행 이전 금리는 고율로서 월 4~5分간이며 최고 1할에 달하였다. 간도구제회의 활동 기간 중에도 한인들은 중국인 지주 또는 고리대업자에게서 월 3~5분의 고리를 사용하고 있었다. 이는 구제회의 한인구제가 구실에 불과하였다는 것을 단적으로 반증하고 있다(東洋拓植株式會社, 『間島事情』, 303쪽).
73) 중국측은 商務會를 통하여 통화의 혼용 상태 속에서도 日貨를 배격하고 오로지 중국화폐의 통용만을 인정하였다. 이는 兌換券의 유통으로 중국화폐의 가치하락을 방지하고 중국 상인의 무역활동을 보호하려는 것이었다(在間島日本帝國總領事館頭道溝分館警察署, 『受持區域內及接壤地帶事情』, 1928, 39~40쪽).
74) 『間島關係』 1, 192쪽.
75) 『日本外務省文書』 Reel 23(MT 11277), 「滿蒙ニ關スル一方案」. 중국측이 商埠局을 설치한 이후 局子街를 비롯한 상부지에서 토지를 적극적으로 매수하였기 때문에 일제로서는 이에 대항할 제도적 장치가 필요하였다(『間島關係』 1, 71~77쪽).
76) 『間島關係』 1, 209쪽.

Ⅱ. 農業金融機關의 설치와 운영

축하여 새로운 이주민에게 고가로 매각하는 경우가 발생하는 등 여러 가지 폐단이 노출되었다.[77] 1911년부터 1913년까지 3년간 구제회의 영업상황은 다음과 같다.

[표-2-4] 구제회의 영업상황(단위 : 엔)

		수입							지출				차액
	자산	대부금이자	은행이자	대부로월납입금	대금반납금	대가가임차지료수입	가옥매각대금	계	토지매수비	대부금액	송금료및잡비	계	
①	25,000	32,625	8.76	186	120	11.75	0	25,359,135	2,849	10,676	100.53	13,625.53	11733.605
②	11,523,195	368.43		286	175	13	225	12,590,625	1,667.45	2,275	7.90	3,950.35	8,640.275
③									3,988			3988	
④	11,872.10	292		103	3,375	0		15,642.1	1,917.825	2,635	12.66	4,565.485	11,076.615
⑤	11,075.175	208.205	197.3	383	2,060	63.78	150	14,137.46	928.25	2,490	309.10	3,727.35	10,410.11
⑥	10,607.40	428.18		580	5,925	34.3	0	17,574.88	185.57	4,360	4,546.87	9,092.44	8,428.44
⑦	13,106	0	1,086.695	1,159	11,470	106.37	237	27,165.065	171	18,630	345.10	19,146.1	8,018.965

* 『間島關係』1, 196~287쪽 ; 東拓, 『間島事情』, 779~780쪽.

[표-2-4]에서 알 수 있듯이 토지매수에 지출비 명목으로 자본금의 약 50%에 달하는 1만 2천여 원을 지출하였다. 간도구제회의 자기자본에 대한 대출금의 비율이 매 기간 평균 35% 정도였다. 심지어 74%까지 그 비율이 증가한 경우도 있어 여신의 집중화 현상이 두드러지게 나타나고 있음을 알 수 있다. 대출 상환금보다 대출금의 비중이 2배 정도 높은데, 이를 토지 매도시에 발생하는 이익으로 충당하였다.[78] 이자는 매 기간 대출금 총액의 10% 정도로 나타났다.

또한 구제회 사업의 일환으로 일본화폐의 교환 거래가 활발해지면서

---

77) 滿鐵, 『間島事情』, 52쪽.
78) 『間島關係』1, 337쪽.

일제는 통화의 경쟁력을 확보할 수 있었다. 일제는 구제회가 1916년까지 간도지방에서 특수금융기관으로서 중요한 역할을 하였으며,[79] 이를 통해 '조선인과 일본인의 발전과 이주민이 증가하는 동기'를 제공해 주었다고 선전하였다.[80] 이와 같이 일제는 구제회 사업을 통해 만주의 농경지를 다량 점유하는 데 성공했고, 그 결과 한인 농업경제력은 일제에 의해 잠식되기에 이르렀다.

3) 토지매수의 가속화

龍井村救濟會의 명칭이 1918년 東洋拓殖株式會社가 그 업무를 인수하면서 '間島救濟會'로 변경되었으며 이후 동척의 금융업무는 구제회를 통하여 추진되었다. 동척은 日支친선을 도모하고 농민 자금을 대출한다는 목적하에 적극적인 금융자본 침투정책을 전개하였다.[81]

1917년 11월 일본 정부는 滿蒙에 대한 특수금융기관의 기능을 통일하고 근본적으로 일본경제의 발전을 위하여 먼저 동양척식주식회사법을 개정하여 만몽지역에서 부동산금융업무를 담당케 하였다.[82] 주지하듯이 원래 동척은 일제의 국책회사로서 합병 이전부터 조선의 토지수탈을 목적으로 설립된 회사였다.[83] 1908년 2월 일본 정부는

---

79) 1916년 1월부터 12월까지 영업상황을 보면 수입총액은 44,2025원 75전 5厘이며, 지출은 39,264원 93전이다. 수입의 대부분은 대부 상환금과 이자이며, 특히 지출명목으로 대부금액과 토지매수금액이 39,050원 53전에 이르고 있다(東拓, 『間島事情』, 779~880쪽).
80) 『間島關係』 1, 302쪽.
81) 皆川連, 「間島(金融經濟)」, 『日本外交史料館文書』 Reel 29(153156, MF 05025), 23쪽.
82) 朝鮮銀行, 『鮮滿經濟十年史』, 1919, 382쪽. 1917년 10월 본점을 동경으로 옮기고 경성을 지점으로 하여 업무를 滿蒙으로 확대하고 1918년 5월 자본금을 2천만 원 증액하였다. 일제는 제1차 세계대전 이후 업무지역을 중국 및 동부 시베리아 방면으로 확장해야 한다고 하였다(朝鮮總督府, 『施政三十年史』, 119쪽).
83) 東拓의 간도진출에 대해 다소나마 언급하고 있는 연구는 高承濟의 『韓國移民史硏究』, 章文閣, 1973과 姜泰景, 「東洋拓殖株式會社의 農地 收奪目的」, 『日本學誌』 14, 1994 등이 있다. 그러나 위의 연구에서는 자료의 제약으로 간도에서 동척의 활동을 지극히

한국을 개발한다는 구실로 자본금 1,000만 원을 모집하였으며, 동척은 그해 12월 28일 본점을 京城에 두고 설립되었다.[84] 자국민의 이주 토대를 완비하여 일본 국익에 도움을 주고자 했던 동척의 활동이 조선 내 토지조사사업이 완수되면서 점차 그 영업 범위를 확장할 필요성이 대두되었다.[85]

1916년 2월 13일 일본 중의원에서 森田小六郎은 東拓의 업무를 만주까지 확장·추진하는 것에 대한 대정부 질의를 하였다. 이에 대하여 政府위원인 荒井賢太郎은 동척의 업무추진에 필요한 자금조달문제를 이유로 만주로 사업확장이 어렵다는 견해를 개진하였다.[86] 荒井賢太郎은 監督權이 朝鮮總督에 있기 때문에 조선 이외 지역에서 사업은 무리가 따를 수밖에 없다고 하였다. 이후 1917년 6월 27일 중의원에서 '東拓 회사법 개정법률안'이 상정·통과되었다. 이 법률안 제1조를 보면, "동양척식주식회사는 조선 및 외국에서 척식자금의 공급 및 기타 척식사업의 경영을 목적으로 하는 주식회사로서 그 본점을 東京에 둔다"라고 하였다. 이에 따라 동척은 조선에서 업무 제한을 극복하고 만주경영에 필요한 제도적 장치를 완비하였던 것이다.[87] 그리고 그해 7월 11일 제국의회에서 재차 동척의 만주지역 척식에 대한 회의가 열렸다. 이 회의에서는 동척의 주요한 사업의 하나인 이민사업에 대한 지원금이 확정되어, 동척은 토지금융기관으로서

피상적으로 서술하였다. 또한 사업주체와 용어에서도 오류를 범하고 있다.

84) 『衆議院議事速記錄』 2, 45쪽 ; 朝鮮支店農業課, 「東拓の植民事業」, 『資料選集 東洋拓植株式會社』, 友邦協會, 1976.
85) 東拓은 조선에서 황무지 개간과 같은 수익성이 떨어지는 사업보다 역둔토와 같은 優等농지의 매수에 적극적으로 참여하였다. 그러나 시간이 흐를수록 東拓에서 모집한 일본 이주민수가 감소하였으며 조선을 식민통치하는 데 있어서 조선인들의 불만이 고조되었다(강태경, 「동양척주식회사의 농지 수탈목적」, 『일본학지』 14, 18~27쪽 참조). 이러한 상황하에서 조선총독부는 역둔토에 대한 동척의 매수를 허락하지 않았다. 동척은 조선 내에서 사업 확장이 불가능하다고 판단하고 그 결과 해외 진출을 모색하게 된 것이다.
86) 「東洋拓植株式會社法中改正法律案」, 『衆議院議事速記錄』 3, 167~168쪽.
87) 『衆議院議事速記錄』 3, 225쪽.

활동할 수 있는 법적 기반을 마련하게 되었다.[88] 먼저 남만주에서 부동산 금융을 담당하고 있던 橫濱正金銀行의 업무를 인계받고 奉天과 大連에 지점을 설치하여 특별대부업무를 개시하였다.[89]

동척이 간도에 출장소를 설치한 것은 1918년경이다. 동척은 간도에 진출하면서 間島救濟會의 기존 업무를 인수하였다.[90] 동척이 독자적인 업무를 추진하기에 앞서 기존의 간도구제회의 업무를 인수한 것은 사업 성격이 유사하였기 때문이다. 앞에서도 언급하였듯이 간도구제회의 업무 역시 표면적으로는 구제자금의 대부에 있었으나, 실질적으로는 간도에서 토지를 획득하는 데 있었다.

동척은 주로 토지를 담보로 하여 농업자금을 대출하였다. 즉 구제회의 업무와 동일한 것으로서 동척으로서는 출장소를 신설하여 새로운 인원으로 업무를 실시하는 것보다 이미 조직적으로 한인들에게 대출업무를 실시하였던 간도구제회를 이용하는 것이 보다 유리하였다. 동척이 간도구제회의 업무를 인수하는 과정에서 간도총영사관의 상급기관인 외무성과 조선총독부간의 조율이 있었다. 이는 구제회라는 임시기구로 더 이상의 광범위한 토지매수가 어렵다는 것을 인식하였기 때문이다.[91]

동척은 다음과 같은 방법으로 대출을 실시하였다. 첫째, 부동산을 담보로 하여 5년 이상의 定期償還 또는 10년 이내의 年賦상환의 방법에 의한 대부, 둘째, 모든 공동체 및 이에 준하는 단체에 대하여 5개년 이내의 정기 또는 年賦 방법에 따라 무담보 대출, 셋째, 농민

---

88) 『衆議院議事速記錄』 3, 251쪽 ; 『日本外務省文書』 Reel 637(MT33335) 제812호.
89) 동척은 만주에 진출하자마자 東省實業會社을 세워 각종 생산업에 손을 뻗쳐 가까이는 滿蒙毛織會社를 세우고 滿蒙 綿羊毛를 매매하는 등 적극적인 활동을 전개하였다. 또한 동척의 기본 업무인 농업대출 상황을 보면 다음과 같다. 1919년 2월말 현재 대출은 奉天 732만 9,966원 94전, 大連 397만 795원 98전에 달하고 있으며 金利는 7분 내지 1할이다(笠原博, 「滿洲の金融機關と通貨」, 滿蒙生産研究會, 1919, 29~30쪽).
90) 구제회 업무를 인수한 동척의 초기 자산은 6만 7천여 원이었으며, 이 가운데 토지평가액은 약 3만 5천 원이었다(『間島關係(開放及調査)』 1, 337쪽).
91) 『日本外務省文書』 Reel 637(MT33335) 秘10710호.

20인 이상 연대하여 부채를 부담하는 자에 대하여는 5년 이내의 정기 상환의 방법에 따라 무담보 대부, 넷째, 생산자에 대하여 그 생산물을 담보로 한 1년 이내의 대부 등이다.[92] 이 가운데 20인 이상의 연대보증인 문제는 한인사회 내부의 갈등을 초래하는 원인 중 하나였다. 대출자 한 명이 원리금을 상환하지 못하였을 때 보증인이 그 채무를 대신해야 하는데, 이 과정에서 한 개인의 반목과 갈등으로 한인공동체의 위기를 초래하였던 것이다. 그리고 생산물 담보문제로서 이는 그해 농산물의 풍흉 및 가격 형성에 따라 그 변제능력의 유무가 발생하게 되었다. 흉작이나 농작물 가격 하락으로 변제능력을 상실하였을 때 중국인 지주의 고리대를 빌려 이를 상환하는 경우가 있었다. 이러한 가운데 실질적인 대출은 대부분 부동산을 담보로 이루어졌다.[93] 고리대자금을 불식하고 저리의 대출을 목적으로 하였던 동척의 사업은 고리대금의 악순환을 더욱 가속화시킬 뿐이었다. 이와 같이 일본자본의 진출은 유통과정에 관여할 뿐만 아니라 부동산 금융을 통한 토지지배에도 나타나게 되었다.[94]

다른 한편 일제가 구제회를 통하여 간도지역에서 많은 토지를 확보하여 일본인들이 이주하기 편리한 토대를 마련하려 했기 때문에 실제로 한인의 구제사업은 부차적 문제에 불과하였다.[95] 특히 동척이 구제회의 사업을 인수하면서 담보물의 강제수용과 토지매수가 급격하게 증가했다. 地券을 담보로 하여 시가 이상의 대출을 하였기 때문에 원리금 상환이 불가능한 경우가 많아 토지의 수탈이 자행되었

---

92) 『衆議院議事速記錄』 3, 225쪽 ; 川口忠 編, 『間島琿春北鮮及東海岸地方行脚記』, 大連 小林又七支店, 1932, 88쪽.
93) 皆川連, 「間島(金融經濟)」, 『日本外交史料館文書』 Reel 29(153156, MF 05025), 10쪽.
94) 金正明, 『朝鮮獨立運動』 5, 原書房, 1967, 518~520쪽.
95) 당시 재만한인의 국내와 상거래는 모두 우편으로 외환 적금 또는 集金 우편에 의존하였으며, 이자도 고율이었다. 또한 상품담보 및 외환 등에서 불편한 사항이 대부분이었으며 구제회 사업실시 후에도 여전히 시정되지 않았다(外務省警察史, 『間島地域韓國鬪爭史』 1, 676쪽).

다. 1920년 초 小洋票의 폭락과 한인들의 저항운동 및 일본 내의 경제 불황으로 간도지역의 금융상황은 더욱 위축되었다. 이에 동척은 간도지역의 경제활성화를 위하여 10여만 원을 대출하기로 결정하였다.[96] 이는 동척의 활동공간을 확보하고 이주한인의 이용과 회유를 목적으로 한 것이다.

또한 원리금 상환이 촉박할 경우 담보토지는 동척의 소유가 되었고, 이는 곧 일본인 소유토지의 증가를 의미한다.[97] 琿春의 예를 보면 동척의 토지매수는 구제회사업 이후 천여 정보 이상 증가했다.[98] 그리고 1922년 동척의 대출자금 총액은 약 140만 원에 달하였다.[99] 총 대출 호수는 504호로 이 가운데 한인은 166명, 중국인이 321명이었다. 동척이 간도구제회를 인수하고 초기 사업을 시작하면서 중국인에 대한 안정적인 대출을 많이 하였다. 한편으로 동척은 풍부한 자금력을 바탕으로 한인의 열악한 경제상황을 구제한다는 구실로 저리대출을 하였으며, 이를 토지매수로 충당했다. 때문에 동척은 商租權을 이용하여 대량의 토지를 몰수·수탈하였다. 이러한 토지 수탈의 폐해는 1920년대에도 지속적으로 나타났다. 1925년 연길현 6개향 향장들은 "구제회가 설립된 이래 이주 한인은 執照(토지문서) 또는 담보물을 저당잡히고 대출금을 수령하였는데, 기한 내에 원리금을 상환하지 못했을 때는 이자를 복리로 계산하였기 때문에 상당한 피해를 입게 되었다"라고 토로하였다.[100] 이와 같이 구제회가 활동한 기간 대다수 이주한인들은 중국인 지주의 고리대와 일제의 기만적인

---

96) 朝鮮銀行調査局, 『朝鮮事情』 8월호, 1920, 5쪽.
97) 金三民, 『在滿朝鮮人の窮狀と其の解決策』, 新大陸社, 1931, 145쪽. 간도에서의 일본인 증가는 1912년을 기점으로 급속하게 이루어졌다(滿鐵, 『間島事情』, 13~14쪽).
98) 『日本外務省文書』 Reel 12(MT 11263), 「鴨綠江右岸及北間島地方に在住本邦人(朝鮮人 含む)に關する官民態度關係雜纂(救濟會ニ關スル農務契ノ決意ニ關スル件)」.
99) 皆川連, 「間島」-金融經濟, 『日本外務省文書』 Reel 29(153156, MF 05025), 23쪽.
100) 吉林省社會科學院, 『東北墾殖資料』, 1968, 85쪽 ; 김춘선, 「'북간도' 지역 한인사회의 형성 연구」, 240쪽에서 재인용.

구제정책으로 생계의 위협을 받았다.[101]

동척의 대출이자는 倉敷料의 경우 1개월에 3錢, 金利는 日步 3錢 7厘이다. 동척의 대부 금리는 年賦 상환 대부 1할 내지 1할 5분, 보통대부 日步2전 7리 내지 4전 1리로서 1926년 11월부터 곡물을 담보로 하여 1,000원까지 대부에 대하여 이주한인은 저리로 자금을 대출받았다. 1926년부터 1931년까지 동척의 대부상황은 다음과 같다.

[표-2-5] 1926년~1931년 동척의 대출상황(단위 : 엔)

	1926년			1929			1931		
	인원	금액	1인평균	인원	금액	1인평균	인원	금액	1인평균
일본인	16	66,081	4,130	16	30,196.21	1,887.26	14	21,920	1,565
한인	99	248,488	2,510	1,452	626,228.55	431.28	1,650	1,031,853	625
중국인	296	931,608	3,147.32	329	816,089.63	2,480.51	313	765,283	2,445
합계	411	1,246,177	3,032	1,797	1,472,514.39	819.42	1,977	1,819,056	910

* 牛丸潤亮, 『最近間嶋事情』, 259~260쪽 ; 天野元之助, 『間島に於ける朝鮮人問題に就いて』, 24~25쪽 ; 金正明, 『朝鮮獨立運動』 5, 519쪽.

[표-2-5]에서 알 수 있듯이 1929년까지 동척의 대출금은 중국인에 편중되어 있었다. 또한 한인과 중국인의 1인 평균 금액도 그 격차가 1931년에는 4배에 달했다. 위의 표에서 주목할 만한 점은 1931년에 대부금액이 급격하게 증가하고 있다는 점이다. 이는 세계대공황의 여파로 간도 농촌경제의 위기가 초래되면서 한인들의 대출금이 증가하게 된 것이다. 또한 일본인 대출이 적었다는 것도 특이할 만하다. 왜냐하면 구제회의 업무를 실질적으로 인수하였던 동척은 일본인 이주민에 대한 대출업무를 전개하기보다 다수의 한인을 상대로 보다 확고하게 일본인의 이주토대를 마련하고자 하였기 때문이다.

---

101) 『齋藤實文書』 11, 610쪽.

한편 동척의 대출금 사용 용도는 대부분 농업경영에 편중되었다. 이를 표로 나타내면 다음과 같다.

[표-2-6] 동척의 대출금 사용 내역(단위 : 엔)

	1929			1931		
	인원	호구수	금액	인원	구수	금액
농지경영	1,142	937	828,503.18	1,554	1,1241	1,075,181
토지개량 및 개간	179	128	465,852.43	179	129	434,482
시가경영	154	60	96,562.57	155	59	87,581
전기 및 와사	1	1	25,000.00	1	1	25,500
교육사업	2	2	6,598.21	1	1	5,000
饑民구제 자금	-	-	-	23	1	100,000
旱害구제 자금	319	1	50,000.00	74	2	91,810
합계	1,797	1,129	1,472,514.39			1,819,056

* 金正明, 『朝鮮獨立運動』 5, 518~519쪽.

[표-2-6]를 보면 농업경영에 필요한 자금 대출이 전체의 약 83%를 차지하고 있다. 동척은 본래 업무인 부동산 금융에 치중하고 있었으며, 이를 실현하기 위하여 토지 매수에 적극적으로 참여하였다.

동척의 이와 같은 토지금융사업이 원활하게 진행되었던 것은 아니다. 만몽조약 체결 후 토지상조권의 미해결상태는 동척의 토지에 대한 금융 지배력을 현저하게 약화시켰다. 예를 들면, 상조권의 설정은 동척 등 주로 금융담보를 목적으로 행하였던 것인데, 채무불이행에 따라 토지를 인도받더라도 일본인은 상조권이 없는 것으로 해석되었다.[102] 때문에 중국 관헌은 이러한 토지를 강제적으로 관리했다. 따라서 중국 관헌은 강제관리된 토지를 채무자에게 인계하여 경작시키는 것이 보통이었으며, 채무자로부터 그 수확의 일부를 징수하여 채권자에게 현

---

102) 金正明, 『朝鮮獨立運動』 5, 519쪽.

물을 지불케 하였다. 또한 동척의 수익은 대개 1晌 당 大豆 1석에도 미치지 못하였기 때문에 지주의 경우 2석 5두 내지 3석의 소작료를 징수할 수 있는 간도에서는 상당한 불이익이 발생하기도 하였다. 따라서 소액 대출은 한인보다 중국인이 많이 받았다.[103]

유통과정에서 일본상업자본의 패권과 동척의 담보금융에 의한 토지지배가 병행되어 간도지방에 일제의 정치세력이 강화될 수 있는 물질적 기반을 이루었다. 더욱이 1920년대 말 중국인에 대한 토지담보 대출이 폐지되면서 신규 대부는 한인을 중심으로 실시되었다.[104]

동척은 토지 매수뿐만 아니라 기간시설 확충에도 자금을 대출하였다. 이는 局子街 신시가의 유력 한인을 중심으로 자금이 대출되었음을 의미한다. 1925년 3월 국자가 신시가지 건설을 위하여 동척은 제1회 차입금 20만 원을 기금으로 하고 한인측에서 7만 원, 중국측에서 建築用材 10만 원을 융통하여 총 공사비 20만 원을 투자하였다. 이러한 가운데 한인들은 실제 자산의 50% 이상을 투자하여 자금부족 현상이 나타났고 이것이 상업자금의 결핍으로 연결되어 농민의 구매력을 감소시키는 결과를 초래했다. 이에 국자가 민회장 崔允周는 다음과 같은 진정서를 제출하였다.

　　채무에 대한 부담으로 구제방법을 간청, 한인 안주의 기초금을 조정

---

103) 天野元之助, 『間島における朝鮮人問題に就いて』, 中日文化協會, 1931, 23~25쪽.
104) 일제는 이주한인에 대한 구제정책의 시행을 '원조'라는 측면에서 강조하였다. 이를 보면 "간도구제회의 설립은 1911년 5월 용정촌에 대화재가 있어 가옥의 절반은 소실되었으며, 조선인을 위하여 토지를 방매하였고 구제회로서 이재민에게 土地擔保를 시행하였던 시초이다. 그러므로 그 설립의 연혁은 조선인의 경제적 구제에 있었던 것이었으며 일종의 사회사업을 영리화시켰다고 하는 것은 주의할 필요가 있다. 즉 동척 담보 대출의 기능에 대한 긍정적 평가가 매우 많았음을 상기할 필요가 있다. 예를 들면 성적은 매우 양호한 것이었고 일반농민도 의외로 편리하고 이율이 낮아 대다수가 이를 이용하기에 이르렀다. 그리고 조선인 토지담보에 의한 농업자금의 대부는 1구 300원 이상이며 보통 5~600원 내지 천 원 이상의 대출이 많고 이율은 연 1할 내지 1할 5분(日步 2전7리내지 4전1리)이며 1927년 3월말 현재 대부고 732명, 242,000원이다"라고 하여 지나치게 한인 구제에 대한 측면만을 부각시켰다(朝鮮總督府, 『滿蒙の米作と移住鮮農問題』, 1927, 155쪽).

하여 이를 더욱 발전시켜야 하는데 실제로는 오히려 그 궁상이 극도에 달했습니다. 이에 동척에서 저리자금으로 2만 원을 대출하였으면 합니다. 또한 상업활동이 위축되어 상거래가 이루어지지 않고, 특히 旱害를 당하여 농작물의 수확부진으로 금융은 더욱 경색되었으며, 따라서 국자가의 중견인물들로 상업에 종사하는 한인들에게 저리자금을 융통하게 하였습니다. 한인 상인들은 실제로 연 4할에서 5할의 고리를 쓰고 있으며 상환하지 못하였을 때 가옥 전부를 채무변제로 상실하고 맙니다.105)

요컨대 동척의 사업 목적은 부동산 금융을 이용한 간도 지역사회의 장악에 있었다. 동척은 여신의 집중을 통하여 광범위한 토지를 매수하였다. 대출시 주로 토지로 담보를 설정하여 대출자가 상환하지 못하였을 때, 이를 매수하는 방식으로 토지를 집적했다. 또한 연대채무자가 원리금을 모두 부담하게 했는데, 이는 한인사회의 분열과 갈등을 야기하는 원인이었다.

동척은 1922년에 東亞勸業公司를 설립하여 보다 조직적인 방법으로 이주한인의 경제권을 장악하였다.106) 뿐만 아니라 동척의 사업은 무역 분야 등으로 확대되었다.107) 동척의 이러한 사업형태는 임시 금융기관이었던 구제회의 업무를 보다 조직적이며 체계적으로 완비하는 역할을 수행하는 등 이로 인해 이주한인에게는 배척의 대상이 되었다. 1922년 민회금융부 활동이 전개된 것도 동척의 노골적인 토지수탈에 대한 회유책으로서 일제가 소규모 자금을 가지고 사업을 전

---

105) 당시 차입금은 3만 원, 용도 중국인에 대한 구채상환을 위하여, 상환방법 2년거치 이자 연 2회 지불, 3년부터 정기상환의 방법을 따랐다. 신시가지 건축 총액은 94,712원 65전, 중국인에게서 차입은 37,918원 2전이었다. 당시 건축비는 1칸 132원으로서 호당 평균 7칸 924원으로 102호 9만 4천여 원이었다(『日本外交史料館文書』 Reel 29 (153156, MF05025), 「機密제3호」). 자금은 조선은행 원산지점에서 조달받았다.
106) 『齋藤實文書』 11, 377~382쪽.
107) 『日本外交史料館文書』 Reel 28(153156, MF 05024), 「局子街貿易株式會社成立ノ件」.

개하였다. 따라서 동척이 간도에서 전개한 사업은 일제의 입장에서 풍부한 자금력을 바탕으로 한 토지의 매수를 가속화시킬 수 있었지만, 한인들에게는 경제적 기반인 토지소유권의 위기를 초래하는 요인이었다.

2. 민회금융부의 설치와 한인사회의 통제

1) 민회금융부의 설치

朝鮮人民會 金融部(이하 금융부)는 1920년 일제의 '간도토벌'과 그에 따른 이주한인사회의 구휼을 구실로 日本陸軍省에서 10만 원의 임시예산을 편성하면서 설치되었다. 이보다 앞서 일본외무성에서는 이주한인을 보다 효율적으로 통제하기 위하여 이주한인의 자치를 명목으로 민회를 설치했다. 이른바 '재만 한인의 복리증진'을 목적으로 설립된 조선인민회(이하 민회)는 일본영사관의 지도 감독하에 분쟁조정·통신연락·교육 등의 활동을 전개하였다.

민회 회장은 관선이며 그 지방의 유력한 한인이 임명되었고, 회비는 1년에 50전 내지 5원 이내였다. 민회에 대한 감독권은 間島總領事館이 직접 관장하였기 때문에 처음부터 일제에 이용될 수 있는 한계를 가지고 있었다.[108] 민회설립 당시 간도총영사관에서는 민회의 업무를 다음과 같이 규정하였다. 첫째 순회진료와 종두 수역예방, 둘째

---

108) 尾池禹一郎, 『滿蒙の米作と移住鮮農問題』, 東洋協會, 1927, 148쪽. 1918년 민회설립 당시 간도 頭道溝分館 主任 諏訪光瓊은 關東都督部 민정관리 대리 鈴木三郎에게 보낸 공문에서 민회의 설립을 '제국의 은혜'로 묘사하였으며 특히 민회가 중국 관헌의 탄압에서 한인을 보호해 줄 기관이라고 역설하였다(『日本外交史料館文書』 Reel 32(38630, MF 05028), 「移住朝鮮人ニ關スル件(公信 제138호)」. 그러나 이러한 주장은 일제가 재만한인사회에 대한 '달래기'와 중국측의 폐단을 극명하게 부각시킴으로써 한인의 저항운동의 명분을 일정하게 희석시키려는 의도에서 나온 것이다.

금융부의 경영, 셋째 서당교육, 넷째 조선 내 시찰단 파견과 문화활동, 다섯째 종자개량·농구구입 등의 권업사업, 여섯째 면세사무 조사 사업 등이다.[109]

1915년 이른바「滿蒙條約」이후 비귀화인의 토지소유가 불가능하게 되자 한인은 '佃民制'라는 편법으로 토지소유권을 획득하고자 하였다. 중국당국은 한인의 편법적 토지소유권 확보가 일제의 조종에 의한 것으로 판단하고 비귀화 한인의 토지소유권을 더욱 제한하였다. 따라서 이주한인 대부분은 소작농으로서 매우 열악한 상황에 놓이게 되었다.

이러한 가운데 중국 관헌은 비귀화한인의 소작권을 강제로 회수하는 방침을 내렸다.[110] 특히 만몽조약의 해석차이로 南滿洲의 이주한인은 北滿이나 東滿에 비해 더욱 열악한 상황에 처하였다. 이는 남만 이주한인의 이용가치, 즉 척박한 황무지 개간과 水田經營의 필요성에 대한 중국측의 인식이 북만이나 동만에 비해 빈약하였기 때문이다.[111] 게다가 이주한인이 증가하면서 생활상의 어려움과 납세에 대한 부담은 더욱 가중되었다.[112] 한인은 국세·지방세·수리세 등을 납부하였으며 때로는 군대가 출동한 상태에서 강제로 징수당하기도

---

109) 尾池禹一郎,『滿蒙の米作と移住鮮農問題』, 148~149쪽.
110) 金正柱,『朝鮮統治史料』 7, 1971, 243쪽. 이에 대해서는 여러 가지 요인이 있겠지만 일제와 중국간의 土地商租權 문제의 미해결이 그 주된 원인이라고 볼 수 있다(牛丸潤亮,『最近間嶋事情』, 1928, 123~124쪽). 왜냐하면 토지상조 자격은 한인이 반드시 귀화를 해야 한다는 양측의 입장이 첨예하게 대립하고 있었기 때문이다.
111) 水田經營은 이주한인의 중요한 경작기능이었기 때문에 중국측에서도 소홀히 다룰 수 없는 부분이었다. 특히 수전 경영으로 조세와 수전이라는 등식이 성립되었으며 중국측(지주)과 한인은 일정량의 借地料와 수확료를 6 : 4 비율로 계약하는 것이 관례였다(牛丸潤亮,『最近間嶋事情』, 373쪽).
112) 이주한인 가운데 귀화입적한 자는 각종 명목의 세금을 납부하였다. 1918년 간도지역의 상황을 보면 다음과 같다. 먼저 地稅는 1晌(0.7ha)에 연 관첩 22吊5백 文, 鄕長 급료 1晌에 1루블, 군대지원비 각 호 3~4루불, 防費 1晌에 1吊, 自治會費 1晌에 2吊4백 文, 巡警費 1晌에 1吊6백 文, 保衛團費 1晌에 2吊 3백 文, 學費 1晌에 大洋 2십전, 地稅附加稅 1晌에 大洋 5십전, 畜牛稅 1頭에 년 견적가격의 100분의 5, 畜馬稅 1두 년 견적가격의 100분의 5, 家屋稅 신축한 해에 한하여 大屋 20루블, 小屋 5루블이다(『日本外交史料館文書』Reel 32(38630, MF 05028),「移住朝鮮人ニ關スル調査ノ件」제239호).

하였고, 力役에 동원되기도 하였다.[113]

한편 제1차 세계대전 이후 일제는 경제의 활성화로 자본 축적이 양적·질적으로 팽창함에 따라 잉여 생산물의 해외수출을 적극 추진하였다. 당시 만주에는 일제의 독점자본과 자본주의 상품이 본격적으로 침투되었다.[114] 수출초과 지역을 확보한 일제는 제1차 세계대전을 호기로 삼아 대륙침략을 위해 시베리아 출병을 단행하였다. 물론 국내외 여건이 좋지 않아 군대를 철수하였지만 대륙진출 야욕까지 철회한 것은 아니었다.[115] 따라서 만주는 일제의 지대한 관심 그 자체였으며, 이는 세계자본주의 블록에 편입한 일제가 협소한 국내시장의 타개책으로서 만주를 적합한 지역으로 간주하였음을 의미한다.[116]

이러한 가운데 1919년 북간도에서는 국내 3·1운동의 촉발에 힘입어 3·13만세시위운동이 전개되었다. 이 운동의 여파는 만주전역으로 파급되었으며[117] 항일 무장단체들의 활동 또한 활발하게 진행되었다. 이에 일제는 '不逞鮮人'을 색출한다는 구실로 琿春事件을 조작하여[118] '間島出兵'을 단행하였다.[119] 일제가 출병의 표면적인 이유로 내세운 것은 앞서 발생한 훈춘사건으로 領事館과 居留民 보호였다.[120] 보다 근본적인 목적은 만주전역의 독립군을 토벌하고 이 과정에서 중국과 협상을 통해 만주에서 보다 유리한 지위를 차지하여 대륙침략을 원활히 수행하는 데 있었다.[121]

---

113) 金正柱, 『朝鮮統治史料』 7, 244쪽.
114) 金正柱, 『朝鮮統治史料』 10, 336쪽.
115) 宇垣一成, 『宇垣一成日記』 1, みすず書房, 1968, 240쪽.
116) 『日本外務省文書』 MT 12277(Real 23), 「日支親善卜日支經濟의提携ニ關スル方針施設槪要」.
117) 金東和, 『中國 朝鮮族 獨立運動史』, 느티나무, 1991, 62쪽.
118) 채영국, 「1920년대 琿春事件 전후 독립군의 동향」, 『한국독립운동사연구』 5, 1991.
119) 金正柱, 「間島出兵史」 上, 『朝鮮統治史料』 2, 17~21쪽. '간도토벌'에 대한 구체적인 상황은 陸軍省, 『間島事件關係書類(1920~1922)』 참조.
120) 독립운동사편찬위원회, 『독립운동사자료집』 10, 225쪽.
121) 『間島關係(開放及調査)』 1, 420~421쪽.

간도의 치안상태는 일제의 대륙침략상 매우 중요한 문제였다. 즉 한국통치에 직접적인 영향을 미칠 수 있었던 것이 간도지역 한인의 동태였다. 간도협약 이후 일제는 중국 관헌에게 이주한인의 치안을 맡겼으나, 관헌의 힘으로는 부족하다고 판단하여 '간도토벌'을 계기로 한인에 대한 통제와 감시를 더욱 강화하였다. 일제는 이 점을 고려하여 延吉道尹 孟富德과 한인 독립운동가의 '색출'에 대한 안건을 놓고 교섭했다. 당시 중국 관헌은 마적 소탕에 주력하고 있다는 이유로 군대를 보내지 않았기 때문에 일본 군대가 증파되었다.[122]

'간도출병'의 방법 및 규모는 극단적이며 대규모일 수밖에 없었다. 일제의 이러한 의지는 두 가지로 요약할 수 있다. 즉 제1단계에서는 작전 개시일로부터 1개월 이내에 독립군 무장대를 철저히 색출하여 전원 섬멸하거나 검거해서 독립군의 무장항쟁을 발본색원하는 데 있었다. 제2단계의 목적은 1단계가 끝난 후 다시 1개월 이내에 촌락에 잠복하고 있는 독립군 일부와 민간인 독립운동가를 철저히 탄압하여 무장 및 비무장운동까지 근절하려는 데 있다.[123]

1920년 10월 7일 일제는 재만 일본거류민의 안전을 위해 羅南 주둔 제19사단 산하 磯林지대를 파견하여 중국측을 압박하였다. 이러한 가운데 간도총영사관에서는 독립군 '색출·토벌'에 필요한 군대의 증병을 요청했다. 일제는 중국측에게 철저한 한인탄압을 요구하였으나, 중국측은 독립군에게 미리 연락하여 탄압을 방해하였다. 이에 따라 독립군은 '토벌'의 핵심지역에서 벗어나 새로운 체제 편성을 위하여 근거지를 이동하지 않을 수 없었다. 일제의 '간도토벌'을 계기로 독립군은 각 단위 군단을 연합하여 강력한 힘을 결집시키고 나아가 일제의 관동군과 대적하면서 국내진공 계획을 수립하였다.[124]

---

122) 金正柱, 「間島出兵史」 上, 『朝鮮統治史料』 2, 12쪽.
123) 신용하, 「봉오동전투와 청산리독립전쟁」, 『한민족독립운동사』 4, 국사편찬위원회, 1988, 107쪽.

한편 '간도출병'의 영향으로 이주한인은 1921년 전년과 비교하여 급감하였으며, 외무성에서는 동요하는 한인사회의 안정을 위한 방책을 고안하게 되었다.[125] 일본외무성과 조선총독부는 '不逞鮮人의 색출' 과정에서 피해를 입은 이주한인 가운데 중농층 이하를 구제하고 경제적 개선을 도모한다는 구실로 10만 원 정도의 구휼금 배정과 구체적인 구휼방법을 협의했다. 이 협의에 따라 일본 군부는 한인의 피해 정도에 기초하여 개인에 대한 대출을 피하고 신뢰할 수 있는 단체에 구휼금을 일괄 지급하기로 결정하고 이를 지도·감독하고자 하였다. 간도총영사관 총영사가 이를 책임진다고 규정하였다.[126] 이에 따라 일제는 일시적으로 구제자금을 지급하면서 한인에 대한 지속적인 구제사업을 위하라는 구실로 금융기관 설립을 추진했다.[127] 이처럼 일제가 금융부를 설치하고자 한 것은 토지에 대한 商租權 설정 문제가 끊임없이 제기되는 과정에서 불이익을 제거하고 중국측의 토지에 대한 강제권 행사를 방지하기 위함이었다.[128]

일제는 금융부를 민회 부속기관으로 설치하여 구휼금이란 명목으로 이주한인에게 저리로 자금을 융통하여 주었다. 여기에서 주목되는 점은 대출을 받기 위해서는 민회에 가입해야 한다는 조건이다. 일제는 한인을 민회원으로 가입시켜 통제하려는 의도였다. 때문에 한인들은 민회에 가입해야만 금융부의 대출을 받을 수 있었다. 그러나 상당수의 한인들이 민회비를 체납하여 고통을 겪었다.[129] 이러한 가운데 일제는 구휼금의 일부를 친일단체의 설립과 보호를 위한 자금

---

124) 채영국, 「1920년대 훈춘사건 전후 독립군의 동향」, 『한국독립운동사연구』 5, 227쪽.
125) 『間島關係(開放及調查)』 1, 500쪽. 1920년 24,000명이었던 이주민이 1921년에는 2천 명으로 줄었다.
126) 『日本外交史料館文書』 Reel 29(153156, MF 05025), 「間島方面鮮人救恤ニ關スル件(1921년 2월)」. 배상금 산출에 대해서는 陸軍省, 「救恤金配當算出表送付の件(朝鮮軍參謀長-陸軍次官)」, 『間島事件關係書類』 上.
127) 『日本外交史料館文書』 Reel 29(153156, MF 05025), 「救恤要領(제75호)」.
128) 金正明, 『朝鮮獨立運動』 5, 519쪽.
129) 『日本外務省特殊調查文書』 11, 11쪽.

으로 전용하였다.[130] 일제가 '간도출병'으로 인한 한인의 피해를 어느 정도 인정하였지만 이에 대하여 완전한 배상이 이루어진 것은 아니었다. 이른바 '구제자금'의 대출로 사건을 수습하였다는 것에서 이 사업의 기만성을 잘 엿볼 수 있다.[131]

금융부의 주요사업이 이주한농들의 농업자금 대출[132]에 있다는 것은 회칙 제1조에도 명확하게 나타난다. '금융부는 재간도총영사관 및 분관의 관할하에 거주하는 한인의 금융을 완화하고 농업의 발달을 기도할 것'[133]이라고 명시되어 있다. 이로 미루어 보면, 일제가 간도사건 이후의 한인사회에 대한 통제력 강화와 회유라는 두 가지 측면을 고려하여 정책을 수립하였음을 알 수 있다.[134]

2) 與信의 集中化를 통한 한인사회 통제

(1) 민회금융부의 조직

금융부의 조직은 회장 1인, 이사 1인, 감사 2인 이상, 평의원 6인 이상으로 이루어졌다. 임기는 회장 3년, 감사와 평의원은 2년으로 규정되어 있고 주요한 안건은 평의회를 거쳐 결정되었다.[135] 금융부 사

---

130) 『日本外交史料館文書』 Reel 29(153156, MF 05025), 「제30호(1921년 2월 21일)」.
131) 『日本外交史料館文書』 Reel 29(153156, MF 05025), 「金融部方針ニ關スル件 제75호」.
132) 일제의 금융대출은 토지상조문제와 맞물려 중국인 지주보다 한인에게 우선적으로 지급되었다. 즉 일제는 토지권을 소유하지 못한 상태에서 중국인 지주에게 토지를 담보로 할 수 없었다. 이것이 韓農과 중국인 지주 사이에 분쟁의 소지가 되었다(孫春日, 「日帝의 在滿韓人에 대한 土地政策 硏究-滿洲國時期를 中心으로-」, 韓國精神文化硏究院 博士學位論文, 1998, 65~66쪽).
133) 『日本外交史料館文書』 Reel 29(153156, MF 05025), 「間島在住鮮人ニ對スル金融機關設置ノ件(1920년 8월 10일)」.
134) 1916년 12월 琿春에서는 일본외무성과 조선총독부의 보조를 받은 朝鮮人公會가 설립되었다. 이 公會의 회원은 전체 한인 이주자 26,116명 가운데 800여 명이었다. 조직은 회장 1인(趙益亨), 부회장 2인(朴正和·高日燮), 평의원 10명과 서기 2명으로 구성되었다. 이 단체에서는 이주한인의 복지향상과 생활개선을 위해 사업을 추진한다고 선전하면서 代書業 등을 주된 사업으로 추진하였다. 특히 이 단체의 사업은 민회 사업과 중복되는 측면이 있었다(『日本外交史料館文書』 Reel 32(38630, MF 05028), 「移住朝鮮人ニ關スル調査ノ件(제239호)」).

무조직[136] 특히 理事 선임에 대해서는 일본외무성과 조선총독부 사이에 묘한 신경전이 펼쳐졌다.[137] 조선인 이사의 선출과 일본인 이사의 선출에 관하여 전자는 조선총독부에서, 후자는 일본외무성에서 각각 결정하였다. 왜냐하면 실질적인 대출업무는 이사가 관장하고 있었기 때문에 양자가 한인정책의 주도권을 잡기 위해 경쟁하는 바람에 이사 선임문제까지도 민감한 사안으로 대두되었다. 때문에 정책의 주체가 누구였는가에 따라 사업의 방향이 결정될 정도였다.

한편 금융부의 감독관할 규정을 보면, 금융부가 간도총영사관의 부속기관으로서 어떠한 기능을 수행하는지 명확하게 파악할 수 있다.[138] 즉 금융부는 독자적인 금융기관이 아니라 일본외무성·육군성, 좁은 의미에서는 일본 간도총영사의 직접적인 간섭을 받고 있는 특수한 금융기관이었다. 금융부 감독관할 규정은 총 27조로 구성되었는데[139] 그 가운데 총영사관의 부속기관임을 규정한 사항은 다음과 같다.

> 제1조 금융회가 그 업무를 개시하려고 할 때는 즉시 간도총영사관 및 금융회 소재지 관할 영사관에 보고할 것.
> 제5조 다음 사항에 대해서는 간도총영사의 허가를 받을 것. 첫째 업무·급여·복무 및 징계에 관한 규정 또는 변경, 둘째 적립금을 사용할 때, 셋째 대부금의 이자 보합을 정하거나 변경할

---

135) 『日本外交史料館文書』 Reel 29(153156, MF 05025), 「金融會規約」.
136) 『日本外交史料館文書』 Reel 29(153156, MF 05025), 「朝鮮人會施行細則」 참조.
137) 『日本外交史料館文書』 Reel 29(153156, MF 05025), 「金融會理事派定ニ關スル件(公信제308호, 1920년 9월 14일)」.
138) 김태국, 「'북간도' 지역 조선인 거류민회(1917~1929)의 설립과 조직」, 『역사문제연구』 4, 역사비평사, 2000 참조. 김태국은 1918년 민회 설립 요청이 당시 간도총영사 鈴木要太郞의 적극적인 제안에 의해서 이루어졌다고 지적하였다.
139) 금융회의 회칙·감독규정 등은 1920년 9월 이후 당시 간도총영사 대리인 界與三吉이 외무대신 內田康哉에게 여러 차례 보고하면서 수정·확정되었다(『日本外交史料館文書』 Reel 29(153156, MF 05025), 「金融會會則等改正案送付ノ件(機密 제312호, 1920년 9월 30일)」).

때, 넷째 재산목록에 기재된 재산의 가격을 증가시킬 때.
제7조 이사의 급료 및 수당은 재간도총영사가 이를 지시한다.
제8조 평의원회를 개최할 때는 개회 5일 전 회의의 목적 사항, 개회 일시와 장소를 금융회 관할 영사관에 신고하고 평의원에게 통지할 것.[140]

위와 같은 규정지침을 정하고 외무성·육군성·조선총독부가 협의한 결과 조선인민회 부속사업으로서 1922년 2월 4일 龍井村금융부(자본금 58,500)가 처음으로 설치되었으며, 2월 15일에 局子街금융부(자본금 42,819원), 2월 18일에 頭道溝금융부(35,000원),[141] 4월 1일에 琿春금융부(29,000원)가 설치되었다.[142] 1927년 百草溝와 1929년 天寶山에 금융부 출장소가 설치되었다.[143] 특히 천보산출장소의 경우에는 1920년대부터 본격적으로 증가한 일본인의 편의를 도모하고 나아가 동광채굴에 필요한 인적 자원을 확보하기 위해 설치한 것으로 판단된다.[144] 일제는 영사관의 지도·감독하에 상부지에 5개소, 상부지 밖에 13개소 등 도합 18개소의 민회 가운데 6개의 금융부를 설치하였다.[145]

---

140) 『日本外交史料館文書』 Reel 29(153156, MF 05025), 「金融會社務監督規定」.
141) 1927년 頭道溝의 영업상황을 보면 다음과 같다. 세입 金 14,000원 6전(내역 회비 10,291원 40전, 재산수입 100원, 수수료 265원 30전, 잡수입 401원, 전년도 이월금 2,442원 36전). 세출 金 14,000원 6전(내역 급여 3,908원 52전, 사무비 6백원, 회의비 200원, 잡비 600원, 교육비 824원, 위생비 1,579원, 授産勸業費 400원, 사회사업비 50원, 예비비 5,842원 56전). 민회 임직원은 다음과 같다. 회장 韓志堅, 주사 金碩柱 사무원 姜蘭靑·黃龍律, 의원 全應七·李東植·李寬燮·李明·劉碩宗·白羽鶴·朱漢明·金慶弼·千恭星·林德仁·金昌經 등이다(在間島日本帝國總領事頭道溝分館警察署, 『受持區域內及接壤地帶事情』, 53쪽).
142) 『齋藤實文書』 11, 190쪽 ; 『日本外交史料館文書』 Reel 29(153156, MF 05025), 「金融部業務開始ノ件(公信第96호, 1922년 2월 25일)」; 牛丸潤亮, 『最近間嶋事情』, 朝鮮及朝鮮人社, 1927, 263쪽 ; 『間島關係(開放及調査)』 1, 537쪽.
143) 『齋藤實文書』 11, 182쪽.
144) 1930년 민회는 35개에 달한다(『間島關係(開放及調査)』 1, 530~531쪽 ; 김택 주필, 『해방전 연변경제』, 19쪽).

또한 민회의 조직 관리를 엿볼 수 있는 규정은 다음과 같다.

제15조 대부금의 최고한도는 100원으로 한다.
제16조 대부금의 기한은 1년 이내로 한다. 단 특수한 사유가 있을 때는 그 일부를 반환하거나 또는 이자의 지불을 잠시 유예한다. 각 호의 자금으로서 부동산을 담보로 하는 경우에는 3년 이내의 정기상환 방법에 의거한다. 자작용지의 개량 또는 구입자금, 자작용 토지를 담보로 하는 舊債의 상환에 요하는 자금.
제18조 대부할 경우에는 확실한 보증인 2명 이상을 세우거나 담보물을 제공한다. 보증인으로서 금융회에 채무가 있을 때는 그 금융회에 대한 채무와 보증채무를 합하여 신용정도에 따라 그 정도를 초과할 경우에 한하여 보증인에게서 이를 받는다.
제19조 담보물을 징수하고 대부를 위한 금액은 금융회에서 감정한 담보평가액의 70% 이내로 할 것.
제20조 토지의 평가는 소재 면적 수확량 등을 조사하여 부근의 실제 매매가격을 참작하여 결정할 것.
제21조 부동산을 담보로 하여 징수할 경우는 상부지 내에서 매도증, 상부지 밖에서는 상조권(영속한 토지소유권) 설정 또는 상조권 양도계약에 관한 일체의 서류 및 매도인 또는 상조권 설정자, 동 양도인의 위임장을 첨부한 차용증서에 대한 영사관의 인증을 위임하여 이 경우에 부동산의 권리는 제1순위로 할 것을 요한다. 執照를 갖지 않은 田民에 대해서는 이 호주인이 지주 명의인에게 전민소유의 토지면적에 대한 설명서

---

145) 尾池禹一郎, 『滿蒙の米作と移住鮮農問題』, 147~149쪽.
146) 금융부의 대출조건은 표면적으로는 이주한인에게 부담이 적은 저리의 형태를 띠고 있으나 그 담보는 상당히 까다로운 조건을 제시하고 있다. 이는 일제가 상조권 및 집조(토지문서)를 매개로 조선인의 토지를 장악하고자 하였기 때문이다. 담보권이 설정되

류를 징수하고 또 호주인을 보증인으로 하지 않으면 대출을 할 수 없다.146)

제22조 담보로서 징수할 토지는 확실한 수익을 볼 수 있는 것에 한 한다.

제24조 대부금의 이자는 日割로서 계산하여 매월 이를 징수한다.

제25조 대부금의 연체이자는 대부금의 이자에 10분의 3을 가한 비율을 초과할 수 없다.

제26조 借主가 대부의 목적에 반하여 대부금을 사용할 때는 상환기한 전에 대부금의 상환을 청구할 수 있다.147)

위의 감독 규정 가운데 금융부의 가장 중요한 영업인 대출에 관한 규정은 담보 대출과 보증인 대출을 병행하고 있다. 특이한 것은 담보 대출 가운데 상조권을 담보로 하였다는 점이다. 상조권은 중일간에 첨예하게 대립하고 있는 문제였는데 여기에 이주한인의 상조권을 담보로 설정하였다는 것은 일제가 한인을 대륙침략의 수단으로 인식하고 있었음을 보여준다. 또한 연대보증인 문제도 매우 민감한 사안이었다. 즉 세금 문제도 이주한인에게는 과중한 부담이었다. 보증을 잘못 서는 경우 한인간의 갈등이 증폭될 수 있으며 동반 몰락하는 경우도 종종 있었다.148)

일본외무성의 금융부 사업실시에 대하여 현지 외무업무를 담당하고 있었던 간도총영사 대리 堺與三吉은 금융부 사업의 실행사항을 전면 재검토해야 한다고 주장하였다. 먼저 그는 조선인에게 거액의 대부를 할 경우 회수율이 저조할 수 있음을 우려했다. 또한 금융부가

고 기일에 상환하지 못한 토지에 대해서는 재산권 행사를 하기 위함이었다(金三民, 『在滿朝鮮人の窮狀と其の解決策』, 新大陸社, 1931, 77쪽).
147) 『日本外交史料館文書』 Reel 29(153156, MF 05025), 「金融會社務監督規定」.
148) 특히 과중한 세금은 한인의 생활을 더욱 곤란하게 하였다(金三民, 『在滿朝鮮人の窮狀と其の解決策』, 89~92쪽).

대부분 벽지에 있기 때문에 자금 도난과 '不逞鮮人'의 습격을 받을 수 있다고 하였다.[149] 경비의 과다지출을 예로 들면서 불가능한 사업이므로 근본적인 조직 변경도 제시했다.[150] 이러한 우려 속에서도 일제가 민회금융부 사업을 실시한 것은 한인사회의 통제를 강화하기 위함이었다.[151]

(2) 여신의 집중화와 한인사회의 통제

일제가 帝國議會에서 東拓의 법을 개정하면서까지 만주에 진출하고자 하였던 것은 자본주의를 완성하는 데 필요한 원료공급지를 확보하려는 의지의 반영이었다. 이러한 조건하에서 일본외무성과 조선총독부는 민회금융부를 통하여 한인에 대한 농업자금 대출을 전개하였다. 그렇다면 왜 일본외무성은 동척이라는 부동산 금융기관이 존재하고 있는 상태에서 별도로 민회금융부를 설치하여 이주한인의 경제적 신장을 이유로 저리대출을 전개한 것일까. 이는 강제적인 토지수탈기구로 각인된 동척에 비하여 광범위한 회원을 확보하고 있는 민회를 통해 대출업무를 실시할 수 있다는 판단이 섰기 때문이다.

간혹 금융부의 사업 실행에 대한 회의론이 나오기도 했지만 간도총영사관에서는 금융부를 통하여 '잠재적인 저항집단'인 한인사회를 통제하기 위한 저리대출을 단행하였다. 즉 일본외무성이라는 정치권력이 지출할 수 있는 비용의 한계를 대부조건의 강화를 통하여

---

149) 『日本外交史料館文書』 Reel 29(153156, MF 05025), 제347호(1921년 11월 17일). 堺 간도총영사는 "은행 또는 우체국 소재지를 벗어나 있는 것은 자금의 출입에 상당한 곤란을 겪을 뿐 아니라 송금이 위험하여 수송비용을 필요로 한다. 민회에서 현금을 보관할 때는 이자에 손실이 있다. 대출 상 불공평을 초래할 수 있다. 공관 소재지 각 민회의 금융사무를 취급하는 것은 불가능하다. 금융사무는 전문적 지식을 요한다" 등의 이유를 제시하면서 민회 사업의 재검토를 주장하였다.
150) 『日本外交史料館文書』 Reel 29(153156, MF 05025), 제347호(1921년 11월 17일). 즉 민회금융부를 독립기관으로 설치할 것인가 아니면 민회의 부설기관으로 둘 것인가에 대한 논쟁이 있었다.
151) 金正明, 『朝鮮獨立運動』 3, 379쪽.

상쇄할 수 있었다. 금융부 설치 당시 堺 간도총영사는 외무성에 대해 자신의 견해를 다음과 같이 피력하였다. "저항과 통제는 동전의 양면과도 같으니, 지나친 통제는 한인사회의 배일운동만을 고양시킬 것"이라는 요지였다.[152]

대출상황을 비롯한 금융부의 영업실태는 다음과 같다. 금융부에서는 주로 중농 이하에 대하여 100원 이하의 신용 또는 담보대출을 하였다. 대출요건은 2인 이상의 연대 보증하에서 평의원 회의를 거쳐 민회장이 조서를 작성하고, 다시 이사[153]에게 회부하면 이사가 이를 조사하고 대출을 시행했다.[154] 이사는 대출자의 신용 정도를 조사하여 대출의 적합 여부를 실질적으로 심사하였다. 때문에 소액 대출이라도 무산자에게 대부되는 경우는 거의 없었다.[155] 대출금리는 日步 4전 5리이며 연체이자는 日步 5전 8리였다. 싼 이자의 경우라 할지라도 穀價의 하락이나 흉년으로 원리금을 상환할 수 없게 되면 금융부에서 담보물을 회수하였다.

1922년 2월 용정촌 금융부가 설립되면서 본격적인 대출업무를 실시한 금융부는 당시 간도경제계의 불황으로 피폐한 농촌경제를 복구하는 한편 '간도출병' 이후 한인사회에 대한 강제적 통제를 실시하고자 하였던 일제의 정책을 계획대로 진행하였다.[156] 1922년 3월말

---

152) 『日本外交史料館文書』 Reel 29(153156, MF05025), 「金融部業務ニ關スル件報告, 機密제19호(1922년 7월 31일)」 참조.
153) 각 금융부 초대이사는 용정촌에는 조선총독부 소속 皆川連(뒤에 山本廣吉, 228圓), 국자가에는 韓源根(102), 頭道溝에는 金錫鍵(158), 琿春에는 三原舜一(99)이 임명되었으며 이들의 봉급은 평균 약 147원 정도였다(『日本外交史料館文書』 Reel 29(153156, MF 05025), 「金融部理事任命ノ件(公信제95호, 165호)」. 용정촌 금융부 이사의 봉급이 많은 것은 민회 가입회원 수가 가장 많은 곳이었기 때문이다. 또한 일본인 이사와 한인 이사의 봉급차가 상당하였음을 알 수 있다.
154) 川口忠 編, 『間島琿春及東海岸地方行脚記』, 大連小林又七支店, 1932, 84쪽; 『日本外交史料館文書』 Reel 29(153156, MF 05025), 「監督規定」.
155) 『日本外交史料館文書』 Reel 29(153156, MF 05025), 「對鮮人金融機關業務開始報告ノ件(機密제71호, 1922년 2월 9일)」.
156) 김태국, 「'북간도' 지역 조선인 거류민회(1917~1929)의 설립과 조직」, 『역사문제연구』 4, 259쪽.

현재 4개 금융부는 호구수 671口, 금액 35,445원으로 한 가구당 평균 52원을 대출했다.157) 금융부의 대출은 민회조직을 통하여 급속하게 진행되었으며, 간도총영사관에서는 "한인들이 帝國의 은택을 입었다"고까지 선전하였다. 이후 대출규모가 확대되면서 1922년 6월 현재 대출고는 용정 31,015원, 국자가 23,672원, 두도구 17,490원, 훈춘 10,200원 등 총 82,376원으로 자본금 10만 원을 육박하는 수준이었다.158) 따라서 금융부의 부실한 자본금을 유지하기 위해서는 다른 금융기관에서 자금차입이 절실히 요구되었다.159)

이와 같이 금융부는 중국인의 고리대에서 한인을 구제한다는 구실로 신속하게 대출을 시행하였다. 또한 일제로서는 간도에 급속하게 전파되고 있는 사회주의 사상이 열악한 경제상황에 놓여 있는 한인에게 확산되는 것을 막으려는 측면도 있었다. 이는 일본 본국의 금융 활성화 정책과 맞물려 취해진 조치였다.160)

한편 금리는 보통 채무자의 지위 재산과 담보물의 여하에 따라 결정되었기 때문에 다소의 차이가 있었다. 금융부의 금리는 100엔 대 日步 5錢으로 저리였다(100엔 미만이면 5분 내지 6분, 이상이면 4분 내지 5분 중국측). 이러한 금리는 한인의 입장에서 볼 때 1920년대 당시 중국인 지주와 고리대업자가 한인에게 부과했던 월 4분 내지 5분의 고율에 비하면 매우 저리였기 때문에 금융부의 대출을 받는 것이 당연했다.161)

1922년 12월까지 금융부의 대출금 총액은 1,500구에 84,192원으로, 원금회수성적은 양호하였다. 12월말 현재 대출기한이 완료되고

---

157) 『日本外交史料館文書』 Reel 29(153156, MF 05025), 「金融部開始後ノ槪況報告ノ件(公信제200호, 1922년 4월 14일)」.
158) 『日本外交史料館文書』 Reel 29(153156, MF 05025), 「金融部業務ニ關スル件報告(機密제48호, 1922년 7월 31일)」.
159) 『齋藤實文書』 11, 182~183쪽.
160) 皆川連, 「間島(金融經濟)」, 『日本外交史料館文書』 Reel 29(153156, MF 05025), 6쪽.
161) 皆川連, 「間島(金融經濟)」, 25쪽.

변제해야할 26,434원 가운데 24,909원이 회수되었고, 미상환액은 1,525원이었다. 이자수입 상황은 용정 4,452원 74전, 국자가 2,943원 57전, 두도구 2,096원 43전, 훈춘 1,375원 45전 등 총 10,838원 19전이었다. 용정촌의 이자수입이 가장 많았던 것은 이곳이 상업의 중심지역이었으며 한인이 가장 많이 거주하였기 때문이다. 다음은 대출금의 사용 용도를 정리한 것이다.

[표-2-7] 1922년 12월말 대출금 사용내역(단위 : 엔)

지역 용도	용정촌		국자가		두도구		훈춘		합계		
	구수	금액	구수	금액	구수	금액	구수	금액	구수	금액	비율
자작용 토지구입	157	10,223	144	9,465	60	3,080	38	2,243	369	25,011	29.7
토지개량	4	200	6	300	1	60	1	100	12	660	0.78
토지개간	13	620					7	410	20	1,030	1.22
농우구입	235	12,877	187	9,480	249	12,487	123	6,805	794	41,649	49.5
농마구입	9	530	6	450	11	485	3	160	29	1,625	1.93
인부용임	1	50							1	50	0.06
농구구입			18	895	3	160	1	100	22	1,155	1.36
양식구입	7	430	11	480	6	235	7	300	31	1,445	1.72
종자구입					1	20			1	20	0.02
주택건축	32	2,181	57	3,154	44	2,450	4	320	137	8,105	9.63
상품구입	30	2,150	8	452	1	100			39	2,702	3.20
구채상환	5	250			4	160	1	20	10	430	0.51
부업자금	4	260	0	0	1	50	0	0	5	310	0.37
합계	497	29,771	437	24,676	381	19,287	185	10,458	1,470	84,192	100

* 『日本外交史料館文書』Reel 29(153156, MF 05025),「金融狀況」.

[표-2-7]에서 알 수 있듯이 대출금은 대부분 농우와 토지구입에 집중되어 있다. 토지에 대한 자금수요의 경우 금융부의 대부취지는 한인 소작농에 대한 편익을 제공하기 위한 것이라고 하였다. 그런데 일제는 소작농에게 토지매수자금과 농우구입자금으로 대부금을 제공하고 이를 회수할 때 토지를 회수한 것으로 생각된다. 이유는 한인

들이 현금으로 상환할 때 흔히 농작물의 작황에 따라 상환능력이 결정되므로 대출금을 쉽게 상환하지 못하는 경우가 많았다. 또한 원칙적으로 담보물은 토지 문서였기 때문에 한인이 변제능력을 상실하였을 때 이를 차압당할 수밖에 없었다.[162]

1922년 12월말 금융부의 수지상황은 이자 10,845원 59전, 지출 14,570원 27전, 지출초과 3,724원 68전이었다. 조선총독부에서는 미리 금융부의 결손 보급금으로 1922년도에 12,000여 원의 예산을 편성하였다. 1923년에 들어와 설립 당시보다 많은 대출신청자들이 있었으며 상부지에서 멀리 떨어진 오지까지 금융부의 영역을 확대하여 영농준비기에 자금부족 현상을 타개한다는 이유로 대출을 시행했다.[163] 한편 한인들은 금융부 자금을 상환하기 위해 중국인 지주에게 고율의 이자를 지불하고 자금을 차용하였다.[164]

1923년부터 1925년까지 영업상황을 보면, 먼저 1923년 12월에는 총 90,162원 50전을 대출했다. 총 원리금 상환액이 22,510원이었는데, 그 가운데 19,588원을 회수하였으며 2,922원의 연체대금이 발생하였다. 또한 이자수입은 2,313원 45전이며 신규대출은 23,035원이었다. 1924년에는 총 126,317원을 대출하였다. 원리금 상환액 35,615원 가운데 26,897원이 회수되었으며 8,717원 50전이 연체되었다. 이자수입은 2,799원이었으며 신규대출은 28,047원이었다. 1925년 4월에는 총 171,375원을 대출하였으며 이때 연체액수는 940원이었다.[165] 이와 같이 금융부는 자기자본에 비하여 대출비중이 상

---

162) 담보물의 회수에 대해서는 금융부 업무 감독규정에 명확히 나타나 있다(『日本外交史料館文書』 Reel 29(153156, MF 05025), 「金融會業務監督規定」).
163) 『齋藤實文書』 11, 183쪽.
164) 이에 堺與三吉은 외무성에 금융부의 조직을 확대하여 '이주한인의 처우'를 개선할 것을 건의하기도 하였다(『日本外交史料館文書』 Reel 29(153156, MF 05025), 「對鮮人金融機關業務開始報告 ノ件(機密제71호, 1922년 2월 9일)」).
165) 『日本外交史料館文書』 Reel 29(153156, MF 05025), 「金融部業務 ノ件, 公信제10호·公信제868호」 참조.

당히 증가하고 있었다. 이는 금융부의 사업이 경제적 논리에 의한 것이라기보다 정책적인 측면이 강하게 작용하고 있다는 것을 반증한다. 1923년 2월 현재 각 금융부의 사업은 국자가지역을 제외하고 모두 적자 운영이었다. 이러한 가운데 지속적으로 한인에 대하여 低利로 자금을 대출한 것은 금융기관의 영업이익을 창출하는 표면적인 현상은 아니며 경제 외적인 의도가 깔려 있음을 의미한다.[166]

금융부의 예금은 당좌예금과 정기예금 위주였는데, 실적은 그다지 좋은 편이 아니었다. 금융부는 농업금융기관이면서 주로 대출업무를 담당하고 있었기 때문에 일반인들의 예금 예치율은 높지 않았다. 금융부는 조선은행 용정출장소에 당좌예금을 예치하면서 자산을 운용하였다.[167] 다음은 1928년 금융부의 자금회수와 이자수입 및 연체상황을 정리한 것이다.

[표-2-8] 금융부의 자금회수와 이자수입현황(단위 : 엔)

내역 지역	12월 기한분		회 수 분		연 체		이 자 수 입		신 규 대 출	
	구수	금액	구수	금액	구수	금액	구수	금액	구수	금액
龍井村	955	55,472	773	43,997	182	11,475	3,144	6,926.74	850	49,120
局子街	425	21,880	295	14,565	130	7,315	1,046	3,059.63	432	23,435
頭道溝	331	16,794	298	14,920	33	1,874	878	1,800.88	173	8,490
琿春	214	15,980	114	8,070	100	7,910	424	1,754.77	130	8,830
百草溝	127	7,475	114	6,904	13	571	358	1,003.46	156	9,105
計	2,052	117,601	1,594	88,456	458	29,145	5,850	14,545.48	1,74198,	980

* 『齋藤實文書』, 184~185쪽.

[표-2-8]에서 알 수 있듯이 각 호수의 평균자금회수율은 75%이다. 이자수입보다 연체율이 높은 편이다. 이렇듯 금융부의 대출 상환금

---

166) 『日本外交史料館文書』 Reel 29(153156), 「朝鮮人民會金融部業務狀況報告ノ件(公信제 162호)」.
167) 『日本外交史料館文書』 Reel 29(153156, MF 05025), 「間島琿春各金融部事業報告書 提出ノ件(公信제474호)」.

가운데 연체대금이 상당액 발생하고 있다. 이유는 첫째, 농산물의 수확량이 일정하지 않기 때문이다. 특히 旱魃을 입었을 때, 또는 곡가가 폭락하였을 때 연체가 발생하는 경우가 상당히 많았다.[168] 둘째, 천재지변으로 인한 통신두절이다. 셋째, 식량사정이 여의치 않아 변제할 능력을 상실하였을 때도 마찬가지였다. 또한 중국인의 만주 이주증가와 중국 당국의 한인 驅逐을 들 수 있다.[169] 이는 금융부가 '여신의 집중화'로 인한 한인의 상환능력을 고려하지 않고 오로지 간접적인 토지 매수를 목적으로 하였기 때문에 발생한 현상이다. [표-2-9]는 1926년의 대출 현황과 대출금 사용 용도를 정리한 것이다.

[표-2-9] 1926년 12월 대출금 사용내역(단위 : 엔)

지역 용도	용정		국자가		두도구		훈춘		계		
	구수	금액	구수	금액	구수	금액	구수	금액	구수	금액	비율
자가 토지구입	505	31,171	258	12,624	134	7,030	351	23,906	1,248	74,731	31
토지개량	1	70							1	70	0.03
토지개간	4	280			2	80	46	2,900	52	3,260	1.35
농우구입	1,138	56,746	510	23,607	679	30,511	183	10,352	2,510	121,216	50.3
농마구입	9	518	5	234	2	70	7	438	23	1,260	0.53
인부용입	6	330	5	215					11	545	0.23
농구구입	1	50	9	420	6	310	15	930	31	1,710	0.71
식량구입	8	465	26	993	11	750	19	890	64	3,098	1.29
종자구입	8	520	32	1,345	3	115	10	365	53	2,345	0.97
주택건축 품구입	40	2,625	82	4,628	25	1,270	40	3,145	187	11,668	4.84
구채상환	18	2,269	74	4,226	5	330	4	290	101	7,115	2.95
부업자금	6	470	16	884	1	100	2	120	25	1,574	0.65
수리구입 자금							8	370	8	370	0.15
합 계	1,819	101,119	1,068	52,986	887	42,366	697	44,538	4,471	241,009	100

* 牛丸潤亮, 『最近間嶋事情』, 263~264쪽.

---

168) 皆川連, 「間島-金融經濟」, 『日本外交史料館文書』 문서번호 153156, 9쪽.
169) 김춘선, 「'북간도' 지역 한인사회의 형성 연구」, 246~247쪽.

민회금융부의 대출은 자가토지구입과 農牛구입에 약 80%를 사용하고 있다. 이주한인에게 농우는 중요한 노동력 절감 기능과 재산증식 수단으로 인식되었기 때문에 대출 비율에서도 압도적으로 많은 비중을 차지하였다. 즉 농우는 적은 생산비용을 가지고도 많은 잉여가치를 창출할 수 있는 생산수단이었다.[170] 특히 頭道溝 경우에는 전체 대출금의 72%를 농우구입에 사용했다. 이는 이 지역이 용정·국자가보다 농촌지역이기 때문에 농가의 중요한 자산인 농우구입에 훨씬 적극적이었던 것으로 짐작된다.[171]

한편 금융부 대출의 특징은 주로 중산계급 이하의 농민에 대하여 100원 이하의 신용 혹은 담보 대출에 있었다. 대출은 2인 이상의 연대보증하에서 참의원의 손을 거쳐 조선인민회장에게 제출하면 민회장이 조서를 작성하여 금융부 이사에게 회부하고, 다시 이사가 이를 사정하여 시행되었다.[172] 대출 이율은 日步 4전 5리, 연체이자는 日步 5전 8리이다. 대출조건은 담보대출과 신용대출을 원칙적으로 정하고 있지만 실질적으로 담보대출만을 행하고 있었다. 대부금 총액은 1922년말 84,119원이었는데, 1930년에는 698,737원으로 7년간 약 5.7배 이상 증가하였다.[173]

---

170) 東拓, 『間島事情』, 427~434쪽.
171) 在間島日本帝國總領事館頭道溝分館警察署, 『受持區域內及接壤地帶事情』, 1928, 25·29쪽.
172) 金正柱, 『朝鮮統治史料』 10, 366쪽.
173) 川口忠, 『間島琿春北鮮及東海岸地方行脚記』, 83쪽.

Ⅱ. 農業金融機關의 설치와 운영

[표-2-10] 1930년 금융부 대출금 사용내역(단위 : 엔)

지역 용도	龍 井		局子街		頭道溝		琿 春		百草溝		계		
	구수	금액	구수	금액	구수	금액	구수	금액	구수	금액	구수	금액	비율
자가 토지구입	1,591	90,987	1,390	73,485	322	16,635	609	57,727	375	24,302	4,287	263,136	37.7
토지개량	6	500	19	4,480			16	1,157			41	6,137	0.88
토지개간	5	485	1	40			64	4,151	45	3,310	115	7,986	1.14
농우구입	1,603	77,167	987	45,878	1,345	60,265	430	19,469	602	32,069	4,967	234,848	33.6
농마구입	4	290	3	135	1	40	12	430	1	80	21	975	0.14
인부용입	40	2,230	1	70			18	1,003	1	60	60	3,363	0.48
농구구입	7	500	21	1,230	5	220	32	1,484			65	3,434	0.49
식량구입	45	3,151	128	8,279	624	27,018	149	6,607	19	1,098	965	46,153	6.62
종자구입	2	180	1	40	1	50	9	235			13	505	0.07
주택건축 품구입	40	2,550	32	3,995	43	2,870	30	1,605	18	1,130	163	12,150	1.74
상품구입	29	2,113	58	4,695	27	2,307	33	2,910	28	2,185	175	14,210	2.03
구채상환	378	24,902	379	23,891	92	4,335	550	33,411	27	1,755	1,426	88,294	12.6
부업자금	14	990	0	0	6	310	3	170	9	460	32	1,930	0.28
수리자금	1	50	2	400	7	330					10	780	0.11
수리구입 자금	17	1,035	0	0	0		298	13,801			315	14,836	2.12
합 계	3,782	207,130	3,022	166,618	2,473	114,380	2,253	144,160	1,125	66,449	12,655	698,737	100

* 川口忠, 『間島琿春北鮮及東海岸地方行脚記』, 大連小林又七支店, 1932, 83쪽 ; 天野元之助, 『間島に於ける朝鮮問題に就いて』, 中日文化協會, 1931, 26~27쪽.

위의 표에서 알 수 있듯이, 대출업무 실시 이후 대출 규모는 지속적으로 확장되었다. 대출용도상의 특징은 농우구입이 감소한 데 반해 토지구입 대출이 증가하였으며, 구채상환 대출이 거의 10배 가량 증대되었다. 즉 이전에 농우구입에 가장 많이 지출되던 자금이 점차 토지구입으로 전환되고 있는 것이다. 또한 이를 1922 · 1926년의 대출금 사용과 비교하였을 때 구채상환에 많은 자금을 사용하였음을 알 수 있다. 이는 연체이자의 증가와 이를 상환하기 위하여 중국인 지주에게 고리 자금을 차용하였기 때문이다. 즉 저리대출과 고리자본의 상반된 악순환이 지속되었다.[174]

한편 예금 이율을 보면 정기예금은 8分, 당좌는 日步 1전 7리이며,

예금총액은 1930년 3월말 현재 317,718원에 달하였다. 예금 업무는 용정과 같은 상부지에서는 용이하게 이루어졌으나 그 외의 지역은 지리적 불편함 때문에 원활하게 수행되지 못하였다. 송금 사무는 교통이 불편하여 금전 휴대 여행시 한인 및 일본인의 요청으로 1928년 10월 1일부터 용정금융부에서 일괄적으로 처리되었다.[175] 다음은 1930년초 금융부의 예금업무 상황을 정리한 것이다.

[표-2-11] 1930년 예금업무 상황(단위 : 엔)

내역 지역	전월말 예금		본월말 예금		본월중 불		본월말 현재	
	구수	금액	구수	금액	구수	금액	구수	금액
龍井	403	103,356	462	22,974	163	19,898	428	106,431
天寶山	21	3,660	28	2,561	9	1,258	22	4,969
局子街	329	73,221	339	20,617	87	17,706	332	76,132
嘎哦河	41	1,391	75	1,005	21	350	44	2,047
頭道溝	225	37,552	237	11,269	63	10,044	215	38,777
琿春	337	55,081	248	33,763	197	24,329	343	64,515
百草溝	176	32,881	77	5,059	49	6,076	173	31,863
계	1,532	307,142	1,466	97,248	589	79,661	1,557	324,734

* 川口忠, 『間島琿春北鮮及東海岸地方行脚記』, 大連小林又七支店, 1932, 85쪽.

[표-2-11]에서 한인의 예금율이 대출금의 규모보다 작은 것으로 나타나는 것은 그만큼 한인의 경제력이 미약하였기 때문이다.[176] 한인은 취약한 경제적 토대하에서 차금으로 농업경영을 할 수밖에 없었다. 또한 금융부 소재지 이외 지역의 한인들은 예금을 하지 않거나 거액의 현금이 있더라도 토지구입에 사용하였기 때문에 예금율은 저조할 수밖에 없었다. 한인의 금융부 대출금액은 겨우 10여 원, 20여

---

174) 金三民, 『在滿朝鮮人の窮狀と其の解決策』, 77~78쪽.
175) 川口忠, 『間島琿春北鮮及東海岸地方行脚記』, 大連小林又七支店, 1932, 86쪽. 1929년의 송금액수는 총 64,671원 52전에 달하였다.
176) 牛丸潤亮, 『最近間嶋事情』, 264쪽.

원이라고 하는 1인당 평균 50원 미만의 소액자금이 융통되었다. 특히 대출금을 받은 한인은 민회 입회 46,500호에 대하여 12,000호로 약 25%에 지나지 않았다.[177] 대출금을 받은 한인은 전체의 10% 정도였다. 그러므로 간도총영사관이 주장하듯이 영세농에 많은 혜택이 돌아갔다고 판단하는 것은 무리이다.[178] 이러한 가운데 상당수 한인들은 그들의 자금축적 수단인 契와 지주의 金貸業을 통하여 자금을 조달하였다.[179] 당시 한인들은 일제의 구제사업과는 무관하게 상당수가 한 달에 약 2엔의 생활비로 생계를 유지하는 열악한 상황이었다.[180]

이러한 가운데 대부금을 받은 한인은 한 달에 한 번 신축가옥이나 농우구입 상황을 점검받는 등 통제가 강화되었고,[181] 한편 영사관은 민회금융부의 사업을 보다 원활하게 추진하기 위해 일본경찰이 다수 충당되어야 한다고 주장하였다.[182] 이와 같이 일제가 한인 경제력 향상을 위해 대출사업을 전개한다고 주장하였지만, 이는 실질적으로 한인사회에 대한 효율적인 통제를 실행하려는 하나의 전략적 사업이었다. 요컨대 자기자본 비율보다 훨씬 많은 대출업무를 담당하던 금융부 사업은 '여신의 집중화' 현상이라는 식민지적 특징을 그대로 노출하였다. 따라서 한인들의 약 30% 정도는 변제능력을 상실하여 담보물인 執照를 금융부에 이전할 수밖에 없었다.

---

177) 天野元之助, 『間島における朝鮮人問題に就いて』, 25~27쪽.
178) 일제는 금융부의 대출자금이 간도지역 한인의 자금소통을 원활하게 하였다고 주장하였다(『齋藤實文書』 11, 182~183쪽).
179) 殖産貯金契·婦人貯金會 등 규모는 작지만 이를 통하여 한인들은 운전자금을 확보하였다(皆川連, 「間島-金融經濟」, 『日本外交史料館文書』 Reel 29(153156, MF 05025), 26~28쪽).
180) 『日本外交史料館文書』 Reel 32(38630, MF 05028), 「朝鮮人移住狀況ニ關スル件」.
181) 『동아일보』 1923년 12월 31일 「間島農村」.
182) 『동아일보』 1923년 11월 28일 「北間島의 日本警察」.

3) 자금조달과 토지수탈의 가속화

금융부의 사업 성격 상 자금조달은 외부 차입금으로 충당되고 있었다. 이는 금융부가 업무상 예·대금이 자유롭게 이루어지는 금융기관이라기보다는 정치적 색채를 띤 기구였기 때문이다. 금융부는 1925년 간도지역의 旱害 구제자금으로 외무성에서 5만 원을 증자받고 이 해 다시 동척에서 10만 원을 차입하였다.[183] 왜냐하면 일부 중간상인들의 매점매석으로 곡가가 폭등하여 이주한인의 생계가 곤란한 지경에 이르렀기 때문에 월 5~6분의 고리대를 쓰고 있는 상황이 발생하게 되었다.[184]

한편 금융부는 대출금을 고정시키고 자금을 융통하지 않아 소액 대출도 할 수 없는 상황에서 20만 원의 구제자금을 증자하려고 하였다. 이 자금 가운데 10만 원은 1926년 饑民구제금과 같은 방법 및 조건으로 東拓·滿鐵과 東亞勸業株式會社[185]에서 차입한 것이다. 또한 일본외무성과 조선총독부는 한인을 구제한다는 취지로 각각 5만 원을 금융부에 대한 보조금 형식의 출자를 강구하였다.[186] 금융부는 1928년 조선 내 旱水害 이재 간도이주민 구제자금으로 동아권업주식회사에서 다음 해 20만 원을 차입했다.[187] 따라서 1930년 금융부의 자산은 자본금보다 차입금의 규모가 3배 정도 많았다.[188] 그러나

---

183) 1925년 8월 간도지역의 농산물 수확량은 전해에 비하여 약 35% 이상이 감소하였으며 이로 인해 민심이 매우 불안정하였다(『日本外務省特殊調査文書』16, 152~155쪽).
184) 『日本外務省特殊調査文書』16, 161쪽.
185) 東亞勸業株式會社는 일제가 만주에서 토지경영을 보다 원활하게 하기 위하여 설립한 회사이다. 1922년 1월 20일 이른바 水田개간과 在滿韓人을 지도·보호한다는 명목으로 滿鐵·東拓·大倉組가 공동출자하여 奉天에 설립한 회사이다. 회사의 자본금은 설립시 2천만 원이었으며 주식은 액면가 50원으로 40만주였다(손춘일, 「일제의 재만한인에 대한 토지정책연구」, 227~228쪽).
186) 『齋藤實文書』11, 333쪽.
187) 『間島關係(開放及調査)』1, 538쪽 ; 『齋藤實文書』11, 109쪽.
188) 자본금 175,000원, 적립금 102,690원, 차입금 344,827원, 예금 340,605원 합계 963,122원이었다.

간도총영사관의 상급기관인 일본외무성의 출자금은 1년간 600원 내지 1,000원 내외였다. 이는 일본외무성의 자금 영향력이 東拓이나 동아권업주식회사보다 미약하였음을 의미한다.

한편 간도총영사 鈴木要太郞은 금융부 사업이 '순조롭게' 진행되고 있으므로 조선총독부에 사업자금을 융자해 줄 것을 요청하였다. "첫째 금융부는 영사관의 관할 受持區域 내에서 각 조선인민회 공용으로 관헌의 보호하에 있는 지정금융기관이며, 둘째 借主의 신용 및 대출금액의 사정 등은 주로 그곳 민회장의 조사·보증을 골자로 하며, 셋째 대출금은 하층민 금융기관의 성격상 1가구 100원 이하와 실제 평균 50원 내외를 내규로 하고, 넷째 종래 구제회에서 취급한 대한인 구제 대출업무로부터 채무상환상의 좋은 성적이 유지되고 있으므로 5개 금융부에 대하여 15만 원의 저리자금을 차관"하고자 하였다.[189]

금융부의 사업이 진행되면서 대출금의 지속적인 증가로 인하여 자기자본을 잠식하게 되었으며 이로 인한 증자는 당연한 것이었다. 또한 鈴木要太郞은 다음과 같이 민회사업의 어려움을 토로하면서 자금 출자를 외무성에 요청하였다.

농사경영과 개척자금의 융통을 목적으로 하는 금융부의 소액 사업은 이주한인의 경제를 원조하는 데 있었습니다. 그러나 1924년 6월말 현재 대출원리금이 425,022원에 달하였으며 자금증가에 따라 조선총독부에 의뢰하였고 東亞勸業株式會社와도 교섭하였는데 금융부는 법인의 자격을 갖추지 않아 동회사로부터 자금융통을 받는 데 어려움에 봉착하였습니다. 이에 1924년 9월 구제회 자금 5만여 원을 연 7

---

[189] 『日本外交史料館文書』 Reel 29(153156, MF 05025), 「金融部ノ資金增額方朝鮮總督府ヘ依賴ノ可否伺出ノ件(機密 제200호)」, 1923년 6월 26일. 일제는 자금증자에 대한 끊임없는 노력을 기울였다. 이는 초기 자본금을 가지고는 원활한 업무를 진행하는 데 많은 어려움이 따른다고 판단하였기 때문이며 이에 유관기관에 증자를 요청하기도 하였다.

보 이자로 금융부에 대부하여 일시적으로 운전자금에 융통하였습니다. 그리고 이제 琿春을 제외한 모든 금융부는 손실을 보고 있기 때문에 증자가 더욱 필요하였습니다. 따라서 총독부에서는 자금을 융통할 방법을 찾아주었으면 합니다.[190]

이에 따라 1925년 조선총독부에서 2만 5천 원, 외무성에서 1만 원이 증자되었다.[191] 이러한 가운데 조선총독부 내무국에서는 금융부의 영업상황을 규찰하여 奉天에 있는 東亞勸業公社에서 자금 차관을 위한 사단법인조합을 만들려고 하였다. 그러나 동아권업공사에서 금융부의 사업이 영세 한인을 위해서는 적합한 방법이 아니며 조합을 조직하면 대출을 조합원으로 제한하여 실시하기 때문에 한인에게 광범위한 대출을 실시할 수가 없다고 지적했다. 제한적인 대출을 실시하였을 때 한인사회의 통제 차원에서 파생되는 문제점이 적지 않을 것이기 때문이었다. 첫째, 금융부의 설치목적을 영세농에 대한 경제적 신장을 도모하는 데 있다고 선전했던 간도총영사관의 입장이 매우 난처해지며 정책의 일관성을 상실하여 자칫 한인들의 배일감정만 제고시키는 결과를 초래할 수도 있었다. 둘째, 광범위한 지역에까지 한인에 대한 통제력을 행사하기 위해서 사단법인을 조직하려고 하였다.[192] 금융부 문제에 대한 일제 각 기관의 입장차이를 엿볼 수 있는 대목이다.

금융부의 대출업무는 자금확보가 선행되어야 하지만 농업금융업무의 특성상 자금회전율이 떨어지고 한인의 경제적 상황이 열악하여 어려움을 겪은 것도 사실이다. 그러나 본질적으로 금융부 사업의 목적이 한인의 토지문서를 이용한 토지매수에 있었듯이 일본 국내 경제의 불

---

190) 『日本外交史料館文書』 Reel 29(153156, MF 05025), 「民會金融部ニ增資方申請ノ件(機密 제304호)」.
191) 金正柱, 『朝鮮統治史料』 10, 330쪽.
192) 『日本外交史料館文書』 Reel 30(153156, MF 05026), 「機密 제66호」.

황 속에서도 지속적으로 추진되었다. 이와 같은 상황에서 금융부는 한인 민회원을 주축으로 한 局子街貿易株式會社를 설립하였다. 이 회사를 설립하기 위하여 금융부는 동척에서 8만 원을 조달했다. 또 일본 본국과 직수출입 무역을 담당하였으며 본점은 국자가에 두었다.[193]

이주한인의 대부분은 가옥 신축과 농우구입 등에 필요한 자금을 차입하였으며, 또 수확기까지 호구를 잇기 위해 차금하였기 때문에 많은 부채를 지고 있었다. 이들은 각 가구당 월 5~6분의 고리대로 고통을 겪었다. 이는 자작농도 마찬가지였다. 또한 농민과 고리대업자 사이에는 일종의 중개인이 개입하여 수수료를 착취하였다. 식량부족으로 차입한 곡물을 金으로 환산하여 수확 후 비쌀 때의 환산금에 따라 곡물을 반환하기 때문에 1석을 빌리면 2석 내지 3석을 반환했다.[194] 때문에 간도 이주한인은 중국인의 고리대로 인하여 참담한 생활을 영위할 수밖에 없었다.[195]

이와 같이 고리대자본에 대하여 금융부는 저리대부를 실시하고 신용조합적 기능을 담당했다.[196] 앞에서 언급하였듯이 한인은 대출금 대부분을 토지와 畜牛 구입에 사용하였다. 대출금의 대부분이 고정자본에 있었기 때문에 자금의 회전이 늦고 그에 따라 부채가 증가할 수밖에 없는 상황에 놓이게 되었다. 농업생산에 필요한 제반 여건이 성숙되지 않은 상태에서 대출금 증가는 오히려 원금을 감소시켰다.[197] 또한 농업경영에 의하여 자기자본이 축적된 것도 결국은 차입금에 의한 축적이었기 때문에 한인은 경제적으로 발전할 수 있는 토대를 점차 상실해 갔다.[198]

---

193) 『日本外交史料館文書』 Reel 29(153156, MF 05025), 「局子街貿易株式會社成立ノ件(公信第201호)」.
194) 金正明, 『朝鮮獨立運動』 5, 520쪽.
195) 秋憲樹, 『資料 韓國獨立運動』 4(下), 1375쪽.
196) 金正明, 『朝鮮獨立運動』 5, 520쪽.
197) 金正明, 『朝鮮獨立運動』 5, 521쪽.
198) 金正明, 『朝鮮獨立運動』 5, 521~522쪽.

금융부를 이용하기 위한 첫째 요건은 먼저 민회에 입회해야만 하였다. 일제는 자금을 보통 日步 5전 이하의 금리로 빌려주기 때문에 한인들에게 큰 은혜임을 강조하였다.[199] 이러한 금융부 사업 역시 자금회수가 쉽지 않은 경우가 있어 대출자금이 부족하기까지 하였다. 따라서 대출심사는 더욱 엄격해졌다. 각 마을마다 민회의 참의원을 두고 회수 성적이 부진한 마을에 대해서는 대출을 중단함으로써 대출 희망자는 借手人의 상환을 감독하였다. 대출금에 대한 안전장치로 금융부에서는 대출을 받으려는 자에게 보증인 2인 이상을 요구했다.

　1927년 5개 금융부 가운데 한인 전체 호수 대 대부호수 비율은 약 10%이며, 국자가 금융부가 14%로 최고인 반면 두도구는 7%로 가장 낮았다.[200] 그러나 일제는 대출을 받은 자가 총 호수의 약 1할을 넘고 1구 평균 53원에 이르며 점차 자작농이 증가하였다고 선전하였다. 이는 한인사회에 대한 토지수탈의 여론을 환기시키기 위한 방략에 불과했다. 그러나 금융부 사업이 개시된 지 7년만에 자기자본보다 많은 액수를 대출한 것이 단지 이주한인의 열악한 경제환경을 구제하기 위함은 아니었다. 더욱이 당시 地價를 감안할 때 소액 대출로는 토지매수가 상당히 어려운 실정이었다. 따라서 친일 인사에게 대부금이 집중되었음을 짐작할 수 있다. 이는 일제가 한인을 대륙침략의 첨병으로 인식하였으며 금융부의 활동은 이들을 이용하기 위한 최소한의 경제적 '원조'라고 볼 수 있다.[201]

　한편 간도봉기로 금융부 사업이 위기를 맞게 되자 1931년 금융부에서는 窮民구제대출 자금을 증액하였다.[202] 자금운영은 조선총독부와 일본외무성의 하부금에 의존했다. 그러나 일제가 주장하는 영

---

199) 近藤三雄, 「間島地方に於ける鮮農經濟狀況」, 『滿鐵調査月報』 11-9, 1931, 82쪽.
200) 金正柱, 『朝鮮統治史料』 10, 637~638쪽.
201) 심여추, 『연변조사실록』, 1933, 64쪽.
202) 『齋藤實文書』 11, 329쪽.

세농민을 구제하기 위한 방법으로 구제적 자금은 회수자금에 비하여 연체자금이 더 많았다. 이러한 연체금은 금융부 사업을 압박하였을 뿐만 아니라 한인사회에서도 큰 문제로 남게 되었다.[203]

요컨대 일제가 적자를 감수하면서 금융부의 사업을 진행하였던 것은 그들이 선전하고 있었던 이주한인의 경제적 구제였다기보다는 본질적 의미에서는 이주한인의 경제적 첨병 역할을 강조한 것이었다. 1927년까지 금융부의 대출금은 이주한인 전체에 대하여 약 10% 정도였다.[204] 이러한 수치는 다름아니라 극히 제한된 이주한인들만이 대출금의 '혜택'을 받았다. 한인들은 생존을 위하여 금융부의 자금을 차입할 수밖에 없었으며, 이는 일제의 금융부를 통한 한인사회 통제가 어느 정도 성과 거둠을 의미한다. 즉 일제는 구제자금으로 이주한인의 경제적 기반을 잠식하고 나아가 이를 매개로 토지수탈을 보다 원활하게 추진할 수 있었다.

---

203) 金三民, 『在滿朝鮮人の窮狀と其の解決策』, 145쪽.
204) 朝鮮總督府內務局社會課, 「滿洲及西比利亞地方ニ於ケル朝鮮人事情」; 金正柱, 『朝鮮統治史料』 10, 639~640쪽.

Ⅲ. 일본상권의 확대와 금융기관의 설치

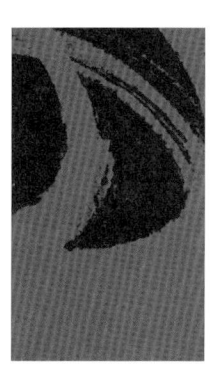

1. 무역구조의 변화와 對日從屬化

1) 淸津港루트 개발과 무역구조의 재편

　일제의 무역·금융정책은 철도와 같은 기간산업 확충과 군사시설 설치를 병행하면서 진행되었다. 1910년대 초반 일본은 원시축적 단계를 극복하지 못한 상태에서 해외무역 특히 유일한 수출초과이윤 획득지역인 만주에 대한 독점적 지위를 확보하기 위한 금융정책을 전개하였다. 일제의 무역정책은 대륙침략정책을 추진하는 과정 속에서 자본주의의 확립뿐만 아니라 이주한인의 실생활과 직결된 매우 중요한 사안이었다. 따라서 여기에서는 무역정책이 어떠한 방식으로 전개되었는가를 명확하게 규명할 필요가 있다. 대부분 농업에 종사하고 있던 한인에게 자본제적 상품의 침투는 그들의 경제생활을 위축시키거나 궁핍하게 하는 요인이었기 때문이다.

　일제는 만주를 그들의 상품판매시장과 원료공급지로 인식하였으며 이를 실행하기 위하여 각종 경제정책을 실행하였다. 이러한 경제정책 가운데 이른바 아시아의 패권국가로 탈바꿈하기 위한 기초작업이 금융의 재편이었다. 일제는 경제적 이익을 위해 철도·토지·금융분야를 완전히 장악하여 배타적이며 독점적인 경제블록(권)의 건설을 구상하였다. 특히 간도지역은 일제의 군사적·경제적·정치적 특수 지역으로서 러시아의 세력을 제어할 수 있는 하나의 완충지였다. 이러한 가운데 일제는 식민지 초과이윤을 극대화시키기 위하여 이른바 '엔블록'을 추진하였다. 화폐의 통일을 기하고 이를 통하여 상인들의 무역활동을 더욱 촉진시키며 나아가 결제수단으로써 일본화폐의 가치를 절대적인 기준으로 삼으려 하였다. 제1차 세계대전을 기점으로 일제는 채무국에서 채권국가로 상승되면서 중국에 대한 '통화테러'를 더욱 강력하게 자행했다. 이는 러시아 화폐의 가치하락과 중국 官帖이 불환지폐로 전락되는 등 동북아 국제상황이 일제에게 매우 유리하게 전개되는 속에서 가능하였다. 무역은 인간의 소통을 실물로 이루어내고 있음을 의미하는 동시에 실생활과도 직결되는 문제였다. 본 절에서는 이에 초점을 맞추었다.

열강의 식민지 쟁탈전이 진행되는 가운데 러시아는 1900년 의화단 사건을 계기로 滿洲에서 독점적 이익을 획득하고자 하였다. 지속적으로 만주 현지 세력과 밀약을 통하여 마침내 청국에 대한 滿洲 還付 條約도 체결하기에 이르렀다.[1] 이후 일제는 러시아의 중국 동북지방 점령에 강력하게 반발하였으며,[2] 러일전쟁 직후 1905년 9월 포츠머드조약을 체결하여 러시아로부터 이권을 양도받았다. 구체적인 내용은 다음과 같다.

> 러시아는 청국의 승인을 받아 旅順·大連과 그 부근의 영토 및 영토의 조차권과 관련하여 또는 그 일부를 이루는 모든 권리 특권 및 재산을 일본에게 이전한다. …… 러시아는 長春과 여순간의 철도와 그 支線의 모든 권리 특권 및 재산 또는 동 지방에서 이 철도에 부속하고 또는 그 이익을 위해 경영하는 모든 탄광을 무상으로 청국이 승인한 일본에게 이전·양도한다. 일본과 러시아는 만주에서 각자의 철도를 완전히 상공업의 목적에 한하여 경영하고 결코 군사적 목적으로 경영하지 않는다. 단 이러한 제한은 요동반도 조차권이 그 효력을 미치는 지역의 철도에는 적용되지 않는다.[3]

---

1) 朝鮮銀行, 『鮮滿經濟十年史』, 1920, 225쪽.
2) 일본과 영국은 러시아와 청국간 협약에 대해 항의했다. 즉 당시 일본은 영국과 日英조약을 체결하고 만주지역에서 독점적 지위를 확보하고자 노력하였으나, 러시아의 간섭으로 많은 장애요소가 발생하였다. 이러한 러시아의 간섭 배제는 일본의 기본정책이 되었다 (『日本外務省文書』 Reel 23(MT 12277), 「滿蒙政策の一方案」).
3) 日本外務省, 『日本外交年表竝主要文書』上, 原書房, 1965, 245~248쪽.

위와 같이 러시아는 일본에게 남만주 일대에서 독점적 권리를 이양하였다. 그 활동무대는 북만주와 동만주지역으로 이동하게 되었다. 이에 일제는 관동주와 남만철도를 기반으로 신속한 세력확장을 단행하였다.[4] 일제는 상공업과 무역을 증진하기 위해 철도 등 교통과 통신시설의 신설·확충사업을 전개하였으며,[5] 이러한 사업의 완비를 신속한 대륙침략정책 실행의 토대로 삼았다.[6] 구미 열강의 간섭을 배제하고[7] 독점적인 지위를 확보할 수 있다고 판단하였던 일제는 大連을 중심으로 적극적인 만몽정책을 수립·전개하였다.[8]

1907년 7월 30일 일제와 러시아는 만주에서 양국의 지위에 관한 협약을 체결하면서, 일제는 남만주에서 러시아의 권리를 이양받는 대신 外蒙古와 북만주에서 러시아의 특수 이익을 승인하였다.[9] 이러한 가운데 일본 내부에서는 만주개방정책에 관하여 육군성과 외무성의 의견대립으로 상당한 진통을 겪었다. 일본은 전후 처리 과정에서 신속한 사태수습에 나섰으며, 당시 西園寺公望 내각의 제1의 임무였다. 北京條約을 준거로 하여 만주의 개방과 만주에서 특수 권익을 확대 보장받는 것이 목표였으나, 육군성은 만주의 군사적 거점을 공고히 하려 했다. 반면 외무성은 국제협조와 對淸 점진정책을 주장하기에 이르렀다.[10]

---

4) 馬場明,「日露戰後における第一次西園寺內閣の對滿政策と淸國」; 栗原健,『滿蒙政策史の一面』, 原書房, 1966 참조.
5) 일제에 의한 만주개방은 군사점령과 군사시설 보호를 내세워 시장의 독점을 꾀하는 데 있었다. 때문에 만주에서 무역증진을 위하여 일제가 취한 일본인 상인 특별대우 등에 대하여 미국과 영국의 강력한 비난과 항의가 계속되었다(宮坂宏,「滿鐵創立と日本」,『日本外交史硏究-日中關係の展開』, 有斐閣, 1961, 37쪽).
6) 日本外務省,『日本外交年表竝主要文書』上, 265쪽. 일제는 대련의 개방과 함께 재판소의 설치 및 청국 沿岸 무역세의 철폐를 주장하였다.
7) 구대열,『한국국제관계사연구』1, 역사비평사, 1995, 164~165쪽.
8) 日本外務省,『日本外交年表竝主要文書』上, 260쪽. 이러한 갈등을 해소하기 위한 움직임이 만주협의회의 구성이었으나 이것 역시 합의점을 도출하지 못했으며, 오히려 영국과 미국의 강한 압력을 받게 되었다. 일제는 청국에 대해 외교적 압력을 가함으로써 특권을 인정받고자 하였다.
9) 日本外務省,『日本外交年表竝主要文書』上, 280~281쪽.

한편 남만주에서 일제의 무역활동은 활발하게 진행되었다. 대련을 중심으로 남만철도의 부속지와 관동주 조차지에서 경제력 신장은 두드러졌다. 앞서 언급하였듯이 일제는 대련을 세계적 무역항으로 만들고자 하였으며, 1909년 당시 대련항의 무역 화물량은 연간 3억 5천만 원을 넘어 만주무역의 50% 정도를 차지하고 있었다.[11] 일본 상권의 확대는 더욱 진척되었고, 공업 부문에서도 괄목할 만한 성장을 보였다.[12] 간도지역을 통해 살펴보면 다음과 같다.

일제는 간도에서 무역증대와 상권침투를 위하여 교통로 개설·확충에 심혈을 기울였다.[13] 이는 간도지역의 열악한 교통체계를 혁신하고 철도와 같은 기간 도로망의 확충과 기존 도로의 개보수를 통하여 운송비의 부담을 경감하려는 문제로 귀결되었다. 상품가치를 향상시키는 데 필수적인 신속성이 중요한 문제로 대두되었기 때문이다. 또한 일제의 국제적 지위가 신장됨에 따라 미국과 영국의 견제가 심해졌다.[14] 일제는 중국 동북지방에서도 비교적 열강의 관심이 적은 북만주와 동만주에 그 세력을 이식하였다. 그러나 북만주지역이 전통적으로 러시아의 세력권이었기 때문에 일제의 진출에는 상당한 장애가 있었다. 이에 따라 한인이 다수 이주해 있던 간도에서 일제는 특수권익을 획득하고자 하였으며, 기초작업은 교통로 개설이었다.

일제는 교통로 확보와 신속한 유통을 위하여 청진항을 이용한 수

---

10) 栗原鍵, 『對滿蒙政策史의 一面』, 63쪽.
11) 『日本外務省文書』 Reel 617(MT 31139), 「大連稅關設置條約ニ關スル件(機密 第88호)」. 청일 양국의 무역증진을 위하여 1907년 4월에 林權助와 청국 대신간의 협약 즉, 북만주 국경세관 설립에 관한 협약이 체결되기에 이르렀다(「北滿洲テ白斗豆粕及穀類等ノ無稅通關ニ關スル件」, 『日本外務省文書』 Reel 618(MT 31139), 1908년 4월). 일제는 철도화물을 취급할 때 일본 상인에게 특권적 지위를 부여하였으며, 조차지에서 無稅 수입품의 일부는 철도를 따라 奉天·鐵嶺·開原·寬城子 등으로 이동됨으로써 청국 상품 판로를 위축시켰다.
12) 朝鮮銀行, 『鮮滿經濟十年史』, 234쪽.
13) 塚瀨進, 『中國近代東北經濟史研究』, 東方書店, 1993, 192~199쪽. 塚瀨는 간도지역의 통상루트 변화상을 철도부설과 연관지어 서술하였으나, 그 내용이 소략하고 당시 무역의 증가원인 및 일본 상권형성에 대해서는 언급하지 않았다.
14) 구대열, 『한국 국제관계사 연구』 1, 173쪽.

Ⅲ. 일본상권의 확대와 금융기관의 설치

송로를 택하였다. 청진-회령을 이용한 수출입 통로는 일제에게 간도 침략과 상품시장 확보라는 두 가지 측면에서 매우 중시되었다. 특히 일제의 吉會철도·淸會철도 부설은 일본 상권 침투·확대라는 점에서 필수적인 사안이었다.[15] 일제가 南滿洲鐵道株式會社를 통하여 남만주에 철도를 부설하고 독점적 이권을 확보하려는 정책을 수행한 목적도 철도 沿線의 조차지를 일본인에게 불하하는 데 있었다. 따라서 간도에서도 상권확대를 위한 교통수단, 특히 철도의 부설은 그만큼 중요한 것이었다.

1910년 이전 간도에서 상품무역 거래는 3가지 통로로 이루어졌다. 첫째, 吉林을 통한 수출입 화물의 이동,[16] 둘째, 블라디보스톡과 琿春 경로,[17] 셋째, 淸津-會寧을 이용한 통로였다. 이 가운데 일제가 가장 관심을 갖고 있었던 것이 청진항루트였다. 청진의 일본 상공인들은 「東海橫斷航路事業計劃」을 세우고 이에 대한 적극적 후원책을 강구하였다. 1910년 1월 '일본의 상품 판매와 어업의 발달을 도모하기 위한' 횡단항로사업 추진 이유를 大藏大臣 桂太郎에게 제출하기도 하였다.[18] 이로써 일제는 동해와 직접 관계가 있으며 대륙, 특히 북만주와 러시아에 대한 상품판매시장의 확충을 위하여 물류비용을 절감할 수 있는 청진항을 적극 이용하려 했다.[19] 이는 시·공간의 효율화를 통한 이윤의 극대화를 가져오기 위함이었다. 물론 당시 '北鮮'을 경유한 물동량은 그다지 많지 않았지만 장래 일제의 상품판매

---

15) 『日本外務省文書』 Reel 606(MT17380), 「滿蒙鐵道敷設」. 일제는 1909년 間島協約에서 吉長철도를 延吉 남쪽까지 연장하여 회령과 통교를 꾀하려고 하였다.
16) 길림을 통한 수출입품의 대부분은 중국제품이다(永井勝三, 『會寧及間島事情』, 會寧印刷所, 202~203쪽 ; 南滿洲鐵道株式會社, 『間島事情』, 56~57쪽).
17) 이 루트는 주로 유럽의 자본제적 상품 판로로 이용되었다(東拓, 『間島事情』, 477쪽).
18) 淸津商工會議所, 『淸津商工業會議小史』, 1944 ; 『韓國經濟史資料大系』 5, 56~58쪽 참조.
19) 조선의 개항 이후 블라디보스톡과 국경지역간의 무역에 대해서는 金載昊, 「개항기 원격지무역과 '회사'」, 『경제사학』 27, 경제사학회, 1999 참조.

시장으로서 중요성을 부각시켰다.[20]

　일제가 이용하고자 한 청진항은 지리적으로 러시아・청국과 인접해 있었다. 청진항은 늦게 개항되었지만, 일제는 이곳을 대륙과 통교할 수 있는 매우 중요한 요충지로 인식하였다. 때문에 간도에서 생산되는 목재・곡물 등 물자의 대부분은 청진항에 집산되어 일본으로 수출될 수 있었다. 일본 내륙과 거리 단축으로 인하여 상거래시 매우 유리한 측면을 지니고 있었다. 이에 따라 일제는 간도 상공업의 원활한 발달, 즉 자국 상권의 침투・확대를 기대할 수 있었다.[21] 1909년 간도 방면으로 수입하는 화물로서, 러시아의 블라디보스톡・포시엣만, 琿春을 거쳐 간도에 운반한 것은 1년간 5백만 吊라는 거액의 물류고를 기록하였다. 또 정확한 통계는 알 수 없으나 두만강 연안 및 琿春・간도에서 산출하는 大豆・豆粕・粟・雜穀・獸皮 등은 훈춘에서 포시엣만을 경유하여 블라디보스톡으로 수출되었는데, 이 또한 적지 않은 물량이었다.[22] 훈춘・간도・북만주에 대한 무역규모를 확대하기 위해서 일제가 신속하게 항로를 개통하고 그 수송로를 확보하고자 했던 것은 당연하였다. 이러한 가운데 러시아가 극동정책의 하나로서 이민을 장려한 결과 수년간 연해주에 십여 만 명을 이주시키기에 이르렀다.[23] 일제 역시 이주민의 장려와 함께 원료공급지 확보를 위해 횡단항로의 개시가 필요하였다.[24]

　일제는 화물운송을 원활하게 하기 위하여 청진과 회령, 회령과 용정을 잇는 도로를 확장하였다. 동해 항로의 개척과 함께 청진-회령 간 철도의 부설은 매우 중대한 사안이었다.[25] 해로의 경우, 일본과

---

20) 宋圭振,「日帝下 朝鮮의 貿易政策과 植民地貿易構造」, 고려대박사학위논문, 1998 참조.
21) 淸津商工會議所,『淸津商工業會議小史』, 87쪽.
22) 統監府臨時間島派出所,『間嶋産業調査書』 3편(商業調査書), 93~110쪽.
23)『日本外務省文書』 Reel 12(MT 12262),「極東露領ノ北滿洲ト二關スル川上總領事ノ政策上ノ意見書」.
24) 淸津商工會議所,『淸津商工業會議小史』, 60~61쪽.

청진항을 직선으로 연결하는 교통로로서 개척해야 할 루트이며, 육로에는 철로를 부설하여 간도와 연결, 이를 다시 길림과 연결시켜 상품수송에 필요한 교통망을 완비하는 것이었다. 일제는 청진항의 상권을 동북 만주로 확장하기 위하여 吉會線 부설운동을 전개하였다.[26] 일제는 길림-회령간 철도부설[27]과 함께 군사적·경제적인 측면을 고려하여 회령-청진간의 철도 부설을 추진했다.[28] 철도부설은 일제의 '一線 二港주의'에 입각하여 추진되었다. 한 갈래는 경제적 목적을 달성하기 위한 청진항과 다른 하나는 군사적 목적으로 일본 육군 19사단이 주둔하고 있는 羅南으로 연결되어 있었다.[29] 이는 통감부 시기 이미 간도지역의 상업상황을 조사하면서 일본 상품의 판매 루트 및 상권 형성과 함께 군사적 대륙침략 루트를 위해 필요한 기간시설의 확충을 계획한 이후 비로소 실현되었다.[30]

일제는 청진항 개항 이래 지속적인 무역활동을 전개하였으나, 수입에 비하여 간도의 수출은 저조하였다. 원인은 길림의 대화재와 같이 일본의 의도와는 무관한 데에도 있었다. 근본적 원인은 무역품의 등가등량의 원칙이 지켜지지 않았기 때문이다. 어찌되었든 청진항은 간도지역의 수출입 무역과 매우 밀접한 관련을 맺고 있었다.[31] 1910

---

25) 일제는 간도협약에서도 철도부설에 대한 강한 집착을 보였다. 이는 철도의 点과 線을 통하여 대륙침략 정책을 원활하게 수행하기 위함이었다(『間島關係(開放及調査)』1, 488쪽).
26) 淸津商工會議所, 『淸津商工業會議小史』, 70쪽.
27) 『朝鮮彙報』1919년 9월호, 「朝鮮に於ける輕便鐵道の現狀」참조.
28) 金靜美, 『中國東北部における抗日朝鮮·中國民衆史序說』, 現代企劃室, 1991, 82쪽. 길회·길청 철도 부설 이후 일제는 연훈(연길-훈춘), 연의(연길-의란삼성)철도의 부설도 추진하였다. 이는 주로 석탄을 운반할 목적으로 廣軌로 부설하고자 하였다(심여추, 『연변조사실록』, 28쪽).
29) 심여추, 『연변조사실록』, 30쪽.
30) 통감부파출소장을 역임하였던 齋藤季治郎은 吉會철도의 군사적·경제적 역할을 조사하였다. 즉 그는 1911년 4월 21일 동경을 출발하여 간도와 훈춘지역을 답사하고 다음과 같이 술회했다. "길회철도부설의 전단계로서 먼저 청진과 회령간 철도를 부설하고 이를 龍井村과 局子街까지 연결하여야 한다"라고 했다(金靜美, 『中國東北部における抗日朝鮮·中國民衆史序說』, 82~83쪽).
31) 『朝鮮總督府月報』1-1, 1911, 55쪽.

년 당시 회령과 청진간의 輕便철도는 군사용이기 때문에 화물을 운송하기에 적합하지 않았다. 이에 일제는 경편철도를 기차철도로 개축하여 이를 간도 국자가로 연장하고 교통문제를 해결하는 것이 상권을 확보하는 첩경이라고 인식하였다.[32]

한편 1909년 2월 28일 일본 중의원에서는 다음과 같은 철도 항로 개시에 관한 건의안을 정부에 제출했다.

> 한국의 청진항에서 일본의 敦賀 또는 舞鶴에 이르는 직항로를 개설하여 회령과 간도를 통한 농산물·생필품을 운반하고자 한다. 그리고 간도의 중심인 局子街 방면까지 경편·철도를 연장하여, 장래 북만주 및 北鮮과 일본과 교통상에서 대단히 중요한 관계를 갖기 때문에, 특히 북만주는 임업 또는 광산물 등이 풍부하여 이곳의 물자를 운송하기 위해서는 청진항으로 가져와야 할 것이다. 일본 경제상 편리를 도모하고 북만주와 간도의 물산을 운송하기 위해서는 철도를 설치해야 할 것이다. 뿐만 아니라 국자가에서 길림 그리고 장춘과 길림을 연결하면 장차 무역량의 증가를 보게 될 것이다.[33]

이와 같이 일제는 청진항을 對間島 무역 거래의 중심항으로 활용하고자 하였다.[34] 청진항루트는 부산-대련 루트에 비하여 거리상으로 단축되었다. 이로써 일제는 상품 교역에서 유리한 지위를 확보했으며, 러시아와 통상관계에서도 우위를 차지할 수 있었다.

블라디보스톡이 자유무역항의 기능을 상실한 1909년 4월 이후 간도 무역구조에 일대 변화가 일어났다. 러시아는 블라디보스톡을 군

---

32) 淸津商工會議所, 『淸津商工業會議小史』, 86~87쪽.
33) 『衆議院議事速記錄』 2, 97쪽.
34) 일제는 1920·1930년대에도 청진항을 간도와 일본을 연계하는 중요한 해상루트로 인식하였다(滿洲事情案內所 編, 『東滿事情』, 滿洲事情案內所, 1941, 193~200쪽).

사 목적으로 이용하기 위하여 모든 무역거래 행위를 금지시켰다. 앞서 살펴보았듯이 기존 局子街에 판매된 화물의 공급은 營口에서 길림을 경유하여 국자가에 들어오는 루트와 블라디보스톡에서 琿春을 경유하는 두 경로가 있었다. 이후 간도와 청진-회령간의 교통이 점차 빈번하게 되면서 마차를 이용하여 화물을 운송하였지만, 도로가 험하기 때문에 물류비용면에서 블라디보스톡이나 길림 경로보다 유리하지 않았다.[35] 또한 중국 상인은 상거래 습관이 일본인과 다르고 결제기간이 단기이며, 통화 또한 통일되지 않았기 때문에 교역에 어려움이 많았다. 대부분의 중국 상인은 국자가·훈춘과 함께 길림 또는 블라디보스톡에 지점 혹은 유관기관을 갖고 있는 경우가 많았다. 이들은 지방관청 소속 군대의 보호를 받으면서 비교적 원거리인 길림 방면을 통한 무역활동을 전개하였다.[36]

중국인들은 길림 방면에서 주로 중국·일본제품, 블라디보스톡 방면은 유럽제품을 수입하였고, 수출 농산물은 거의 블라디보스톡 방면에서 취급하였다.[37] 당시 무역량은 1909년까지 길림계 60%, 블라디보스톡계 35%, 회령·청진계 5%였다.[38] 이러한 상황 속에서 블라디보스톡이 자유항의 기능을 상실하자 간도의 駄馬 영업자들은 콩·조 등과 같은 잡곡류를 판매하고 돌아올 때 청진에서 석유·金巾[39] 등 비교적 판매가 용이한 물품을 선택하여 局子街의 각 상점에 판매하였다.[40]

1909년 5월 청진을 경유하여 간도에 수출입되는 물품에 대하여 면

---

[35] 滿鐵, 『間島事情』, 83~84쪽. 청진과 회령은 산악지대로서 도로를 개설하는 데 상당한 어려움이 있었으며, 이 때문에 철도부설도 더디게 진행되었다(淸津商工會議所, 『淸津商工業會議小史』, 62쪽).
[36] 永井勝三, 『會寧及間島事情』, 1923, 201쪽.
[37] 永井勝三, 『會寧及間島事情』, 201~202쪽.
[38] 滿鐵, 『間島事情』, 56~58쪽 ; 永井勝三, 『會寧及間島事情』, 203쪽.
[39] 金巾은 일본 三井物産 제품으로 이주 한인들의 옷감으로 애용되고 있었다.
[40] 統監府臨時間島派出所, 『間嶋産業調査書』 3편(商業調査書), 71쪽.

세 제정이 이루어져 다음 해 1월부터 실시되었다. 더욱이 블라디보스톡이 결빙항인 데 반하여 청진항은 부동항이며, 전자의 세액은 고율이며 후자는 無稅[41]로서 간도의 청국상인은 길림과 블라디보스톡에 의존할 필요가 없어졌다.[42] 따라서 회령-청진지방을 경유하는 무역이 활발하게 이루어졌다.[43]

일제는 자국 상품의 경쟁력을 높이기 위하여 청진-회령-간도를 잇는 교통로 정비에 착수하였다. 이는 블라디보스톡 방면에서 수입된 여러 잡화에 대해 상대적으로 운임비가 적게 드는 저렴한 일본상품을 수입하게 하여 일본상품의 판로를 확대하기 위한 조처였다. 도로의 개보수는 간도물자의 수출과 일본상품의 판로확장에 편리할 뿐만 아니라 이전까지 열악한 일본상인의 영업상황을 개선할 수 있게 하였다.[44] 이에 따라 일제는 청진 경유 일본제품의 단가를 낮추고 물류비용을 절약하는 방법으로 청진-회령간의 輕便 기차의 설치를 계획하였다. 일제는 그러할 경우 화물의 운반이 확실하고 운임이 저렴해져 종래 농한기에 물건을 구입해야 하는 번잡함을 피할 수 있다고 판단했다.[45] 청국인과 한인의 화물구매가 가장 활발한 시기는 연말로서 이 시기는 화물 운반의 연중 최적기였다. 연말에 결빙되는 블라디보스톡에 비해 부동항인 청진은 물류유통상 천혜의 요지였다.[46] 때

---

41) 『朝鮮貿易史』, 177~178쪽. 조선 국내 관세제도는 1910년 한일합병 이후에도 대한제국의 관세제도를 그대로 적용하였다. 일제는 향후 10년간 이를 그대로 적용한다고 하였으며 이에 대한 격론이 일본 의회에서 일어날 정도였다. 따라서 일제는 특별관세제도를 실시하여 점진적으로 조선경제를 장악하기 위한 관세제도의 변화를 모색하였다(송규진, 「일제하 조선의 무역정책과 식민지무역구조」, 20~22쪽 ; 우영란, 「日帝時期 間島와 朝鮮間 貿易에서의 關稅問題」, 한국민족운동사학회 제71회 월례발표문).
42) 일제의 조사에 의하면, "국자가의 상인들은 異口同聲으로 블라디보스톡은 과세가 많기 때문에 수익이 적어 장래에는 길림과 회령·청진을 통하여 수입해야 한다"라고 하였다. 이는 당시 통화의 차이점, 거래의 상이점, 청국인의 需用에 공급할 화물이 풍부하지 않은 점, 결산기의 관습이 다른 점 등의 이유를 들어 교통이 편리한 회령-청진간의 루트를 선호하기 시작하였기 때문이다(統監府臨時間島派出所, 『間嶋産業調査書』 3편, 75쪽).
43) 永井勝三, 『會寧案內』, 경인문화사, 1995, 63쪽.
44) 統監府臨時間島派出所, 『間嶋産業調査書』 3편, 73쪽.
45) 統監府臨時間島派出所, 『間嶋産業調査書』 3편, 74쪽.

문에 일제는 청진항과 일본 敦賀를 잇는 직항로를 개설하였다.[47]

철도부설에 대한 일제의 구상은 이와 같이 여러 가지 목적을 수행하기 위함이었다. 특히 상품운송수단으로서 철도의 기능은 신속성과 대량화라는 특성으로 말미암아 일제의 대륙침략을 수행하는 데 필수적인 사업이었다.[48] 일제는 철도부설이 용이하지 않을 때는 육로에 대한 개수와 확장사업을 시행하여 일본상인의 편의를 도모하였다. 이렇게 상품 수송설비를 완비하면서 점차 일본 상품의 간도 침투가 진행되었다.[49] 1917년 12월 청진-회령간 철도 완성에 따라 교통이 편리하게 되고, 물류비용이 절감됨으로써 청진항은 간도무역의 8할 정도를 차지하게 되었다.[50] 그만큼 청진항을 중심으로 하는 무역의 중요성이 컸음을 반증한다. 또한 만주와 연결하는 다른 루트와 비교해도 청진항 노선은 일제에게 상당한 가치가 있었다.

---

46) 統監府臨時間島派出所, 『間嶋産業調査書』 3편, 76쪽.
47) 남만철도의 화물 수송능력이 확대될 수 있었던 것은 大連港이 근접하고 있었기 때문이다. 旅順港이 군항이라면 대련항은 상업항의 성격을 띠었다. 대련항은 부동항으로서 당시 화물 물동량이 동북 아시아에서 가장 많았다. 러시아의 대련항 축항과 발전은 일본이 인수한 뒤에 더욱 촉진되었으며 1910년 1일 수출능력은 약 5천 톤이었다(朝鮮銀行, 『鮮滿經濟十年史』, 234~236쪽).
48) 간도에서 훈춘은 러시아와 접경을 이루고 있어 러시아 상권으로부터 상당한 영향을 받고 있었다. 또한 청진보다도 雄基 상권에 포함되어 있었다. 그런데 일제는 회령-청진간의 철도를 부설하여 거리의 손실을 극복함으로써 훈춘을 청진 상권에 포함시키고자 하였다(統監府臨時間島派出所, 『間嶋産業調査書』 3편, 80쪽).
49) 일제는 길회선뿐만 아니라 함경선을 부설하여 北鮮지방의 개발에만 그치는 것이 아니라 經濟線으로서 滿蒙시장의 개척 사명을 부여하였다. 이처럼 철도를 이용한 일제의 대륙침략은 滿蒙개발이라는 미명하에 더욱 강력하게 추진되었다(『日本外務省文書』 Reel 617(MT 31139), 「滿洲開放一件」).
50) 川口忠 編, 『間島琿春北鮮及東海岸地方行脚記』, 1932, 248~250쪽 ; 永井勝三, 『會寧案內』, 63쪽. 청진과 회령간의 철도 부설계획은 이미 1910년부터였지만, 산악지대가 많고 또한 전통적인 교통수단에 상당히 오랫동안 의존하였기 때문에 완성된 시기는 매우 늦은 편이다(滿鐵, 『間島事情』, 80쪽).

[표-3-1] 청진과 기타 루트의 비교

노선 거리·시간	해상거리	철도거리	소요시간
부산경유(安奉線)	120리	1310리	54
청진경유	475리	480리	55
대련경유	640리	785리	80

* 統監府間島派出所, 『間嶋産業調査書』, 86쪽.

　[표-3-1]에서 청진항은 다른 루트와 비교해도 상업항으로서 비교우위에 있었음을 알 수 있다. 1910년 이후 회령-용정촌간의 교통로가 개선되어 일본상품이 보다 용이하게 간도에 침투·확산될 수 있는 계기를 마련하였다. 특히 철도의 부설은 경제적 가치를 더욱 높일 수 있었다. 일제는 청진항을 羅南의 軍營공사에 필요한 물자를 원활하게 공급할 수 있는 항구로서 기능을 부여하였으며 나아가 간도지역과 북만주로 진출하는 데 필수적인 거점로 인식하였다.[51] 때문에 일제는 1차 산업보다 비교우위에 있는 자본제적 상품을 판매하고 그 대가로 상품원료를 수입하게 된 것이다. 화물수송의 편리함과 판로 확장으로 인하여 이주한인의 수입에 큰 변화를 가져오게 되었으며, 미개지가 많이 개척됨으로써 생산액은 격증하였다.[52] 1910년 이후 무역은 더욱 활발하게 진행되었다. 그 가운데 수출품은 곡류·광산물·목재 등이 대부분을 차지했다. 이주한인은 大豆·粟·高粱 등을 재배하여 이를 반출하였다.[53] 특히 콩의 상품가치는 다른 농업생산물을 압도할 정도였다.

　한편 청진 통과화물의 급증에 중대한 변화를 초래한 사건이 발생하였다. 페스트의 발생이 그것이다. 1911년 만주에서 페스트가 발생

---

51) 滿鐵, 『間島事情』, 67쪽.
52) 統監府臨時間島派出所, 『間嶋産業調査書』 3편(商業調査書), 87~88쪽.
53) 朝鮮銀行羅南出張所長 津村甚之助, 「間島及琿春地方經濟狀況」, 『朝鮮銀行月報』 3-4 부록, 1912, 47~48쪽.

Ⅲ. 일본상권의 확대와 금융기관의 설치

하자 간도총영사관은 간도·북만주와 교통을 차단하고 병의 확산을 방지하기 위해 청국 관헌과 공조하였다. 또한 敦化·寧古塔의 교통로에 군대를 파견하여 통행을 엄중하게 금지하는 한편 琿春과 煙秋 사이에 감시소를 설치하여 露領과 교통을 차단했다. 때문에 露領과 吉林에서 화물 수입은 일시적으로 전면 차단되어 화물의 공급은 청진항으로 단일화되었다. 게다가 그 후 길림 대화재가 발생하여 간도-청진간의 관계는 한층 밀접하게 되었다.54)

요컨대 일제는 철도를 부설하여 간도 농촌경제를 부흥시킨다고 하였으나, 이주한인의 경제력을 향상시킨 것은 아니었다. 일제의 철도 부설이 증가하면 할수록 이에 따라 헌병 내지 군대가 주둔했다. 이들은 모두 대륙침략정책을 원활하게 수행하는 데 동원되었고, 재류 일본인의 안전을 도모하는 기능도 담당하였다. 이러한 철도 수송로 확장은 일본의 자본제적 상품을 만주에 보다 용이하게 확산시키고 만주에서 생산되는 원료를 원활하게 공급하기 위함이었다.55)

2) 일본의 상권침투와 대일종속화

(1) 제1차 세계대전과 일본인 상권확대

1914년 5월 일본 수상 大隈重信이 '영국의 자금과 일본의 두뇌'라고 하는 제3차 英日同盟의 새로운 방침을 천명하면서, 제1차 세계대전을 계기로 일제는 자본의 침투를 본격적으로 개시하였다.56) 더욱이 일제는 중국의 차관단에 참가하면서 독일의 青島 조차권을 회수하는 등 전쟁의 특수를 누리게 되었다.57) 제1차 세계대전의 영향으로

---

54) 朝鮮銀行羅南出張所長,「間島及琿春地方經濟狀況」, 43~44쪽.
55) 『日本外務省文書』 Reel 641(MT3381),「淸國ニ於ケル日本商品同盟排斥一件」. 만주에서 安奉線 문제 등으로 인한 日貨배척운동이 발생했다. 이는 일제의 침략성(수탈)에 기인하였다.
56) 信夫淸三郎,「大正外交史の基本問題」,『日本外交史硏究-大正時代』, 有斐閣, 1958, 8~9쪽.

일본의 해외무역이 역조에서 순조로 전환되었다.[58] 이때 간도에 필요한 물품, 즉 여러 잡화류는 제1차 세계대전과 관련하여 러시아·중국 국경무역품의 수입이 단절되었기 때문에 청진을 경유한 일본제품이 독점하게 되었다.[59]

한편 제1차 세계대전 이후 블라디보스톡에서 훈춘 경유의 물자는 거의 없는 형편이었다.[60] 雄基 경유 일본 제품의 물류비용과 비교하였을 때 청진계통이 압도적인 우위를 보이고 있었다. 길림계 역시 도로가 험하고 沼澤이 많아 하계 운반은 곤란한 형편이었다. 더욱이 운임이 비싸 겨울 결빙기에 수송하는 것이 많고 수입품은 중국산으로 거의 한정되었다.[61]

1917년 국자가의 무역액은 1916년 무역액 약 70만 원과 비교하면 증감의 정도를 파악할 수 없지만 청진계통의 무역액이 증가한 것은 분명한 사실로 보인다. 세 경로의 수출입 상황은 다음과 같다.

---

57) 특히 田中義一을 비롯한 군부는 만주 금융기관 설립에 대하여 큰 관심을 보였다. 이는 군부의 영향력이 러일전쟁과 제1차 세계대전을 통하여 더욱 강화되었음을 의미한다(波形昭一,『日本植民地金融政策史の硏究』, 321쪽).
58) 일본경제계의 활성화와 그 영향으로 만주무역의 급증이라는 등식이 성립된다면 그 근본원인을 단지 경제적 상황에 맞추어야 하는가 정치·군사적인 측면은 어떠한가 하는 점이 중요하다(溝口雄三 等編,『周緣からの歷史』, 東京大學出版會, 1994, 37쪽).
59) 東拓,『間島事情』, 731쪽.
60) 永井勝三,『會寧及間島事情』, 205쪽.
61) 東拓,『間島事情』, 457쪽.

III. 일본상권의 확대와 금융기관의 설치

[표-3-2] 1917년 수입품(단위 : 兩, 吊, 円)

龍井村 경유(淸津系)		吉林경유		琿春경유	
품목	가격(海關兩)	품목	가격(吊)	품목	가격(吊)
면포류	59,055	애용포	25,500	西機次布	70,000
打綿	9,746	大尺布	930,000	法國緞	200,000
鐵器類	1,973	羽類	11,340	火油	90,000
白米	2,982	海紙	26,000	板硝子	60,000
煙草	52,452	大西紙	26,350	洋燈	1,000
魚類	2,266	白砂糖	62,500	洋釘	15,000
果物	1,368	赤砂糖	69,000	廢鐵	35,000
기계류	6,138	落花生	4,675	朕子	300,000
燐寸	1,644	大料	57,640	철기구	5,000
석유	4,768	黃芹	57,600	琺瑯器	7,500
紙類	2,488	洋火	63,000	세면기	4,500
사탕	4,110	洋燭	165,000	馬桶	7,000
酒類	1,527	套布	225,000	磁器	2,000
잡화	11,758	靴子	42,000	종이	15,000
기타	23,734	鞋	57,000	蠟燭	90,000
		帽子	106,000	火柴	100,000
		橘子	192,000		
		梨子	18,000		
		卷煙	14,400		
계	176,069 (313,402)	계	1,830,805 (122,031)	계	732,000 (48,751)

* 朝鮮銀行調査局, 『局子街二於ケル經濟狀況』, 1918, 7~8쪽.
** ( )는 엔화로 환산한 액수임.

　[표-3-2]에서 알 수 있듯이 간도의 수입품은 청진루트가 압도적 우위에 있으며(65%), 이는 일제가 청진항을 적극적으로 이용하면서 수입선의 변화를 꾀하였던 것을 반영한다. 청진계의 경우 대부분은 일제의 자본제적 상품으로서 그 가운데 면포류는 이주한인의 의복으로 가장 많이 사용되었다. 훈춘 경유의 수입품의 특징이 유럽산 제품이 주류를 이루고 있는 데 반하여, 청진계통은 일본제품이 독점하고 있었기 때문에 간도지역 상권에 대한 일제의 침투가 용이하게 진행되었다. 이와 같이 훈춘계의 쇠락과 청진계의 약진은 일제의 상권확대에도 큰 영향을 미치게 되었다.

[표-3-3] 1917년 수출품(단위 : 兩, 吊, 円)

용정촌 경유(청진계통)		용정촌 경유(청진계통)		훈춘 경유		훈춘 경유	
품목	가격	품목	가격(兩)	품목	가격	품목	가격(吊)
牛,馬,豚	1,924	大麥	1,266	粟	60,000	豆粕	10,000
대두	16,476	옥촉	599	高粱	2,000	牛	50,000
豆粕	392	粟 및 高粱	5,706	包米	23,000	馬	40,000
豆油	2,460	잡곡	1,513	大麥	4,000	豚	100,000
酒類	1,270	기타	4,728	小麥	140,000	羊	10,000
木材	1,678			大豆	240,000	계압	50,500
				완두, 소두	4,100	소주	900,000
				기子	4,00	맥분	8,000
				백두	24,000	잡곡	18,600
계			38,012 (68,860)				1,684,600 (112,367)

* 朝鮮銀行調査局, 『局子街ニ於ケル經濟狀況』, 9~10쪽.
東拓, 『間島事情』, 462~466쪽. 円(1.8)대 兩(1), 円(1) 대 吊(15)

[표-3-3]은 중국 商務會의 조사를 기초로 한 것으로 수출품목 대부분은 훈춘 경유를 점하고 있었다. 1916년 용정촌에서 수송된 곡류는 상당히 많은 액수였다.[62] 그러나 수출품의 종류를 고려해 볼 때 곡류가 훈춘 방면으로 수송된 것은 의심의 여지가 있다. 주요 수출품은 粟과 大豆로서 粟은 주로 北鮮지방으로 수출하여 잡화 · 소금 등과 교환되었으며,[63] 白豆와 함께 제1차 세계대전 이후 가장 많이 수출되고 있던 대두는 주로 三菱의 도매상을 통해 청진항을 경유하여 이동되었기 때문이다.[64] 이와 같이 농산물의 수출과 공산품의 수입 즉 부등가 교환의 구조적 특징은 借地農이 대부분이었던 이주한인이 일제의 상업자본에 침식당하고 나아가 일제가 이를 바탕으로 산업자본을 투여하는 데 중요한 요소로 작용하였다.

간도에서 이주한인의 경제적 기반이 농업이었으므로 豊凶의 여부

---

62) 東拓, 『間島事情』, 457쪽.
63) 좁쌀이 조선으로 많이 수입되었다는 것은 조선에서 미곡의 수출 증가로 인한 식량부족 현상이 그만큼 심화되고 있다는 것을 반증한다. 이러한 현상은 1920년대에도 지속된다. 즉 1920년부터 1925년까지 만주 粟의 조선으로 수출량은 매년 평균 약 150만 석이었다(京城商業會議所, 『朝鮮經濟雜誌』 126, 1926, 23쪽).
64) 간도에서 白豆의 수출총액은 1917년에 53,540엔이었다(『朝鮮彙報』 4월호, 1917, 164쪽).

Ⅲ. 일본상권의 확대와 금융기관의 설치

는 한인경제에 지대한 영향을 미쳤다. 다른 공업 제품과 무역의 발달은 농업과 관련되어 있으므로 간도의 農産物이 경제상 중요하다는 것은 두말할 필요가 없다. 1916년 곡가의 급등으로 간도경제가 한층 활성화된 시기에 淸會線이 개통되었고, 또 天寶山 輕鐵의 개통 등으로 무역품의 유통기간이 단축되었다. 특히 1917년 3월 조선은행이 용정촌에 출장소를 개설한 이래 일본인이 금융상[65]의 원조를 받아 국자가에서 곡류는 거의 일본 상인에 의하여 수출되었다. 그리하여 용정촌은 일본 상인 활동의 중심지가 되었다.[66] 이와 같은 상황 속에서 중국측 은행은 일제의 상권 침투 및 확대를 우려하고는 있었지만, 자국 상인에 대한 부양책을 소홀히 했기 때문에 일본 상권침투는 더욱 촉진되었다.[67]

다음으로 간도 수출품의 특성을 통해 일제의 식민지 무역의 특징을 보면 다음과 같다. 1916년경 수출은 이주한인에 의한 개척지 확대, 곡류의 폭등, 청회선의 개통 등으로 더욱 증가하였다.[68] 제1차 세계대전의 영향은 경제계에 상당히 크게 파급되었다.[69] 일본의 수출무역은 전쟁 발발 초기에는 상당히 위축되었으나, 1915년 하반기부터 호전되어 1916년 수출의 급격한 증가와 함께 수입 또한 증진되

---

65) 조선은행 용정촌출장소의 개설은 먼저 일본인의 금융상의 원활한 원조를 제공하기 위한 것이었으며, 나아가 러시아지역과 무역 및 일본으로 원자재 수송에 필요한 정화 부족을 충족하기 위함이었다. 이러한 현상은 남만주지역에서도 마찬가지였다(『日本外務省文書』Reel 637(MT33335), 「滿洲租借地內に金融機關設置に關する建議」).
66) 일본은 간도파출소의 설치 이후 지속적으로 이주한인의 보호를 목적으로 활동한다고 주장하고 있으나 실질적으로는 일본상품의 판매확대를 도모하고 나아가 대륙침략의 기민성을 확보하기 위해서 적극 노력하였다. 무역분야에 중점을 두고 있었던 것은 앞절에서 살펴보았듯이 일본의 재벌 특히 三井物産의 요구가 강력하게 작용한 듯 싶다. 이러한 재벌들의 역할에 대해 규명함으로써 당시 재벌들이 대륙침략정책에 어떠한 방식으로 참여하였는가를 알 수 있다. 이에 대해서는 추후 연구가 요망된다.
67) 東拓, 『間島事情』, 462~466쪽.
68) 朝鮮銀行調査局, 『局子街方面ニ於ケル經濟狀況』, 11쪽.
69) 제1차 세계대전을 기점으로 일본은 채무국에서 채권국으로 탈바꿈하고 국제사회에서 발언권을 점차 높혀갔다. 또한 자본주의 확립을 위한 고도의 무역정책을 실시하면서 식민지에 대한 수탈에 박차를 가하였다(波形昭一, 『日本植民地金融政策の研究』, 399~403쪽).

었다.[70] 또한 만주·관내방면으로 수출은 집중되었다.[71] 그런데 전시체제하에서 일본의 산업화는 물가 등귀와 쌀의 수출제한이라는 경제통제 속에서 진행되었다. 즉 전시체제하에서 일본의 경제력 신장 방법은 자연스럽게 식민지의 가혹한 수탈이라는 형태로 나타났다. 뿐만 아니라 일제는 당시의 상황을 보다 적절하게 이용하여 급속한 자본축적을 단행하였다.

한편 간도의 상권은 크게 局子街와 龍井村으로 나눌 수 있다. 용정촌은 통감부파출소 설치 이후에도 유력한 상인이 드물었다. 상업범위는 조선인 행상에 의해 頭道溝·朝陽川·局子街·銅佛寺·南陽平 등에서 개업하여 장날에 상품을 공급하는 데 지나지 않았다.[72] 1910년 이전 용정촌의 주요 고객은 한인에 한정된 반면, 국자가는 자금력이 풍부한 상인이 많아 거래선이 다양하였다. 그런데 1910년 용정촌에 海關이 설치되면서 상거래가 활발하게 진행되었다.[73] 延吉海關은 종래 국자가에만 설치되었던 것인데 간도협약 이후 이를 용정촌으로 옮겨 회령을 경유하여 간도에 수입된 화물에 대해서는 모두 용정촌에서 과세하는 제도가 실시되었다.[74] 특히 해관의 설치를 통해 중국측에서는 관세부과로 발생하는 세수익을 높이고자 하였다.[75] 일본인 및 한인의 수출입 화물은 중국세관에서 규정한 수출입관세를 납부하는

---

70) 『朝鮮彙報』 4월호, 1917, 16쪽.
71) 『施政三十年史』, 128쪽.
72) 朝鮮銀行羅南出張所長, 『間島琿春地方經濟狀況』, 44쪽.
73) 간도지역의 대표적인 곡물상점은 다음과 같다. 간도곡물주식회사(이용석, 자본금 10만 원), 宮本洋行(宮本照雄, 자본금 15만 원), 三井物産 용정출장소(姜在衡, 15만 원) 등이다. 특히 간도곡물주식회사는 三菱상사의 지배를 받고 있었다. 그러므로 간도지역의 곡물수출은 三井과 三菱의 지배를 받고 있었다(金正明, 『朝鮮獨立運動』 5, 516쪽).
74) 朝鮮銀行羅南出張所長, 『間島及琿春地方經濟狀況』, 44쪽.
75) 관세율은 보통 從價의 20%였다. 상인들은 용정촌으로 경유하는 방법을 지양하고 관세가 부과되지 않는 국자가를 택하기도 하였다. 즉 밀수입이 공공연하게 행해지고 있었다. 이러한 현상은 용정촌을 거점으로 상권을 장악하고자 하였던 일제로서는 상당한 부담이 아닐 수 없었다. 일본 간도총영사관에서는 중국에 항의하여 新興坪에 해관 분관을 설치케 하였다(朝鮮銀行羅南出張所長, 『間島及琿春地方經濟狀況』, 45쪽).

것 외에 별종의 세를 부과했다. 또한 중국측은 관세 외에 각 稅捐分局 에서 從價 5厘를 징수하였다.[76] 따라서 일제는 무관세 지역인 청진항 을 경유함으로써 생산단가를 낮추어 가격경쟁력을 확보할 수 있었 다.

[표-3-4] 1916년 수출입액 및 수출입세액(단위 : 兩)

국별	수입액	수입세액	수출액	수출세액
일본	469,747냥	15,287냥	32686,263냥	2,932냥143
중국	57,452	2,134냥214	25,629	1,223.525
영국	3,857	117냥917	685	9,310
러시아	2	100	-	-
계	531,058	17,539냥467	112,577냥	4,164,978

* 東拓, 『間島事情』, 456쪽 ; 滿鐵, 『間島事情』, 53~56쪽.
** 한국상인은 일본상인에 포함하여 계산됨.

[표-3-4]에서 알 수 있듯이 1916년 수입품 전액의 약 88%, 수출품 의 약 77%를 일본인과 한국상인이 취급하였다. 이는 간도지역에서 일 본인 상권이 광범위하게 침투되었음을 의미한다. 간도지역의 수입은 일본제 상품이 1911년 보다 약 4배 이상 증가하였다. 이러한 가운데 간도의 중국상인 세력은 일제의 적극적인 상권 침투정책으로 위축되 었으며, 소수의 한국상인은 독자적인 상권을 형성하는 데 매우 불리한 상황에 처해 있었다.[77] 더욱이 간도에서는 수입초과 현상이 지속되었 다. 이는 일제의 자본제적 상품의 대륙진출이 활발하게 진행되고 있었 음을 의미한다. 나아가 원료의 공급에 치중한 수출은 식민지적 무역구

---

76) 滿鐵, 『間島事情』, 69쪽. 남만주의 경우 일제는 1911년 압록강 철교의 개통과 함께 청국 과 국경열차 직통문제에 관한 淸日協約을 체결하여 일본에서 청국에 수입되는 화물을 먼저 일본 세관원이 검사한 후에 청국 세관원의 검사를 받는다는 것이었다(『朝鮮貿易 史』, 176~177쪽).
77) 한국상인들은 그들의 권익을 보호하기 위하여 금융기관을 설립하기도 하였다(滿鐵, 『間 島事情』, 74쪽).

조의 특징을 그대로 보여준다. 무역량의 양적 팽창이 이루어졌지만, 질적인 면에서는 부등가교환으로 인한 공산품의 비교우위에 따라 일제에 예속성을 띠게 되었다. 三井物産 경성지점장 住井辰男은 "식민지에서 가장 중요한 것은 농산물의 증식을 장려하는 일"이라고 주장하기까지 하였다.[78] 이는 원료의 공급을 충실하게 수행하는 것이 식민지 경제정책의 기본원칙이라는 것을 보여주는 일단이다.

이를 좀 더 자세히 살펴보면 먼저 간도의 중심지역인 용정촌의 무역액은 간도 전체무역액의 80%를 차지하고 있었다. 이를 표로 정리하면 다음과 같다.

[표-3-5] 용정촌수출입 현황(단위 : 兩)

연도	1911	1912	1913	1914	1915	1916
수입액	127,290	352,504	671,199	506,826	351,533	521,058
수출액	19,496	119,877	174,319	58,672	91,532	112,577
총액	146,786	472,381	845,514	565,498	443,065	643,635

* 東拓, 『間島事情』, 455~465쪽 ; 滿鐵, 『間島事情』, 65쪽.

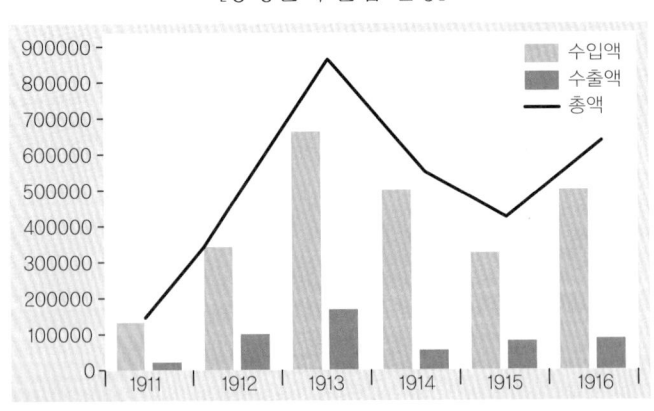

[용정촌 수출입 현황]

78) 京城商業會議所, 『朝鮮經濟雜誌』 4월호, 1924, 19쪽.

위의 표에서 제1차 세계대전기인 1914년과 1915년의 무역총액이 전년보다 상당액 감소된 것을 알 수 있다.[79] 또한 무역구조상 입초현상이 매우 심화된 것도 나타난다. 이유는 간도에서 일본의 자본제적 상품에 대한 소비가 많았기 때문이다. 또한 간도의 경우 수출품의 대부분은 농산물이기 때문에 상당한 무역역조 현상을 보이고 있는 것도 당연한 현상이었다. 이러한 현상은 1920년대까지 지속되었다. 특히 제1차 세계대전을 기점으로 수출입총액의 규모가 급격하게 증가하고 있음은 [표-3-6]에서 알 수 있다.

[표-3-6] 수출입무역통계(단위 : 兩)

	1914	1915	1916	1917	1918	1919
수입	962,969	667,912	1,009,010	1,541,236	3,106,60	74,245,371
수출	111,476	173,910	213,896	892,878	2,256,610	2,053,846
합계	1,074,446	841,823	1,222,906	2,434,114	5,363,217	6,299,218

* 川口忠, 『間島琿春北鮮及東海岸地方行脚記』, 大連小林又七支店, 1932, 128쪽 ; 滿鐵 『滿鐵調査月報』 12-1, 1932, 263쪽.

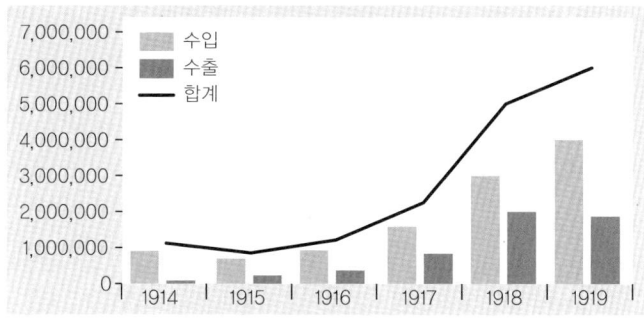

[수출입무역통계]

79) 『朝鮮彙報』 4월호, 1917, 11쪽.

일제의 간도에 대한 무역구조 침투·확대는 앞서 언급하였듯이 일본상권의 확대를 의미한다. 더욱이 일제는 수출초과 지역이었던 간도에서 활발한 무역거래를 통해 그동안 중국인들이 유지하고 있던 배타적이며 독점적인 이권을 획득하기에 이르렀다. 특히 간도의 일본인 대부분은 현금 회전율이 빠른 상업에 종사하고 있었으며, 또한 대부분 三井과 三菱와 같은 일본의 거대재벌의 비호를 받으면서 식민지 초과이윤을 획득하였다. 이러한 현상이 지속되면서 간도에서는 물가가 상승하였고 한인의 생활은 큰 타격을 입었다.[80]

(2) 간도경제의 대일종속화

일제는 제1차 세계대전을 기점으로 대륙침략의 필요성을 더욱 절감하게 되면서 이에 보조를 맞추어 경제정책을 실행하였다. 일제는 제1차 세계대전기와 그 후 산업의 보호와 자본주의 고도화를 지향하면서 생산 과잉을 초래하게 되었다. 더욱이 전후 대장성과 경제계는 일본무역의 전환 즉 수입초과 재외 정화 감소, 외채증가 등의 현상을 조종하여 '수출촉진'에 경주하였다. 그 결과 滿蒙이 이들 상품의 확실한 판로로 떠오르게 되었다.[81]

일본제품의 독점적 유통(수입)과 간도산 곡물의 무역 거래는 간도경제에 일시적 호황을 가져다주었다. 이러한 측면에서 먼저 간도의 경제계와 그에 미친 중요한 원인을 서술하고자 한다. 1916년 후반기부터 1917년 상반기까지 간도산 곡류의 한국과 일본 수출의 호황은 괄목할 만한 상태에 이르렀다. 한국에서 산출되는 콩의 가격이 상승하였기 때문에 상대적으로 낮은 가격의 간도산 콩류의 수출이 활성화 되었다. 이로 인하여 간도경제계는 크게 활기를 띠게 되었으며,

---

80) 朝鮮總督府, 『間島問題ノ經過ト移住鮮人』, 1931, 76쪽.
81) 『日本外務省文書』 Reel 23(MT12277), 「滿蒙ニ關スル一方案」.

이주한인 역시 곡류 가격의 상승으로 남는 곡식을 방매하여 생활비에 충당하였다. 이러한 수출호황에 편승하여 생산자인 농민보다 오히려 중간상인이 부를 축적하는 기현상이 연출되는 변화를 거듭했다. 이는 중간상인들이 주로 겸업을 하면서 해마다 투기적인 상매를 하였기 때문이다.[82]

간도경제계의 일시적 호황은 주로 콩의 수출이 활성화되면서 일본 상권의 확대로 나타났다. 이러한 가운데 간도경제계를 위축시킨 몇 가지 요인이 발생하였다. 먼저 곡가의 급등과 화폐유통의 혼란을 들 수 있다. 일본 국내에서 正貨의 격증과 공급력의 부족으로 물가가 상승하였으며 이에 수입상들은 고가 수입품의 매입에 큰 곤란을 겪고 있었다. 또한 간도의 일반인은 모두 긴축책을 강구하여 필수품 이외에는 구매하지 않는 상태였다. 이러한 현상이 지속됨으로써 일본·중국·한국상인의 거래는 심하게 위축되었다.[83]

둘째, 牛疫의 발생이다. 간도 이주한인의 대부분은 농업을 생산기반으로 하고 있었으며, 그들의 유일한 농업자본은 畜牛였다.[84] 그런데 1910년 이래 牛疫이 발생하면서 간도경제계에 심각한 타격을 가하였다. 제1차 세계대전이 발발하면서 生牛와 牛皮에 대한 수요가 급증하였는데, 牛疫으로 인하여 정당한 가격을 보장받을 수 없었다. 1917년 상반기에 축우의 폐사수는 정확하지는 않지만 약 230두를 헤아리며 드러나지 않은 수까지 계산하면 300두 정도로 추산된다. 당시 생우 1두의 가격이 40원 정도이므로, 그 손해액은 12,000원에 달하였

---

82) 金正明, 『朝鮮獨立運動』 5, 517쪽. 수출상은 완전히 일본 상업자본의 지배하에 놓여 있었고 독립성이 없는 매판적 존재였다. 이들은 조선은행 용정지점의 개설과 함께 상권을 장악하게 되었다.
83) 東拓, 『間島事情』, 735~736쪽. 길림 官帖의 하락과 일본화폐의 상승은 간도경제계의 중요한 문제였다. 특히 1925년 奉天票의 하락으로 만주지역 경제는 일본자본에 더욱 예속되었다(京城商工會議所, 『朝鮮經濟雜誌』 126, 1925, 18~22쪽).
84) 統監府臨時間島派出所, 『間嶋産業調査書』 1(農業調査書), 67쪽. 이주한인이 보유하고 있던 축우의 가격은 1두당 보통 30원 정도였다.

다.[85] 뿐만 아니라 축우는 생산물 운반에 매우 중요한 수단이었기 때문에 우역으로 인하여 물자의 운송에도 불편이 가중되었다.

앞에서 언급하였듯이 이러한 상황에서도 간도에서는 白豆의 수출로 일대 호황을 누리게 되었다. 三井물산이 처음으로 영국에 판매를 개시한 이래 영국은 물론 유럽과 미국에서도 소비가 촉진되어 백두의 수출액이 크게 증가하였다.[86] 다만 백두에 대한 지나친 의존은 다른 농작물의 생산을 기피하게 되는 현상을 낳기도 하였다. 제1차 세계대전의 영향으로 백두는 일본 무역상뿐만 아니라 일반 도매상들이 가장 많이 취급하는 상품이 되었다. 각 상점의 경쟁으로 백두의 가격이 상승하여 1916년 1石當 평균 26엔에서 27엔대의 가격을 유지하였다.[88] 이해 수출된 백두는 15,000석으로 가격은 37만 5천엔을 상회하였으며, 이 자금은 간도경제계에 흡수되어 일시적인 호황을 가져왔다. 이러한 자금이 수입품 구매에 소비된 것이 아니라 토지매수에 집중됨으로써 일제의 자본제적 상품의 확산을 급속하게 진전시키지는 못하였다.[88] 1917년 이후 간도 농민의 무분별한 백두 재배와 수요량의 감소로 백두의 가격은 상당히 하락했다.

일제는 鐵道沿線 지방에서 일본상권의 확대 및 충실한 자금력을 바탕으로 경제의 중심을 일제의 관할지역 내에 두고자 하였으며, 이를 통하여 상업기관을 완비하고 滿蒙에서 경제력 신장을 도모하려고 하였다. 또한 중국상인을 일본 상권에 포함하여 보다 확고한 일본 상권형성을 이루고자 했다.[89]

일제의 조사에 의하면, 1916년 12월 현재 간도의 일본인 거주자는

---

85) 東拓, 『間島事情』, 741~742쪽.
86) 『朝鮮彙報』 3월호, 1917, 77~78쪽.
87) 東拓, 『間島事情』, 748쪽.
88) 이러한 백두의 호황은 당시 이주한인들이 무기를 공급하는 데 매우 중요한 역할을 하였다(李智澤, 「北間島」 15, 中央日報社, 1971).
89) 朝鮮銀行, 『鮮滿經濟十年史』, 231쪽.

총 144호 462명이며 이 가운데 98호 282명이 용정촌에 거주하고 있었다. 전체 거주자의 3분의 1 이상은 관리와 잡화상이었다.[90] 이는 간도에서 일제의 토지수탈정책이 중국측과 갈등으로 용이하게 진행되지 못했다는 것을 의미하기도 하지만, 동시에 간도의 경제를 장악하고 있는 상인의 대부분이 일본인이라는 것을 의미한다는 점에서 주목할 필요가 있다. 특히 중간도매상·곡물상 등은 간도 무역거래에서 중요한 인자로 자리잡고 있었다.

한편 간도의 농업생산력 발전과 함께 상품경제 발달은 동시에 상업 고리대자본의 활동분야를 확대·강화시켰다. 1920년 주된 농업 특산 수출상은 일본 상업자본가였으며 특히 三井·三菱이 가장 큰 자본을 가지고 있었다. 이들은 용정에 본부를 두고 각 지방을 연결하여 곡물을 수집·수출하였다.[91] 이 과정 즉, 생산자-지방상인-도매상인-수출상인에 이르는 동안 생산자인 이주한인은 저렴한 가격으로 농산물을 판매할 수밖에 없었다. 대부분의 이익은 중간상인과 수출상에게 돌아갔다. 또한 이들 중간상인은 지방농민의 수세적 자세와 봉건적 사회관계에 편승하여 평균적 상업이윤 이상의 초과이윤을 획득하였다.[92]

또한 수입 측면에서는 제1차 세계대전과 관련하여 물가의 상승을 초래하여 일반 주민의 구매력을 감소시켜, 수입물자가 일시적으로 감소하기도 하였다.[93] 또한 일본 국내를 원산지로 한 물자는 '物價調節令' 발포 이래 가격의 변동이 없었으며 1917년 상반기에 비하여 오히려 상승한 상황이었다.[94] 러시아혁명의 영향으로 루블화가 폭락

---

90) 『朝鮮彙報』 3월호, 1917, 174~175쪽.
91) 일본의 자본제적 상품 가운데 가장 경쟁력 있는 것은 면직류였다(『朝鮮彙報』 5월호, 1918, 3쪽).
92) 金正明, 『朝鮮獨立運動』 5, 517쪽.
93) 東拓, 『間島事情』, 733~736쪽.
94) 東拓, 『間島事情』, 750쪽.

하여 거의 불환지폐로 되고 길림관첩의 가치가 하락하면서 훈춘계와 길림계의 상거래가 끊기다시피 하였다. 이러한 상황 속에서 오히려 수입품의 매매는 저조하여 상인들은 금융핍박을 호소하였다. 이는 이주한인이 대부분을 차지하고 있는 간도의 지역적 특성에 기인한다고 할 수 있다. 이주한인의 대부분은 토지조사사업으로 조선의 농촌에서 유리된 자들이며 그들의 관심사는 토지를 매수하는 데 여유자금을 투자하는 것이었다.[95]

간도에서 일본상인의 수출입은 대개 회령 혹은 청진의 일본상인을 통하여 이루어졌다. 중국·한국상인들은 간도의 일본상인과 거래하는 자가 대부분이며 일본 본국과 직접 거래하는 경우는 거의 없었다.[96] 이렇듯 무역 결제에서도 심각한 문제점이 노출되었다. 일본상인은 이를 극복하고 상권을 보다 침투·확대시키기 위한 방법으로 은행을 설치해야 한다고 본국에 건의하였다.[97] 간도의 일본상인은 회령-청진과 거래를 주로 하면서 결제에 관해서는 간도 내에 수출입을 담당하는 금융기관이 없기 때문에 불편을 호소하고 있는 형편이었다. 이에 일제는 결제대금의 단일화를 추진했다. 수출입 대금의 단일화는 관첩의 하락과 엔화 강세로 연결되어 중국상인의 일본예속화를 더욱 촉진시킬 수 있었다.[98]

무역대금의 결제상황은 다음과 같다. 청진까지 송금은 대개 振替貯金이 보통 換에 비하여 요금이 낮기 때문에 일반적으로 간도상인의 거래는 荷物 발송 후 30일을 대금 회수의 기일로 정하였다. 또한 청

---

95) 東拓, 『間島事情』, 752쪽.
96) 滿鐵, 『間島事情』, 69~71쪽.
97) 『日本外務省文書』 Reel 637(MT33335), 「朝鮮銀行支店設置ニ關スル件(機密 제325호)」.
98) 중국측은 금융기관이 없어 외환의 불편함이 가중되었다. 특히 일본 상품을 취급하는 중국상인은 고객 대부분이 중국인으로서 지불대금을 중국화폐로 하였기 때문에 일본과 조선에서 일본상품을 매입할 때 중국화폐를 다시 일화로 교환할 필요성을 절감했다. 그러나 그 교환의 번거로움 즉 거래의 원활함을 기할 수 없었기 때문에 상장시 변동으로 인한 손실을 초래하였다(滿鐵, 『間島事情』, 75쪽).

진에서 하물이 마차 등에 의해 6~7일을 경과하여 간도(용정촌)에 도착함으로써 기일에 맞게 송금된 것은 기일부터 10일 안에 불입을 완료해야 할 정도로 복잡했다. 이 振替저금은 일단 京城 振替貯金部를 경유해야 하므로 빠른 시일을 요하는 특성상 이러한 하물 수령에서 대금 발송까지 여러 날이 경과하므로 현금 거래를 주로 하는 소자본 상인이 자유롭게 이용할 수 있는 것은 아니었다.[99]

또한 集金郵便을 이용할 경우 간도상인이 불입기일에 대금을 불입하거나 혹은 기일을 연기하고자 할 때 회령 상점에서는 통상적으로 30일 후불로 하였다. 이후 간도상점을 인수인으로 한 환어음을 발행하여 조선은행 龍井出張所는 할인을 의뢰함과 동시에 그 취지를 간도상인에게 통보했다.[100] 나아가 은행에서는 간도상인에게 환어음으로 集金 우편을 발행하여, 지급 기일 2일 전부터 해당 우체국에서 취급 방법을 의뢰하였다. 상인들이 이 방법을 이용할 때 지불 기간에 1개월의 여유가 생기기 때문에 그 사이에 금융을 편리하게 하고 이자 역시 낮았기 때문에 간도상인들은 이를 이용했다. 이와 같이 두 가지 방법에 의한 은행이자는 모두 그 후에 청진·회령상인들이 간도상인에게 별도로 청구하였다.

이러한 상황 속에서 수출입 대금 결제의 불편함을 해소하기 위해 조선은행 용정출장소가 설치되었으나 초기 이용률은 미미하였다. 이는 이주한인과 중국인이 근대적 금융기관의 이용에 익숙하지 않았기 때문이다. 조선은행 출장소의 설치는 이전까지 남만주지역에 집중적으로 설치되었던 것에 비하여 간도에는 1917년이 되어서야 비로소 설치되었다. 조선은행의 설치는 상인들의 신속하고 원활한 무역 대금결제를 위해 일제가 추진했던 중요한 선결과제였다.

---

99) 滿鐵, 『間島事情』, 175쪽.
100) 朝鮮銀行調査局, 『局子街方面ニ於ケル經濟狀況』, 18~19쪽.

2. 화폐유통의 변화와 朝鮮銀行券

1) 吉林官帖의 위기

(1) 화폐유통의 다원화

20세기 초기 세계는 전쟁과 제국주의 시대였다. 서구열강은 자본제적 상품판매와 원료 확보에 안전을 기하기 위해 끝없는 영토팽창 정책을 실행하였다. 아시아의 후발자본주의 국가인 일제는 시기적인 열세를 만회하려고 공격적인 '식민지 경영'을 추진했다. 이러한 정책을 수행하는 데 필수적인 요소가 화폐문제였다. 주지하듯 '대동아공영권'의 근간이 엔블록이었듯이, 일제가 식민지에서 추진했던 폐제개혁 또한 그 틀을 크게 벗어나지 않았다. 다시 말해 '현지조달주의'라는 기치하에 식민지 모국과 식민지의 경제적 '상생'을 위하여 화폐단일화를 모색하였다. 일제는 1912년 만주중앙은행 설립안을 제기한 것과 같이 '円'의 활동성을 강화시키는 길이 자국의 생존을 위한 요건으로 인식했다.

러일전쟁 이후 만주에서 일본은행 태환권이 유통되기 시작하면서 이 지역은 각국 화폐의 각축장으로 변하였다. 청국 정부는 혼잡한 화폐 발행·유통을 조절하고 화폐의 교환가치를 확고하게 유지하고자 많은 정책을 시행하였으나 반식민지화 상태에서 열강의 무차별적 자본 이식으로 방어능력을 점차 상실하게 되었다. 辛亥革命 이후 이를 바로잡고자 1914년 2월 國幣조례를 공포하였으나 효과를 거두지 못하였다.[101] 1935년 중국이 폐제통일법안을 공포하면서 그동안 중국에서 화폐 혼란상은 어느 정도 제거되었다. 이유는 중국이 반식민지 상태에서 외국은행이라는 경제적 지주와 군벌이라는 정치적·군사적 지주를 축으로 지

---

101) 藤井健三, 『滿洲通貨』, 安田保善社銀行部, 1929, 2쪽 ; 朝鮮銀行, 『鮮滿經濟十年史』, 345쪽.

배되고 있었기 때문에 폐제개혁이 늦을 수밖에 없었음을 반증한다. 지방군벌이 정권을 장악하고 있던 만주지역의 화폐유통은 악화 남발로 중국측 화폐의 경쟁력은 상실되어 가고 있던 상태였다.

이러한 상황 속에서 일제는 남만주에서 자본진출을 위해 1909년 安東에 조선은행 출장소를 설치함으로써 일본상인의 화폐 교환 불편과 혼란을 제거하고자 하였다. 만주에서 일본은행권은 관동주를 중심으로 유통되었으나 한국에서와 같이 독점적이며 배타적인 지위를 얻지 못했다. 당시 열강의 세력 다툼지역인 만주에서 화폐의 우위를 점하는 것이 어려웠기 때문이다. 반면 이를 성공적으로 수행하면 일본은행권의 블록화가 공고하게 됨을 의미한다.

간도지역에서 가장 많이 유통되고 있었던 화폐는 吉林官帖이었다. 이 화폐는 길림성 정부에서 1911년 吉長철도의 사업비를 늘리기 위해 남발함으로써 가치가 하락되었다. 1912년에서 1919년 사이에 관첩은 약 2.6배 평가절하되었다. 이로 인해 중국 상권은 위축될 수밖에 없었다. 또한 루블화 역시 훈춘지역의 무역쇠퇴로 1917년 이후 급격한 가치하락으로 불환지폐로 전락한 상태였다.[102]

일제는 본국의 화폐제도를 식민지에 이식하여 독점적 경제이권을 획득하려 하였다. 이는 본국경제의 지역적 확장을 의미한다.[103] 당시 간도에는 중국·일본·러시아 화폐가 동시에 유통되는 복잡한 양상을 띠고 있었다.[104] 이러한 상황은 당시 간도지역의 생산력 측면에서

---

102) 吉林官帖의 가치하락에 대해서는 塚瀨進, 『中國近代東北經濟史硏究』, 202~203쪽 참조. 하지만 그는 관첩 하락의 원인에 대해 단지 일본상품의 매매를 구체적인 근거로 제시하고 있으나 이는 간도경제계의 복잡한 상황을 지나치게 평면적으로 인식한 것이다.
103) 矢內原忠雄, 『植民及植民政策』, 有斐閣, 1926, 480쪽.
104) 각 통화의 교환율은 끊임없이 변하여 1908년 4월경에는 日貨 1圓에 대하여 청국 관첩 3吊 500文이었는데 1909년 10월에는 4吊 100文이었다. 露貨 1루블에 대하여 3吊 600文으로 교환되었다. 日貨 1錢은 韓葉錢 6개에 해당함으로써 韓 1兩은 일화 16錢 6厘 6毛이다. 또 日貨 1원은 淸貨 2吊 500文 즉 2천 500文 葉錢 1천 200文에 해당하며 1吊은 日貨 40錢으로서 그리고 은괴 1냥은 日貨 1원 69전 2리에 해당한다(統監府臨時間島派出所殘務整理所, 『間嶋産業調査書』 3편(商業調査書), 28쪽).

화폐의 유통이 발달할 수 있는 토대가 마련되어 있지 않았기 때문이다. 또한 화폐의 유통을 관리할 수 있는 기관이 없었던 점을 볼 때 화폐의 혼란상황은 불가피하였다고도 할 수 있다. 이는 만주를 둘러싼 열강들의 첨예한 대립·견제와 밀접한 관련이 있다.105) 간도지역의 화폐는 일일 시가 변동에 따라 가격이 일정하지 않다. 商務會에서는 당일 아침 길림·장춘 방면의 시세를 참작하여, 그날의 공정한 시가를 발표하고 시장에서는 이를 기초로 거래되었다.106)

먼저 기존 중국측 금융기관과 발행권에 대해서 살펴보고자 한다. 만주에서 유통되고 있는 중국측 화폐는 중국의 국영금융기관과 사설금융기관에서 발행한 두 종류가 있다.107) 이 가운데 경쟁력을 갖춘 것은 국영금융기관에서 발행한 화폐이다. 사설금융기관에서 발행한 화폐는 본위제에 충실하지 못한 부실화폐가 상당히 많기 때문에 오히려 유통시장을 혼란스럽게 할 뿐이었다. 1916년 간도에서 영업중인 중국계 금융기관을 정리하면 다음과 같다.

[표-3-7] 1916년 중국계 금융기관

	설립연도	자본금	형태	주요업무	비고
中國銀行	1913. 4	6천만 원(元)	주식회사 (각 주 은100원, 60만주발행)	예대금취급·위체·국고금	
交通銀行	1914. 4	1000만 냥	유한책임주식회사	일반상업은행업무·국고금	교통발달 도모
殖邊銀行	1914. 3	2천만 원(元)	상동	변방지역의 실업에 필요한 자금지원	지폐발행
吉林永衡官 銀錢號	1909	은 3만 냥		국고금	1898년 길림영형관첩 국에서 출발
奉天商業銀行	1914. 5	10만 원(元)	주식회사	일반은행업무	
黑龍江省官銀號	1908	은40만 냥		은호의 환 및 태환권발행	전당 업무

* 『朝鮮彙報』, 3월호, 1916, 162~163쪽 ; 朝鮮銀行調査局, 『局子街ニ於ケル經濟狀況』, 13~14쪽 ; 東拓, 『間島事情』, 793~794쪽 ; 滿鐵, 『間島事情』, 75쪽.

105) 江夏由樹, 「近代東三省の社會變動」, 『周緣からの歷史』, 東京大學出版會, 1994, 65~71쪽.
106) 朝鮮銀行調査局, 『局子街方面ニ於ケル經濟狀況』, 1918, 21쪽.
107) 사첩은 일명 錢票라고도 하는데 1910년 이전 간도지역에서는 23개의 상점에서 발행하는 것으로서 약 16,610吊에 달하였으며, 관첩에 비하여 신용이 매우 낮았다(統監府臨

Ⅲ. 일본상권의 확대와 금융기관의 설치

 위와 같이 간도지역에서는 중국계 금융기관 가운데 吉林永衡官銀錢號에서 발행하는 吉林官帖이 가장 많이 유통되고 있었다. 이러한 중국계 금융기관은 대부분 일제의 對간도 금융정책이 시행되면서 그 대책의 하나로 설치되었다. 하지만 각종 금융기관이 발행한 통화는 상당한 문제점을 내포하고 있었다.
 첫째, 지불준비금의 부족 현상을 들 수 있다. 준비금은 은행에서 예금자의 인출에 대비하여 항상 준비하고 있어야 하는 예비금으로서 은행에서는 상시 이를 보유하고 있어야 한다. 예컨대 발행액과 준비금과 관계는 일정한 규칙이 존재한다. 殖邊銀行의 경우 조례에 따라 적어도 발행총액의 4/10에 대해 현금 및 중국은행권을 준비하고 나머지는 보증준비로서 발행할 것을 규정하고 있다.[108] 그러나 식변은행 국자가지점은 개업 이후 지폐를 발행할 수 없어 長春에서 화폐를 수송하였기 때문에 간도지역에 대한 영향력은 상당히 미약한 편이었다. 그 업무는 오로지 대출에 있었으며 운용자금 또한 20만 元으로서 이자는 100元에 대하여 1分 5厘로 동산의 담보 또는 적당한 보증인을 요구하며 부동산 저당도 실시하였다. 길림·장춘으로의 환 수수료는 1,000元에 3~4元 정도를 받았다.[109] 둘째, 局子街 중국은행과 식변은행 지점의 영업상태는 중국인의 금융기관 이용에 대한 지식이 부족하여 이용하는 자가 적거나 또 자금부족 등으로 부진하였다. 국자가 중국은행 지점은 영업상태가 매우 부진하여 조선은행 용정출장소에 차관을 신청할 정도였다.
 한편 1917년 10월 중순 吉林督軍 경질문제와 '길림 독립사건'이

　　時間島派出所, 『間嶋産業調査書』 3편(商業調査書), 27쪽). 1910년 이후 사설금융기관으로서는 廣益과 裕豊이 있었다.
108) 가장 신용있는 중국은행권 및 교통은행권의 경우에만 비교적 원활하게 유통되고, 나머지는 충분한 준비금을 보유하지 못해 兌換이 원활하게 이루어지지 않아 표와 현금 사이의 가격 차이가 발생하게 되었다(「滿洲通貨一斑(二)」, 『朝鮮彙報』 10월호, 1916, 163쪽).
109) 東拓, 『間島事情』, 794쪽.

발생하여[110] 간도 주둔 중국군대가 길림방면으로 출동을 개시하면서 국자가 방면에서도 이 여파로 경제계가 일시 위축되었다. 중국은행 지점은 시국의 혼란함을 우려하여 모든 대출과 환업무를 정지하기에 이르렀다.[111] 이러한 가운데 1918년경 식변은행·중국은행 등이 잇따라 국자가에 지점을 신설하여 업무를 개시하면서부터 점차 태환권의 유통량이 증가하였다. 유통고는 각종 태환권을 포함하여 10만 元 정도였다.[112]

이와 같이 중국계 은행의 영업상황은 상당히 취약하였으며, 경영진 무능도 하나의 요인으로 작용하였다.[113] 특히 보증준비제도에 근거하지 않고 발행권을 남발할 경우 시장의 공황을 초래하게 되며, 이에 중국에서는 1912년 지폐증발을 금지하는 명령이 발표되기에 이르렀다. 요컨대 중국계 은행은 간도지역에서 관리자적 임무를 수행하지 못하고 일본 금융기관의 보조적 위치에 놓이게 되었다.

1910년대 초반 간도에 유통되고 있던 화폐는 크게 硬貨[114]와 紙幣[115]로 나뉜다. 먼저 중국측 화폐 가운데 洋錢은 銀元이라고 불리는 일본 銀券과 유사하다.[116] 중국에서 양전 발행은 張之洞이 兩廣總督

---

110) 『日本外務省文書』 Reel 118(MT 16146), 「孟督軍援助密電ニ關スル件(機密公 제48호)」 참조.
111) 東拓, 『間島事情』, 760쪽.
112) 간도에서 러시아 접경지역으로 훈춘 무역에 따라 러시아 화폐의 진입 및 露領 출가 한국인이 휴대하고 돌아온 것 때문에 러시아 지폐 유통이 일시 활발하였다. 특히 루블화는 간도지역 유통화폐 가운데 상당한 세력을 유지하고 있었다. 제1차 세계대전 이후 시세는 크게 하락하였다. 이후 다른 시장으로 반출되고 혹은 收藏되어 400~500루블만이 거래되고 있으며, 단지 그 收藏額은 1920년 5~6만 루블에 달했다(外務省通商局, 『滿洲ニ於ケル通貨事情』, 1919, 5~6쪽).
113) 朝鮮銀行調査局, 『局子街方面ニ於ケル經濟狀況』, 14쪽.
114) 1917년 간도 내에 유통되고 있는 硬貨는 일본 화폐 8만 5천圓, 露貨 1만 5천 루블, 중국 大洋 3만 원, 小洋 5만 5천 元, 소양동전 6만 元, 동 엽전 5만 元 등이다(東拓, 『間島事情』, 801쪽).
115) 1917년 일본화 55만 원, 露貨 24만 원, 중국 관첩 750만 吊, 대양 12만 원이다(東拓, 『間島事情』, 803쪽). 1917년 간도 화폐유통액은 정확하게 알 수 없으나 일본화폐 40만 원, 官帖 약 7~8백만 吊(약 60만円), 露貨 약 20만 원 정도이다. 위의 통계는 상당한 차이를 보이고 있다. 즉 당시 간도에서 화폐통계를 관리하는 기관이 거의 없었고 또한 3개국의 통화가 빈번하게 사용되고 있었기 때문에 신뢰할 만한 통계가 나오기 어려운 실정이었다.

Ⅲ. 일본상권의 확대와 금융기관의 설치

으로 부임하여 당시 주조발행의 부조리함을 피력하면서부터이다. 외국 은화 특히 墨銀(멕시코은)이 수입된 후 점차 많아지게 되었다. 量目·品位 등이 일정하기 때문에 거래상 편리하므로 개항장은 물론 부근의 商民이 많이 사용하는 등 유통량을 증가시켰다. 중국정부도 외국 은화를 모방하여 은화폐를 주조하는 등[117] 외국 화폐의 가치를 억제하고자 하였다.[118]

洋錢의 가격은 元으로서 1원의 10분의 1을 角 또는 毛라고 칭하였다. 양전의 종류에 1원, 5각, 2각, 1각, 5분 등 5종이 있었다.[119] 각종 양전의 수량 품목 및 품위는 다음과 같다.

[표-3-8] 洋錢의 品目과 品位

종류	量	目品	位
1원	庫平	7전2분	900
5각	동	3전6분	850
2각	동	1전4분5리	820
1각	동	7분2리	820
5분	동	3분6리	820

* 「滿洲通貨一斑」, 『朝鮮彙報』 10월호, 1916.

---

116) 동전은 관첩에 대하여 보조화의 지위에 있으며 官帖의 등락에 따라 그 算數를 달리한다. 보통 1전 銅貨 10매로서 官帖의 1吊으로 환산하고 게다가 이전에는 동전화 11매 또는 12매로서 관첩 1吊으로 환산하였다. 그런데 제1차 세계대전 이후 銅價의 폭등으로 동전을 매점하여 이를 녹여 銅塊로서 수출하였기 때문에 동가의 가격은 상승했다. 또 그 유통고가 감소하고 길림성뿐만 아니라 다른 성에도 銀銅價의 주조는 성행하였으나 중화민국 수립과 동시에 정지되었다. 1917년 유통되고 있는 것은 外省에서 수입한 것으로 각종 화폐가 유통된 간도에서 硬貨는 항상 부족하였으며 하급 노동자가 많이 거주하거나 경제조직이 유치한 곳에서는 小銀貨 및 銅貨가 증발하여 금융조절이 이루어져야 했다. 그러나 중국 지방정부는 이러한 방법을 사용하지 못하고 불환지폐를 남발함으로써 市況이 더욱 부진하게 되었다(朝鮮銀行調査局, 『局子街方面ニ於ケル經濟狀況』, 22쪽).
117) 특히 중국 지방정권이 은화폐를 주조한 것은 은의 보유량이 충분하였기 때문이라는 분석도 있다. 그러나 과연 당시 군벌정권이 은화폐를 주조할 만큼의 은을 보유하고 있었는가 하는 의문이 든다. 또한 당시 중국의 화폐정책의 실제 상거래에 반영되지 않았으며, 이는 그만큼 중국 화폐정책에 대한 일반민의 불신과 국가재정 또는 지방정권의 재정 결핍과도 연결된 것이라 할 수 있다. 이러한 현상은 1930년대 중국 화폐개혁으로 이어진다(野澤豊 編, 『中國の幣制改革と國際關係』, 東京大學出版會, 1981, 1~19쪽).
118) 「滿洲通貨一斑(2)」, 『朝鮮彙報』 10월호, 1916, 160쪽.
119) 滿鐵, 『間島事情』, 76쪽.

庫平이란 중국정부가 제정한 平으로서 정부의 收納 지출(海關稅를 제외함)에 관계된 銀兩은 모두 이에 따라 계산하였다. 下關조약의 규정에 의하면 고평 1兩은 575.82그램으로서 일본 9匁9分에 해당한다.[120] 이와 같이 양전은 양목과 품위가 일정하게 정해져 있으나 실제로는 규격에 맞지 않아 거래상 교환가치가 상당히 하락되는 결점을 가지고 있었다.[121]

한편 중국화폐 가운데 간도에서 가장 많이 유통되었던 길림관첩은 吉林永衡官帖局에서 발행한 5가지 지폐 가운데 하나로서 1900년부터 발행되었다. 액면가치로는 1吊·2吊·3吊·5吊·10吊·50吊·100吊가 있다.[122] 이 관첩은 1911년 현재 간도에서 약 80만 吊의 유통고를 보이고 있었다.[123] 이는 局子街의 관청과 상인 그리고 일반인들이 모두 永衡官銀錢號에서 화폐를 교환할 수 있었기 때문이다. 특히 1915년 길림성 재정청의 훈령에 의해 중국은행에서 대리취급하고, 금고업무를 영형관은전호에 넘겨 주었기 때문에 延吉永衡官銀錢號에서 지방의 모든 재정과 경비지출을 담당하게 되면서 유통고는 증가하였다.[124]

(2) 吉林官帖과 루블화의 하락

길림관첩의 가치는 1911년 신해혁명을 기점으로 상당히 하락하게 된다. 물론 銀 시세의 고저에 따라 일본·러시아 화폐에 대한 변동이 생겼지만 무엇보다도 신해혁명의 영향으로 점차 하락의 경향을 보이고 있었다. 신해혁명의 와중에 대다수의 청국 관리가 피난하면서 관

---

120) 「滿洲通貨一斑(2)」, 『朝鮮彙報』 10월호, 1916, 160쪽.
121) 藤甘建三, 『滿洲の通貨』, 安田善社銀行部, 1929, 4쪽.
122) 김택 주필, 『해방전 연변경제』, 연변인민출판사, 1994, 358쪽.
123) 길림성의 조사에 의하면 1908년 길림성 전체의 호수 566,956호, 인구 4,222,292명에 대하여 관첩의 발행고는 2천 5백만 吊으로 1인 평균 6吊 정도이다. 1911년 현재 간도의 중국인 인구를 8만 명 내외로 추산하면 간도의 官帖 유통고는 약 48만 吊이라 할 수 있다(朝鮮銀行羅南出張所長, (「間島及琿春地方經濟狀況」, 『朝鮮銀行月報』 3-4 부록, 1913, 34쪽).
124) 김택 주필, 『해방전 연변경제』, 362~363쪽.

첩을 다량 반출하였으며, 이를 일본화폐와 러시아 화폐로 교환·충당하려고 하였다.[125] 때문에 길림관첩의 가치는 하락하였으며, 상대적으로 금본위의 일본화폐는 일정한 가치를 유지하면서 간도에서 경쟁력을 제고했다.

관첩의 통용구역은 길림성 전역이었으며 본위화폐로서 일반에서 사용되었다. 발행 초기에는 발행액에 대하여 상당한 준비금을 가지고 있었다. 길림성의 재정문란이 해마다 계속되면서 官銀錢號가 독자적인 화폐정책을 수행하지 못함으로써 내부의 분규가 끊이지 않았다.[126] 또한 1911년 吉長철도의 부설로 지방관청에서 관첩을 상당량 증발하여 관첩의 가치는 하락하였다.[127] 그해 발행 총액은 약 2억 吊에 달하였는데 태환 준비금이 거의 없는 상태에 이르게 됨으로써 불환지폐로 전락했다.[128] 여기에 간도지역 경제의 문제가 심각하게 내포되어 있다.

간도지역의 물가는 대부분 관첩으로 거래되었으며,[129] 실질적으로 이에 대체할 만한 화폐가 1910년대까지 없었다. 길림관첩은 매년 계절에 따라 현저한 시세차이를 보였다.[130] 이 때문에 日貨 결제를 필요로 하는 상품 거래는 상당히 지연되는 경우가 많았다. 더욱이 중국 재정의 문란으로 길림관첩의 신용이 떨어져 日貨에 대한 시세가 일

---

125) 羅南出張所長 津村甚之助, 「間島及琿春地方經濟狀況」, 35쪽.
126) 外務省通商局, 『滿洲ニ於ケル通貨事情』, 1919, 6쪽.
127) 藤甘建三, 『滿洲の通貨』, 196쪽. 1911년 5월 8일 길림성 내 대화재로 인하여 그 손실액을 보충하면서 관첩을 남발하였다(付文齡 主編, 『吉林省金融編年記事』, 延辺大學出版社, 14쪽).
128) 길림관첩은 계속 남발되어 1928년 발행고는 약 30억 吊에 이르렀다(朝鮮總督府警務局, 『吉林省東部地方의 狀況』, 1926, 355~356쪽).
129) 만주에서 화폐의 시세는 통화의 교환가치를 측정하고 惡貨를 몰아낸다는 의미에서 사용되었다. 시장시세·만철시세·正金시세 등이 있었다. 이들 시세 기준은 일반적으로 금·은의 質價에 근거하였다(森田元治郞, 『滿洲ニ於ケル通貨及金融』, 滿洲日日新聞社, 1914, 7~8쪽).
130) 1919년 봄부터 白豆의 가격 하락으로 통화의 대종을 이루고 있던 길림관첩이 폭락하게 되었다. 당시 군벌의 통화량 남발은 인플레이션을 더욱 가속화시켰다(在間島日本帝國總領事館頭道溝分館, 「受持區域內接壤地帶事情」, 1928, 38쪽).

정하지 않기 때문에 가치는 하락될 수밖에 없었다. 1917년 상반기 관첩의 시세는 월 평균 시가 日貨 1원에 대하여 최저 15吊 최고 13吊 600文으로서 그 高低가 불과 1吊 400文에 지나지 않았다.[131]

일본과 중국 화폐는 원칙적으로 순조롭게 결제되어야 하는데 제1차 세계대전의 결과로 간도 수입 일본제품의 가격이 상승하여 결제가 日貨로 이루어지는 일본상품의 거래는 중국상인에게 장애로 작용하였다. 뿐만 아니라 관첩 가치의 하락은 중국인측에서 보면 日貨의 평가절상과 직결되는 것이기 때문에 잡화 가격의 상승과 마찬가지로 중국상인으로 하여금 일본상품의 구매를 저해함으로써 일본상인과 한인상인의 매입물자는 재고상태에 놓이게 되었다.[132]

이러한 가운데 관첩은 러시아 루블화의 하락으로 더욱 그 가치를 상실하게 되었다. 러시아 루블화는 간도지역과 지리적 인접성으로 일찍부터 유통되어 강세가 두드러지게 나타났다.[133] 특히 블라디보스톡을 경유한 훈춘 무역루트가 번성했을 때 상당량의 루블화가 유통되었다. 블라디보스톡이 자유항으로서 기능을 정지한 이후 1911년 간도지역에 유통된 루블화는 13만 원[1(円) : 2, 円貨로 환산] 정도였다.[134]

러시아 루블화는 러일전쟁 전부터 간도지역에 유입되면서 일반적으로 통용되었다. 또한 해마다 간도에서 러시아령으로 출가하는 중국인·한인이 많아 이들이 휴대하거나 또는 송금하여 오는 액수가 적지 않았다.[135] 훈춘을 경유하는 유럽과 러시아간의 무역은 제1차 세계대전으로 단절되었지만, 전쟁 전에는 수출입이 모두 활발하게 진행되는 가운데 그 유통액이 급증하였다.[136] 하지만 제1차 세계대

---

131) 外務省通商局, 『滿洲ニ於ケル通貨事情』, 1919, 6쪽.
132) 東拓, 『間島事情』, 736~737쪽.
133) 의화단난을 계기로 러시아의 만주진출이 본격화되면서 만주지역에서 루블화의 가치는 상당하게 높게 책정되었다(『朝鮮彙報』 11월호, 1916, 115~116쪽).
134) 朝鮮銀行羅南出張所長, 『間島及琿春地方經濟狀況』, 39쪽.
135) 笠原博, 『滿洲の金融機關と通貨』, 滿蒙産業硏究會, 1919, 85~87쪽.
136) 朝鮮銀行調査局, 『局子街方面ニ於ケル經濟狀況』, 24쪽.

전 후 러시아에 대한 외국자본의 투자 감소와 고금리로 인하여 루블화의 시세는 하락하였다.[137] 특히 러시아 국내 정치의 불안으로 루블화 신용이 떨어지고 중국인·한인으로서 자금이 풍부한 자는 또 다른 날 시세가 급등하는 것을 기대하여 루블화를 은닉하였지만, 자금이 부족한 자는 루블화를 관첩과 일본화폐로 교환하는 상황이 발생했다. 때문에 루블화의 가치는 더욱 하락할 수밖에 없었다. 제1차 세계대전과 특히 러시아혁명의 영향으로 간도에서는 불환지폐로 전락하게 되었다.[138]

1917년 상반기 볼셰비키혁명으로 러시아의 혼란상이 세계에 알려지면서 러시아화폐의 신용은 더욱 추락하였다.[139] 루블화의 유통쇠퇴는 간도 금융경제상 상당한 변화를 초래했다. 이는 러시아화폐 축적자의 자금 고정, 露支 국경무역의 부진, 露領 출가 한인의 감소 등 간도 금융경제상 큰 영향을 미쳤다.[140] 이와 같이 길림관첩 시세변화의 심화와 루블화의 가치 하락은 간도경제계의 변화를 상징적으로 보여주었다. 1919년까지 각 통화간의 시세를 표로 정리하면 다음과 같다.

---

137) 「一九一五年以降露國經濟事情一斑」, 『朝鮮彙報』 3월호, 1917, 158쪽.
138) 일제는 루블화 하락 현상에 대해 "과거 수년 이래 간도지방서 露貨의 유통력은 현저하게 쇠퇴하였다. 하지만 인접지역도 러시아 세력이 日貨 이상의 유통고를 보였으며 일시적으로 러시아 화폐 만능시대를 형성했다. 하지만 제1차 세계대전 이래 露貨는 현저히 低落하였으며 이것이 결코 영속적인 현상이 아니라고 간주한 지방 자산가 및 일반 露貨 소지자는 露貨 앙등의 시기를 꿈꾸고 이를 방매하지 않음으로써 그 축적액은 의외로 큰 것은 아니었다"라고 하였다(東拓, 『間島事情』, 805쪽). 그러나 루블화의 하락은 일제가 예견한 것처럼 낙관적인 것은 아니었다. 즉 청진항의 상인들은 루블화를 받지 않았으며 이로 인한 농민들의 구매력이 현저히 감소하는 결과를 초래했다(『朝鮮總督府月報』 5-1, 60~61쪽).
139) 러시아는 혁명이 진행되면서 통화량이 13개월 동안 2.8배 증가하였다. 때문에 심각한 인플레이션이 발생하여 루블화의 가치가 폭락하게 되었다(M.Dobb 지음(임휘철 옮김), 『소련경제사』, 형성사, 1989, 121쪽).
140) 東拓, 『間島事情』, 739~740쪽.

[표-3-9] 金1円에 대한 吉林官帖 시세표(단위 : 吊文)

연도	1912	1913	1914	1915	1916	1917	1918
최저	7,820	9,450	12,000	13,850	14,560	15,130	18,700
최고	5,900	8,400	10,900	11,780	10,500	12,970	14,800
평균	6,687	9,00	211,377	12,820	11,900	13,910	17,077

* 朝鮮銀行調査局, 『局子街方面ニ於ケル經濟狀況』, 25~26쪽 ; 東拓, 『間島事情』, 744쪽 ; 笠原博, 『滿洲の金融機關と通貨』, 滿蒙産業硏究會, 1919, 137~138쪽에 의거하여 작성하였음.

[길림관첩 시세표]

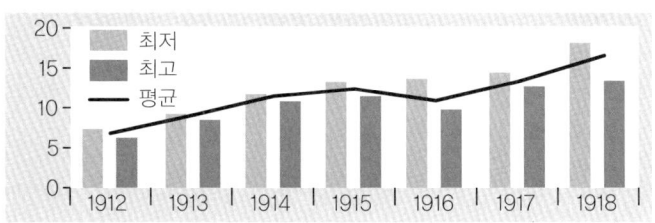

　[표-3-9]에 의하면 관첩은 엔화에 대하여 지속적인 약세를 보이고 있다. 원인은 길림성 정부에서 화폐를 지나치게 많이 발행하여 각종 사업을 전개하였던 때문이다. 1919년 4월경에는 관첩의 가치가 1엔 대 30吊까지 하락하였다. 앞서 언급하였듯이 국자가에서 화폐시세는 1913년 말부터 중국 상무회에서 소수의 상인이 당일 시가를 정하여 발표하면서 형성되었으나, 각 상점간 시세의 차이로 인해 폐해가 발생하여 1915년부터 길림과 장춘의 시세를 참작하여 결정되었다.[141] 그 이유는 관첩이 지닌 경쟁력, 즉 국고금 납입 등 공공기관 수납금의 성격을 지니고 있었기 때문이다. 그러나 다른 화폐와 경쟁력에서는 많은 문제점을 내포하고 있었다.[142]
　한편 러시아 루블화의 가치하락은 훈춘계 무역통로의 쇠락을 수반

---

141) 朝鮮銀行調査局, 『局子街方面ニ於ケル經濟狀況』, 26쪽.
142) 藤甘健三, 『滿洲の通貨』, 200~201쪽.

하였다. 때문에 루블화를 많이 보유하고 있던 중국·한국상인들은 관첩과 일본화폐로 교환하려 했기 때문에 루블화의 가치는 더욱 떨어질 수밖에 없었다.[143] 1917년도 루블화의 엔화에 대한 시세를 표로 정리하면 다음과 같다.

[표-3-10] 1917년 露貨 시세표

월	1월	2월	3월	4월	5월	6월	7월	8월	9월	10월	11월	12월
상장(錢)	55	60	56	53	52	42	14	14	13.5	14	14	15
1월대비차	100	109	101.8	96.3	94.5	76.4	25.5	25.5	24.5	25.5	25.5	27.2

* 東拓, 『間島事情』, 744·772쪽.
** 루블화 1루블에 대한 엔화의 가치.

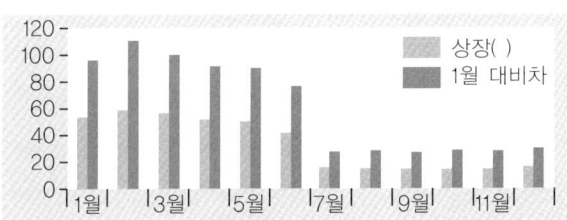

[길림관첩 시세표]

[표-3-10]에서 알 수 있듯이 6월과 7월 사이에 루블화는 큰 폭으로 하락하였다. 1년 동안 약 4배 정도의 가치하락을 보인 것이다. 그 배경은 러시아혁명의 정세와 매우 밀접한 관련을 가지고 있었다. 극동지방까지 미친 혁명의 영향으로 루블화는 그동안 간도에서 축적했던 경쟁력을 상실하게 되었다.[144] 루블화의 가치하락은 간도경제계에 심각한 영향을 주었다. 그 한 예로서 중국측의 사설금융기관인 裕

---

143) 東拓, 『間島事情』, 744쪽.
144) 外務省 通商局, 『滿洲ニ於ケル通貨事情』, 7쪽.

豊과 廣益의 도산을 들 수 있다.[145] 이 기관들은 소액 대출을 실시하여 금융계에 일정한 역할을 담당하였으나 루블화에 대한 환차익 영업이 실패함으로써 회복 불능상태에 빠지게 되었다.

광범위한 지역에서 유통되어 일반인이 안전하게 사용하였던 루블화가 급격한 가치하락 상태에 이르게 되자, 민심은 불안정한 상태에 놓이게 되었다. 이러한 현상은 무역과도 밀접하게 관련되었다. 1915년 청진항 통과무역은 51만 5천2원으로서 1914년에 비하여 23만 8천859원의 감소를 보이고 있다. 이는 전년부터 이어진 간도・훈춘지방의 수해로 인한 농작물의 減收, 운임의 급등, 구매력 위축 등의 원인도 있었으나 루블화 폭락 또한 경시하기 어려운 중요한 문제였다.[146] 즉 루블화의 폭락으로 인한 구매력 감소는 간도경제를 위축시킬 수밖에 없었다. 일본화폐와 교환율은 적어도 3・4할 정도 감소함으로써 루블화 소유자의 구매력이 감소하는 것은 당연한 현상이었다.[147]

---

145) 개인적 사립금융기관에는 앞에서 서술하였듯이 裕豊전호・廣益전호가 있었다. 이 두 전호가 露貨폭락으로 폐점하는 바람에 간도 금융계는 큰 타격을 입게 되었다. 유풍전호는 1917년 7월에 창립되어 자금 官帖 5천만 吊이며 局子街의 중국상인 여러 명이 공동 경영한 금융기관이었다. 자금은 중국은행 지점에서 융통하였기 때문에 넉넉한 편이었고, 역사가 일천함에도 불구하고 신용이 점차 높아져 활동이 활발하였다. 그런데 이곳 관리자가 露貨의 하락에 따라 한번에 巨利를 취하고자 이것을 매입하였기 때문에 거액의 손실을 보게 되어 마침내 폐점에 이르렀다. 광익전호는 자본금 100만 吊으로 그 관리자의 교묘한 영업 방법으로 세상의 신용을 널리 받게 되어 奉天・長春에서도 그 분호를 설치하여 폭넓은 영업에 종사하였다. 그러나 露貨의 가치 하락에 따라 분호와도 연락하여 露貨를 많이 매점하였기 때문에 이것 역시 裕豊전호의 전철을 밟아 결손액이 무려 2백만 吊에 달하여 도저히 영업을 할 수 없어 폐점하기에 이르렀다. 이상과 같이 간도금융계에서 중요한 역할을 담당하였던 두 전호의 폐점은 官帖 本位의 한국・중국인에게 큰 타격을 주었고 간도 금융경제계에 큰 지장을 초래하였다. 두 전호 외 개인적 사립 小금융기관은 국자가・용정촌에 3~4개 존재하였는데, 이들은 자본규모가 작고 시가지 혹은 그 부근에서 금융을 도모할 뿐이었다(東拓, 『間島事情』, 762쪽).
146) 러시아화폐의 가치 폭락으로 간도 금융계의 전반적인 불황을 초래하게 되었다. 특히 관첩에 막대한 영향을 미쳤다(朝鮮銀行調査局, 『局子街方面ニ於ケル經濟狀況』, 20쪽).
147) 「滿洲通貨一斑」, 『朝鮮彙報』 10월호, 1916, 75~76쪽.

2) 朝鮮銀行券의 유통

(1) 엔의 강세

일제의 식민지 투자 특히 만주침략은 자국의 이익옹호와 중국인과 '융화' 및 '신뢰'를 바탕으로 한 경제정책을 수행하는 데 있었다.[148] 이러한 정책 방향은 초기 일제의 세력이 미약했을 때 그리고 열강들의 이해관계가 복잡하게 내재되어 있었던 만주의 특수 상황에 기인하였다. 만주에 대한 일제의 투자는 정부와 민간의 복합된 형태로서 전개되었다.[149] 특히 화폐의 유통은 이러한 사업전개에 매우 중대한 사안이었다.

만주에서 일본통화의 유통은 橫濱正金銀行[150]이 1902년 牛莊에서 만기 銀手形을 발행하면서부터이다. 러일전쟁 당시 일본군이 필요에 따라 은본위의 軍票를 발행하였는데, 유통고는 1억 5천만 원에 달하였다. 전쟁 종료 후 이를 정리하기 위하여 1906년 9월부터 橫濱正金銀行이 銀票를 발행했다. 당시 은표는 법률에 의해 강제 통용력을 가지고 있었지만, 銀 시세의 하락과 환산의 불편함 때문에 1907년 關東都督府의 수입표준 및 남만주철도 운임도 金票建으로 하였다. 또 일본인이 상당수 이주하면서 만철부속지 내에서는 일본인이 일상적으로 사용한 통화인 일본은행 태환권과 그 보조화가 유통되기 시작하였다.[151]

다음으로 본위 문제의 변천을 보면, 兒玉原太郎과 高橋是淸 橫濱正金銀行 총재의 의견에 따라 圓銀으로 통일하는 방침이 채택되어

---

148) 栗原健 編, 『對滿蒙政策史の一面』, 93~94쪽.
149) 金子文夫, 「植民地投資工業化」, 『近代日本植民地』 3, 岩波書店, 1993, 32쪽.
150) 1880년 창설된 橫濱正金銀行은 일본 정부의 국고금 일부를 위탁받아 관리하였는데, 주로 외국환 업무를 담당하였으며, 이에 따라 만주에 가장 먼저 진출할 수 있었다(中村政則 外, 『經濟構想』-日本近代思想大系- 3, 岩波書店, 1988, 130~133쪽).
151) 南滿洲鐵道株式會社 庶務部 調査課, 『滿洲に於ける通貨及金融の槪要』, 1928, 31쪽.

1906년 9월 칙령 247호 '橫濱正金銀行의 관동주 및 청국에서 은행권 발행에 관한 건'이 공포되었다.[152] 제5조 '橫濱正金銀行의 은행권은 관동주 및 청국에서 모든 거래에 무제한으로 통용하는 것으로 한다'라고 규정함으로써 은본위가 확립되었다. 그런데 일제의 이 방침은 사실상 실현되지 못했다.

이유는 첫째, 關東都督府 문무관의 봉급은 金建지폐로 하여 지불하고, 둘째, 滿鐵의 지불이 완전히 금본위로서 행하여졌기 때문에 칙령에도 불구하고 圓銀으로 통일시키려고 한 정부의 방침은 철회되었다. 이때 高橋 橫濱正金銀行 총재는 은본위제를 강제로 시행하려 하였고, 만철측은 금본위제를 채택하여 양자간에 상당한 논쟁이 있었다. 하지만 일본정부는 어떠한 결정도 내리지 못하였으며 1913년 7월 칙령을 통해 '은행권 발행에 관한 건'을 개정, 횡빈정금은행이 金銀 兩券을 발행하게 하여 그 유통상황을 관찰하였다.[153] 이에 앞서 살펴본 바와 같이 寺內正毅 내각에 의해 조선은행의 대륙진출이 이루어지고 金券에 의한 통일정책이 확립하게 되었다.[154] 이후 거래의 매매가격 문제를 중심으로 金銀 양자간에 논쟁이 있었지만 '僞滿洲國'의 건립에 이르기까지 금본위가 지속되었다.[155]

일본은행권(태환권)은 일제의 중앙은행인 일본은행에서 태환권 은행조례에 기초하여 발행한 金 태환권이다.[156] 일본은행권은 중국인·한인간에 주로 사용되었다. 중국인은 이를 老頭兒표라고 칭하여 '한번 주머니에 들어가면 나오지 않아' 유통고는 매우 적은 편이었다. 일본지폐는 중국측 은행 지폐에 비하여 인쇄가 선명하고 특히 지질이

---

152) 大藏省管理局,『日本人の海外活動に關する歷史的調査』22(滿洲編), 56쪽.
153) 大藏省管理局,『日本人の海外活動に關する歷史的調査』22(滿洲編), 57쪽.
154) 高承濟,『植民地金融政策史の史的分析』, 御茶の水書房, 1972, 86쪽.
155) 일제는 중국의 은본위제와 맞서 금본위제를 강력하게 진행하였다. 이것은 해외의 경제적 영향에서 일본 국내 경제를 보호하고 나아가 자본제적 상품의 교역에서 爲替로서 보다 원활한 유동성을 지닌 금권이 더욱 보편적으로 사용하게 된 것이다.
156) 笠原博,『滿洲の金融機關と通貨』, 79쪽.

Ⅲ. 일본상권의 확대와 금융기관의 설치

강하여 쉽게 위조하지 못하는 장점을 가지고 있었다. 또 중국지폐와 달리 시세 변동이 없어 매우 안정적이며 신용이 두터웠다. 일본인과 거래에는 일본지폐를 요구함으로써 일본화폐에 의한 거래도 중국인 · 한인 사이에 광범위하게 이루어지고 있었다.[157]

일본은행이 영업지역을 일본 국내로 한정하였음에도 태환권은 만주시장에 상당액이 유입 · 유통되었다.[158] 원인은 다음과 같다. 첫째 만주에서 일제의 금고 지불로서 그 주된 지출비 명목은 육해군성 · 외무성 · 관동도독부 등의 소속 세출이었다.[159] 본래 만주에서 일제의 금고 사무는 횡빈정금은행 만주지점에서 취급하였다. 그런데 이후 횡빈정금은행이 만주에서 圓銀에 대한 兌換券만을 발행하게 되면서부터 동 금고는 중앙금고에서 일본은행권의 회송을 받아 지불에 충당함으로써 만주에서 일본은행권 발행의 첨병임무를 담당하게 되었다.[160]

둘째, 일본 본국 여행객의 휴대에 의한 유입이다. 일본 여행객이 만주에 들어갈 수 있는 門戶는 주로 大連과 安東 2개항이었다. 1914년 한 해 기준으로 일본에서 만주로 들어가는 숫자는 대련항에만 22,230 명이었다. 한국을 경유하여 만주에 들어가는 경우도 적지 않았다. 여행객은 만주침략에 필요한 일제의 인적자원으로서 그들의 휴대에 의한 일본은행권의 만주 유입액이 상당히 증가하였다.[161]

---

157) 朝鮮銀行羅南出張所長, 『間島及琿春地方經濟狀況』, 25쪽.
158) 지폐에는 일본은행 兌換券의 10원, 5원, 1원 외 1905년 제일은행이 발행한 태환권 10원, 5원, 1원이 있다. 硬貨에는 50전, 20전, 10전의 각 銀貨, 5전의 白銅貨, 2전, 1전, 半錢의 각 銅貨가 있다(朝鮮銀行, 『鮮滿經濟十年史』, 348쪽).
159) 朝鮮銀行, 『鮮滿經濟十年史』, 354쪽. 일본이 러일전쟁에서 승리한 후 滿鐵을 설립하고 그에 따른 무역의 증가와 특히 파견 공무원의 월급 지출로 은행권이 많이 유통될 수밖에 없었다. 또한 이는 후에 만주에서 法貨로서 무제한 통용력을 인정받는 조선은행권의 유통과 매우 밀접한 관련이 있다. 즉 일본은 자국의 경제상황에 전혀 영향을 미치지 않는 일본 내에서는 실질적 불환지폐인 조선은행권을 만주에 유통시켜 식민지 경제구조의 배타적 규정력을 강화하고자 하였던 것이다(吳斗煥, 「滿洲에서 朝鮮銀行의 역할」, 『經濟史學』 25, 1998, 85쪽).
160) 『朝鮮彙報』 10월호, 1916, 168쪽.
161) 朝鮮銀行, 『鮮滿經濟十年史』, 351쪽. 만주 여행객의 직업 성분은 알 수 없으나, 이들

셋째, 무역 확대와 이에 따른 지불대금의 증가이다. 만주 시장에 유입된 일본은행권은 1912년말 1,699,000원에서 1915년 초에는 9,065,000원으로 3년이 안되는 기간 동안 약 5배의 유통증가액을 보이며 1918년에는 10,794,904원에 이르렀다.[162] 이렇게 만주에서 급속한 화폐유통 증가는 일제의 주된 활동거점인 남만주지역을 중심으로 진행되었다.

한편 간도의 경우 남만주의 일본화폐 유통액과 비교하였을 때 규모도 작고 속도 또한 느린 편이었다. 1910년 전후 간도에서 일본화폐의 주된 사용자는 이주한인이었다. 간도의 이주한인은 官帖을 일종의 폐지로 여겼다. 그리고 시가 변동마다 화폐를 교환하는 데 익숙하지 않았으며, 또 그들은 간도에 이주할 때 소유 토지·가옥을 매각하여 화폐로 휴대하였다.[163] 때문에 그들은 이주 후에도 전과 같이 일본·한국화폐를 사용했다.[164] 또 그들의 대다수는 농민이었으며, 중국인과 거래하는 경우가 드물어 청국화폐를 사용하는 예가 많지 않았다. 따라서 평소 가장 많이 사용한 것은 말할 필요도 없이 일본화 특히 조선은행권이었다.[165]

1912년 간도·훈춘지방에서 통화량은 약 60만 원으로서 그 가운데 일본화폐(한국화폐 포함)는 불과 12~13만 원에 지나지 않았다.[166]

가운데 상당수는 만주에서 경제활동을 하고자 하는 자들로서 일본은행권을 자유롭게 태환할 수 있을 정도였다. 그러나 그 지역은 상당히 제한되었을 것이라고 추측된다. 왜냐하면 1915년 이후 일본이 제1차 세계대전을 계기로 채무국에서 채권국가로 전환하여 무역에 종사하는 상인들이 상당수 증가하였다. 이들의 결제대금 방법의 발달 및 이에 대한 일본정부의 적극적인 정책에 따라 일본화폐의 만주 유통은 더욱 가속화되었을 것이다.

162) 笠原博,『滿洲の金融機關と通貨』, 80~81쪽.
163) 1910년대 간도 이주한인의 휴대자금은 다음과 같다. 1917년 호수 2,000호 자금 18만 엔 1호당 평균금액 90엔, 1918년 2500호 75만엔 1호당 평균금액 300엔, 1919년 3,000호 100만원 1호당 평균금액 333엔이다. 이 가운데에는 함경남북도 출신 이주자의 휴대자금이 압도적으로 많았으며 그외 지방출신은 매우 빈약한 자금을 휴대하고 있었다(『日本外交史料館文書』 Reel 32(38630, MF 05028),「移住鮮人狀況報告(公信 제101호)」.
164) 朝鮮銀行羅南出張所長,「間島及琿春地方經濟狀況」, 39쪽.
165) 朝鮮銀行羅南出張所長,「間島及琿春地方經濟狀況」, 38~39쪽.

Ⅲ. 일본상권의 확대와 금융기관의 설치

이에 비해 루블화는 간도에서 오랫동안 사용되어 유통량이 꾸준히 증가되어 왔다. 그런데 한인의 이주가 증가함에 따라[167] 일본화폐의 유통량도 점차 증대하여 루블화와 균등한 세력을 유지하기에 이르렀다. 특히 간도·훈춘 방면으로 일본무역이 발달함에 따라 日貨의 유통량도 점차 증가하였다. 때문에 일제는 루블화의 유입량에 대처하고 일본은행권의 유통을 증가시키기 위한 방안을 강구하였으며, 그것은 상업금융기관의 설치로 실현되었다.[168]

(2) 조선은행권의 유통

화폐의 불일치가 자국 무역과 상권 확대에 장애로 작용한다고 인식하였던 일제는 화폐단일화를 위해 다음과 같은 방책을 강구하였다. 첫째, 교통수단의 개선을 통해 간도지역과 한국을 연계하는 수출입 루트를 개발할 것, 둘째, 일본 수출품의 판로를 확장하여 간도지역의 경제관계를 한국과 밀접하게 할 것, 셋째, 남만주철도주식회사와 교섭하여 조선은행권을 일본은행권과 똑같이 수수하게 할 것 등이다.[169] 이와 같이 일제는 간도의 무역경제상 조선은행권의 유통을 적극적으로 추진하였다. 일본은행권과 조선은행권은 일본상인의 세력권인 용정을 중심으로 유통량이 급격하게 증가했다. 이에 따라 상품을 거래할 때 중국인 상호간의 소매에만 중국화폐가 사용되었다. 그 밖의 경우에는 모두 일본화폐를 사용하였다.

이에 일제는 안정적인 화폐가치를 보증하고자 통화제도를 개선하

---

166) 朝鮮銀行羅南出張所長, 「間島及琿春地方經濟狀況」, 40쪽.
167) 한인의 이주가 점차 증가하자 일제는 만주 특히 간도에서 러시아 세력을 물리치고 배타적이며 독점적인 경제활동·금융활동을 전개하고자 하였다. 이는 이주한인의 증가가 곧 일본 세력의 강화를 의미한다고 보았기 때문이다. 일제는 이주한인을 경제력 확장의 첨병으로 내세웠다(『日本外交史料館文書』 Reel 32(38630, MF 05028), 「居留日鮮人戶數人口職業報告ノ件」; 『衆議院議事速記錄』 2, 39쪽).
168) 일제는 간도지역에서 일본화폐의 지위를 확보하기 위한 유통액을 약 150만 원으로 잡고 있었다(朝鮮銀行羅南出張所長, 「間島及琿春地方經濟狀況」, 41쪽).
169) 朝鮮銀行羅南出張所長, 「間島及琿春地方經濟狀況」, 42쪽.

기 위하여 조선은행 지점을 간도에 설치하였다. 조선은행권은 시세가 안정되어 유통이 원활하였으며, 1917년 3월 조선은행 출장소가 개설됨으로써 유통이 보다 확대되었다. 종래 태환권 이외에 만주 각지에서 발행된 10·20·50전 등의 소액권이 유통되었으며, 유통액은 약 40만 원 정도였다.[170] 이와 같이 일제는 일본화폐 특히 조선은행권의 유통을 적극적으로 실시하였다. 이는 한편으로 만주(간도)지역에서 일화배척운동의 원인을 제공해 준 셈이다.[171] 다음으로 1918년까지 간도에서의 화폐 유통상황을 정리하면 다음과 같다.

[표-3-11] 1909~1918년까지의 화폐 유통상황(단위 : 만엔)

연도	중국	일본	한화	러시아	계
1909	46	7·8	1·2	·	55
1911	20~25	12~13	·	13~15	55~65
1916	60	40	·	20	120
1918	70	64	·	24	158

* 外務省通商局,『滿洲ニ於ケル通貨事情』, 2~3쪽 ; 滿鐵,『間島事情』, 77쪽 ; 東拓,『間島事情』, 801~803쪽.

[표-3-11]에서 알 수 있듯이 1909년 이후 일본화폐의 유통고는 상당량 증가하고 있었다. 약 10년간 8배 정도의 유통증가를 보이고 있다. 중국화폐 유통량도 증가하였지만 통화량 증발로 가치는 하락하였다. 한편 화폐의 교환가치가 일정하지 않았기 때문에 화폐교환에서 생기는 환산의 곤란과 손익의 부정확, 거래의 불편 등 장애가 초래되었다. 당시 일본상인 가운데 국자가·훈춘 등에서 점포를 갖고 있는 자는 관첩을 비롯하여 중국화폐로 상품을 판매하려고 하였으나, 환율의 어려움 때문에 중국화폐로 거래하는 경우가 드물었다.

---

170) 外務省通商局,『滿洲ニ於ケル通貨事情』, 8쪽 ; 東拓,『間島事情』, 801~803쪽.
171) 栗原健,『對滿蒙政策史の一面』, 97쪽.

즉 화폐가치가 고정되어 있는 것이 아니라 시세 변동이 심한 상황이었다. 때문에 일제는 조선의 대간도 무역에서 이와 같은 장애를 제거하려고 하였다. 화폐의 통일은 일제측으로서는 식민지 초과이윤 달성을 위한 매우 중요한 문제였다.[172] 다음은 일본상인들이 화폐통일의 필요성에 대한 문제제기이다.

  화폐통일의 문제를 해결하기 위해서는 조선은행권을 이 일대에 많이 유포하는 것이 가장 좋은 계책이다. 혹은 말하기를 중국인은 舊慣을 지키는 국민으로 이들에게 화폐통일을 말하는 것은 도저히 실행할 수 없는 바이다. 원래 화폐통일이란 문제는 곤란한 사업으로 이를 실행하는 데는 많은 장애가 있을 수 있다. 그렇지만 현재 화폐상태가 복잡하여 중국인이 교환에 고통을 겪고 있으며 일본화폐와 같이 왕성하게 이를 환영하는 상황이다. 일찍이 러시아의 東方經營策의 실시로 露貨의 세력은 간도·훈춘일대에 진작되었기 때문에 官帖 세력은 점점 세력을 잃어 일시적으로 그 자취를 감추었다. 이러한 사실에서 조선은행권으로 간도·훈춘 방면의 화폐를 통일시키는 것이 어렵다고만 할 수 없다.[173]

위의 내용 가운데에는 다소 과장된 표현이 있으나, 화폐유통 상황의 번잡하므로 상인들의 상거래를 위축할 수 있기 때문에 화폐통일을 적극 주장하였다.[174] 그 결과 조선은행권의 확대 유통을 추진하기에 이르렀다. 화폐의 유통확대와 가치(경쟁력의 강화) 유지 측면에서 일본 자본주의의 침투·확대와 제국주의 대륙팽창의 합일점을 도출

---

172) 교환수단 또는 지불수단으로서 화폐의 가치는 당시 일본상인의 영업활동에서 매우 중대한 사안이었다. 이는 더 나아가 무역상들의 활동과도 밀접한 관계가 있었다(朝鮮銀行羅南出張所長, 「間島及琿春地方經濟狀況」, 40쪽).
173) 朝鮮銀行羅南出張所長, 「間島及琿春地方經濟狀況」, 41쪽.
174) 고려서림, 『間島地域解放運動史』 1, 686쪽.

하고 나아가 조선은행권의 유통을 촉진하였다. 이와 같이 간도지역에서 조선은행권의 유통은 일본상품의 원활한 거래를 위해 필수적이었다. 이는 결국 간도 금융권이 일본에 예속되는 것을 의미한다.

한편 만주은행의 설립 추이에 대해 살펴보면, 횡빈정금은행이 특수 대출로 전환되면서 '滿蒙條約' 체결 후의 부동산 금융을 목적으로 하는 만주은행의 설립이 東拓의 확장 침투와 조선은행의 침투 나아가 그 후 조선은행에 대한 불만이 만주중앙은행 설립안으로 나타났다. 횡빈정금은행이 무역금융, 조선은행이 상공업금융, 동척이 부동산금융을 담당하는 금융기관으로 정비되었지만, 이들 상호간의 통제와 연락이 이루어지지 않았다. 일제는 이와 같은 정책의 혼선과 금융제도의 결함이 일찍이 만주 침투의 저해 원인으로 작용하였다고 인식하였다.[175] 이러한 가운데 1917년 3월 조선은행 용정출장소가 개설되자, 중국측에서는 이에 대항하기 위하여 같은 달 殖邊銀行 지점을 개설하였으며 동년 7월에 중국은행 지점이 개설되었다. 하지만 이들 중국측 금융기관은 조선은행에 대응할 만한 경쟁력을 갖추지 못하였다.[176]

국자가지역의 화폐유통과 물가는 모두 관첩 매매 기준 가격으로서, 각 화폐는 일일 시세변동으로 환율이 일정하지 않았다. 때문에 商務會는 매일 아침 길림·장춘 방면의 시세를 참작하여 당일 공정한 환율을 정하여 발표하였으며, 시장은 이에 기초하여 거래 매매하였다.[177] 1917년 간도총영사관의 조사에 의하면, 硬貨만 12만 엔의 유통고를 기록하고 있으며, 그 가운데 일본 화폐는 약 5만 원 정도였다. 제1차 세계대전의 특수가 끝나고 일제의 시베리아 출병 등으로 간도지역의 경제상황이 불안정하게 되면서 유통화의 결핍현상이 나

---

175) 朝鮮銀行, 『鮮滿經濟十年史』, 345쪽.
176) 朝鮮銀行調査局, 『局子街方面ニ於ケル經濟狀況』, 12쪽.
177) 朝鮮銀行調査局, 『局子街方面ニ於ケル經濟狀況』, 21쪽.

타났다.[178] 일본화폐 가운데에는 한국은화·銅貨도 있었으나, 그 수량은 매우 적었다.[179]

앞서 언급하였듯이 국자가에서 각 화폐 시세는 1912년 말까지 중국 상무회에서 소수의 상인이 집합하여 그날 시세를 정하여 발표하였다. 그런데 각 상점에서 환율이 차이가 있었기 때문에 간도총영사관에서 이를 항의하기도 했다. 1916년 7월 상무회 내에서 새롭게 가옥을 건축하고 銀元 시장을 설치하여 규정에 기초, 매일 아침 입회를 하고 길림·장춘 방면의 시세를 참작하여 환율을 결정하였다. 이러한 가운데 일제는 루블화의 하락으로 유통량이 감소될 것이며, 이에 조선은행권의 유통량이 증가할 것이라고 전망했다.[180] 1917년 3월 용정촌에 조선은행 출장소가 신설되어 일반 은행 업무를 개시하면서 일본인·한인·중국인 가운데 이용자가 많아 금융상 일본 예속화를 더욱더 촉진시켰다.[181] 또한 일본의 무역량이 증가하면서 조선은행의 소액권, 즉 50전·20전·10전이 간도지역에 상당량 유통되었다.[182] 당시 일상 거래에서 가장 많이 사용되는 것은 小洋과 銅錢으로서 대한제국기에 주조한 각종 小銀貨와 동화가 많이 혼용되고 있었다.[183]

한편 각종 硬貨는 지불 상 어떠한 제한도 없었으나 시중에서 유통량이 적어 일시에 많은 액수의 수집은 불가능하였다. 이러한 원인으로 보조화의 시세는 많은 변동이 내포되어 있었다. 예를 들면 다른

---

[178] 外務省通商局, 『滿洲ニ於ケル通貨事情』, 1~2쪽.
[179] 일제는 당시 중국의 화폐문란을 중국 당국자의 경제 상황에 대한 몰지각에서 기인하는 것으로 판단하였다. 이는 일본화폐의 유통에 대한 정당성을 마련하는 근거로서 사용되었는데, 전근대적 화폐제도의 종말을 고하고 나아가 근대적 화폐제도를 확립하는 길은 일본화폐의 유통을 통해서만 가능하다고 역설했다(森田原治郎 編, 『滿洲ニ於ケル通貨及金融』, 滿洲日日新聞社, 1914, 2쪽).
[180] 朝鮮銀行調査局, 『局子街方面ニ於ケル經濟狀況』, 21~25쪽.
[181] 『日本外務省文書』 Reel 637(MT33335), 「奉天大連長春ニ朝鮮銀行支店創設ノ件」.
[182] 『朝鮮彙報』 10월호, 1916, 「滿洲通貨一斑」.
[183] 外務省通商局, 『滿洲ニ於ケル通貨事情』, 5쪽.

곳에서 반입하지만 지리상 불편한 지점에서는 위험과 비용의 증가 및 銅價의 폭등으로 매점 행위가 발생하기도 하였다.[184] 또한 官帖에 대하여 그 보조화폐인 동전은 관첩 시세의 등락에 따라 그 계산을 달리하게 되는 것인데, 1919년 현재 1전 銅貨 10매로서 官帖 1吊에 충당하고 있으며, 이전에는 11매 또는 12매로서 1吊로 환산되었다. 제1차 세계대전 후 관첩 가치에 따라 동전을 매점하는 경우도 있어 이를 녹여 銅塊로 만들어 국외로 수출하려는 자가 적지 않았기 때문에 그 유통고가 감소하였다.[185]

1918년말 간도지역에서는 보조화폐가 상당히 부족하였기 때문에 이주한인 細民은 일용품을 구매하는 데 많은 고통을 겪었다. 또 잡화를 판매하는 일본상인은 거스름돈이 부족하여 적지 않은 불편이 따랐다.[186] 이에 대한 임시방편으로 거스름돈을 대신하여 煙草·燐寸 등을 중국인에게 제공하기도 하였다. 이러한 수단은 구매상인을 만족시킬 수 없었다. 따라서 점차 일본잡화의 매매가 둔화되었으며, 그 영향은 간도지역에서 일본 상권 침투·확대에 걸림돌로 작용하였다. 교환수단으로서 화폐 부족은 일본이 자본제적 상품수출을 확장하고자 하였던 기본 전략에 큰 차질을 초래했다. 이에 일본은 정화준비의 부족을 극복하고 이전까지 폐쇄경제와 같은 상황에 처해 있는 간도에 대하여 일정하게 화폐량을 증가시켜 일반인에 대한 화폐지배력을 더욱 공고히 하고자 하였다.

요컨대 비교가치 등락의 원인을 금괴 시가의 변동에서도 찾을 수 있다.[187] 보다 근본적인 원인은 관첩의 통화량 증액과 만주지역의 정세변화에서 비롯되었다. 국자가에서 지방경제는 관첩의 시세에 지배

---

184) 東拓, 『間島事情』, 802~803쪽.
185) 笠原博, 『滿洲の金融機關と通貨』, 89쪽.
186) 外務省通商局, 『滿洲ニ於ケル通貨事情』, 6쪽.
187) 일제는 금본위제를 위한 준비금 확보 차원에서 시베리아 출병 당시 퇴각할 때 상당량의 금괴를 강탈하였다(『日本外務省文書』, Reel 35~37 참조).

Ⅲ. 일본상권의 확대와 금융기관의 설치

되고 있었다. 그런데 각 방면에서 관첩을 日貨 혹은 루블화로 교환하거나 또는 매년 12월 중국인의 일반 납세 시기에 관첩 수요가 많아 시세 변동이 초래되는 등 일제가 그 추세를 예측하는 데 상당한 어려움을 겪었다. 특히 관첩의 등귀는 일본이 무역 수입을 늘리게 하였으며, 반대로 日貨의 등귀는 수출량을 증가시키는 현상을 낳았다. 이와 같은 상황 속에서 관첩이 점차 하락하자 실거래 또한 위축되는[188] 가운데 조선은행권의 유통을 촉진하는 결과를 초래하였다. 따라서 일제는 화폐 불일치를 극복하여 보다 원활한 화폐유통을 도모함으로써 식민지 초과이윤을 획득할 수 있는 유리한 조건을 형성하였다. 조선은행권의 유통은 식민지경제의 안정과 운영이라는 두 가지 침략적 기능을 수행하는 데 필수적인 사안이었다.

3. 조선은행의 침투와 역할

1) 조선은행 '利用論'

(1) 만주중앙은행 설치론

식민지 금융기관의 설치는 일제의 가장 완곡한 대륙침략 정책의 표현이다. 자본주의 체제의 확립은 명치유신 이후 일제가 진행해 온 절대명제였다.[189] 이러한 측면에서 볼 때 간도를 포함한 만주는 일제에게 중요한 현실적 무대였다. 만주에서 조선은행 지점 설치는 1909년 안동출장소가 처음이다. 비록 불안전하지만 발권은행의 성격을

---

[188] 1919년 길림관첩의 하락으로 길림성 정부의 재정이 곤란해지게 되었으며(皆川連, 「間島(金融經濟)」, 『日本外交史料館文書』 Reel 32(153156, MF 05028), 1923, 8쪽), 이는 1927년 장작림이 거액의 차관을 유치하는 결정적인 원인이 되었다.

[189] 횡빈정금은행의 설치는 중앙은행인 일본은행 설립보다 우선이었기 때문에 일본이 명치유신 이후 단행하였던 금융기관 설치의 한 단면을 극단적으로 보여주는 것이다.

띠고 진행된 조선은행의 만주지역 설치는 증가하는 무역액과 비례하면서 진행되었다.

일제가 만주에 침투하면서 지역적으로 러시아와 중국측과 마찰이 빚어졌다. 남만주지역에서도 예외는 아니었다. 특히 안동현에서는 세관문제 등으로 극단적인 대립까지 나타났다.[190] 이러한 가운데 진행된 조선은행의 설치는 기존 중국 금융기관의 재편을 초래하였다.[191] 간도에서는 통감부시기부터 이미 일제의 금융기관이 설치되었다. 물론 제2금융권이기는 하지만 일제로서는 상인보호와 통화권 확대 등을 목표로 진행된 결과물이 우체국이었다. 하지만 교역량의 증가와 정세 변화는 가변적 요인으로 인해 우체국으로는 감당할 수 없는 측면이 곳곳에서 노출되었다. 이리하여 1917년 3월에 용정에 조선은행 출장소가 설치되었다.

1905년 이후 조선에서 일본 통화의 무제한적인 통용권을 확립한 일제는 滿洲에서도 동일한 방법으로 일본은행권을 정화준비로 하여 세력 침투의 효과를 거두고자 하였다. 일제는 만주개방 이후 철도의 부설과 함께 일본인의 상권을 침투·확대시키기 위한 작업을 전개했다.[192] 일본은 러일전쟁 직후 횡빈정금은행으로 하여금 만주금융의 임무를 담당케 하였다.[193] 특히 円銀 및 동 은행권을 기초로 하여 러일전쟁 기간 사용되었던 軍票를 회수하고 통화문제를 해결하려한 것이다. 그러나 일본인 이주가 증가하면서 남만주 거주 상인들의 불만

---

[190] 국사편찬위원회, 「韓淸國境自由地代設定ノ議」, 『統監府文書』 2, 73~80쪽.
[191] 본장에서는 지역적으로 간도(동만)에 초점을 맞추었기 때문에 남만주·북만주에 대한 부분을 별고에서 취급하려 한다.
[192] 朝鮮銀行, 『鮮滿經濟十年史』, 1919, 224쪽.
[193] 남만주에서 통화에 관한 일본정부의 방침은 銀으로 통일하는 것이었지만 러일전쟁 후 관동도독부 및 남만주철도주식회사의 諸 거래는 金본위를 채용하였다. 한편 만주의 일본인은 계속 증가하여 그들이 휴대한 兌換券의 유통량이 크게 증가하였고, 橫濱正金銀行 역시 일반의 수요에 따르게 되었다. 1907년 7월부터 金 감정을 개시하였기 때문에 일본인 사이의 거래는 전부 金 감정으로 하여 후일 일본은행 태환권의 유통을 편리하게 하였다(『日本外務省文書』 Reel 637(MT33335)).

Ⅲ. 일본상권의 확대와 금융기관의 설치

이 고조되었다. 이에 일제는 1907년 關東都督部 收支의 표준을 金으로 고쳐 남만주철도주식회사의 지불을 金券으로 바꾸는 수단을 강구하였다.[194] 일제는 만주에서 일본자본의 축적을 꾀하였고, 나아가 대륙침략을 위한 경제적 기반을 확보하기 위한 근대적 금융기관의 설립계획을 추진했다. 이러한 상황 속에서 가시적인 정책입안이 이루어져 1909년 3월 일본 제국의회에서는 '만주에서 금융기관 설립'이라는 건의안이 제출되었다. 구체적인 내용은 다음과 같다.

> 만주에서 우리 상공업이 금융핍박 때문에 대단히 비참한 지경에 있다. 이는 금융기관 不備의 결과이다. 현재(1909년 : 필자) 횡빈정금은행이 있지만 이와 같은 상업은행으로서는 도저히 만주 경영상의 목적을 관철할 수 없다. …… 요컨대 만주 경영은 공업으로서 그 본위를 삼아야 하는데, 이는 농업측면에서 토지 소유 및 청국인과 관계에 비추어 도저히 발전을 바랄 수 없기 때문이다. 상공업 역시 청국인과 경쟁함으로써 일본인에 불이익이 있다. 적어도 만주의 사정에 통달하고 있는 자는 이를 잘 알 것이며 청국인이 도저히 미치지 못하는 기계력에 기초하여 만주를 경영해야 한다. …… 이와 같이 유망한 사업이 많이 있기 때문에 이들 사업을 위해서는 일대 금융기관이라고 할 수 있는 특수한 은행을 설립하여 애로사항을 해소하고 …… 이에 만주 경영의 기초를 확립할 수 있다.[195]

위와 같이 일제는 만주에서 자국의 경제적 경쟁력을 강화하기 위한 수단으로 횡빈정금은행 지점의 설치와 함께 나아가 法貨를 발행할 수 있는 은행 설립을 추진하였다.[196] 하지만 만주라는 특수 상황

---

194) 『日本外務省文書』 Reel 637(MT33335), 「滿洲ニ於ケル橫濱正金銀行金券ノ發行及朝鮮銀行滿洲支店設置ニ關スル件」.
195) 『衆議院議事速記錄』 2, 1992, 126쪽.

속에서 횡빈정금은행이 일본상인에 대한 금융지원을 원활하게 보조하지 못하였기 때문에 다음과 같은 안을 제시하기도 하였다. 첫째, 滿鐵에서 금융기관을 설립하고 경영할 것, 둘째, 새로운 대규모 은행을 설립할 것이 그것이다.[197] 이는 만주의 무역발달과 일본 이민의 토대인 토지에 대한 이권획득을 위해 특별은행을 설치하여 장기저리의 대부업무를 담당시켜야 한다는 것이다. 발행권 은행 설립은 만주 침략과 지배에 필요한 재원을 조달하기 위한 필요충분조건이었다. 특히 중국의 吉林永衡官帖局이 동만지역의 금융권을 장악하고 있었기 때문에 화폐의 통일을 위한 발행권 은행설립은 중국인과 경쟁에서 우위를 확보할 수 있는 제도적 장치였다.[198]

일제는 만주경영을 원활하게 도모하기 위하여 횡빈정금은행으로 하여금 무역금융을 취급하게 하고, 식산흥업금융은 日本興業銀行에 담당케 할 계획이었다. 그런데 일본흥업은행이 滿蒙에서 사업경영의 곤란과 자본투자의 위험이 예상되었기 때문에 지점 개설은 중지될 수밖에 없었다. 따라서 기존 금융기관으로서는 외환은행인 횡빈정금은행만이 있었다.[199] 이후 이주민의 증가와 기름방·기와·양조 등의 공업이 점차 발달하면서 척식자금이 필요하게 되어 1909년 제16회의 및 1910년 제26회의에서 자본금 1천만 원의 滿洲興業銀行 설립안이 제출되었다. 하지만 실현단계에 이르지 못했다.[200]

이러한 가운데 일제의 정부 당국자와 경제학자 사이에서는 '特殊銀行設立案', '橫濱正金銀行 확장안' 및 '남만주철도회사 兼營案'의

---

196) 中村正則 外, 『經濟思想』-日本近代思想大系 3, 岩波書店, 1989, 130~135쪽.
197) 『日本外務省文書』 Reel 635(MT33335), 「滿洲租借地ニ於ケル金融機關設立ニ關スル建議案」.
198) 『日本外交文書』 44-2, 48쪽.
199) 일제는 러일전쟁의 연장선상에서 橫濱正金銀行을 이용하여 金 감정개설을 용인하고 나아가 만주통화의 통일을 추진하였다(波形昭一, 『日本植民地金融政策史の硏究』, 早稻田大學出版部, 1985, 176쪽).
200) 『衆議院議事速記錄』 2, 126쪽.

세 가지 안건이 상정·연구되었다. 결국 제2안을 지지하는 大藏省의 주장이 받아들여져 1910년 5월 정금은행에 대한 특수대출을 명령하게 되었다.201) 횡빈정금은행의 주요업무는 換業務였다. 1910년 5월 일제는 국고에서 300만 엔을 융통하여 低利 대출을 개시하였다.202) 하지만 대출 성적은 일제가 예상한 것만큼 좋지 않았다. 일제는 일반 거류 일본인이 이용하지 않았기 때문이라고 판단하였다. 따라서 만주지역에서 우세한 세력을 유지하기 위하여 특수은행을 창설하고 일본인의 무역거래와 중·일 양국간의 경제적 협력을 공고히 할 것을 제의했다.203) 1914년 4월 大隈重信 내각이 성립되고 다음 해 21개 조로 된 '日支조약'을 체결하여 확고한 만주침략의 기반을 마련하였다.204)

일제는 일본인의 경제적 활동과 상권침투를 제약하는 모든 방해물들을 제거하기 위해 근대적 금융기관의 설치를 빠르게 추진하였다. 이러한 가운데 1915년 7월 3일 중의원에서 만주금융기관의 정비에 관한 안건이 상정되었다.

만주금융기관의 정비에 관한 의견

滿蒙은 日淸·日露 양 전쟁의 결과로 제국의 세력 범위에 들어왔고, 이곳의 개발은 일찍이 제국의 사명에 속하는 바로서 이 지역에서 일본인의 경제적 발전도 추구하는 성과를 거두기에 이르렀다. 비록 종래 관동주 조차지 및 남만주 철도 부속지를 제외하고 기타에서는 일본인

---

201) 『日本外務省文書』 Reel 637(MT33335), 「滿洲租借地ニ於ケル金融機關設立ニ關スル建議案」.
202) 1912년 12월말 대출구 수 275, 대출금 178만여 엔이었다.
203) 『日本外務省文書』 Reel 635(MT33335), 「滿洲租借地ニ於ケル金融機關設立ニ關スル建議案」. 물론 일제는 표면적으로는 중국과 협력을 내세웠지만, 이는 국제 여론을 고려한 조처였다.
204) 21개 조는 앞에서도 언급하였듯이 일본이 제1차 세계대전을 이용하여 중국에서의 각종 이권을 획득하고 배타적인 특수권익을 공고히 하고자 한 전형적인 힘의 산물이다(石田榮雄, 「二一箇條問題と列國の對應」, 『日本外交史-大正時代』, 有斐閣, 1958, 47쪽).

의 권리가 농상공 기타의 사업을 영위하는데 많은 장벽이 존재하였기 때문에 일본인의 발전이 이루어지지 않았다. 이에 자못 유감을 느낀다. 오늘날 日支新條約이 성립됨으로써 日支간의 현안을 해결하였다. 따라서 만몽에서 상술한 장애는 모두 일소되었을 뿐만 아니라 더욱이 여러 가지 이권을 획득하기에 이르렀다. 오늘날 이후 만몽에서 제국의 경제력 발전이 자못 크게 될 것을 기약할 수 있다. 그런데 만몽지역 산업발전에 대해서는 반드시 거액의 자금이 필요하다. 따라서 이 자금의 공급조절 임무를 담당해야 할 금융기관의 정비를 꾀하는 것이 가장 급선무이다. 이미 임시의회에서 이에 관한 건의안이 제출되어 衆議院을 통과하기에 이른 것과 같이 일반의 추세를 나타내는 것으로서, 조만간 그 실행을 보는 날이 있음을 믿는다. 비록 이들 금융기관의 조직 여하는 가장 신중하게 고려할 것임은 말할 필요도 없으며, …… 일찍이 만몽개발의 대목적에 이르는 것일 뿐만 아니라 滿蒙 일본인의 경제적 발전을 저해하지는 않을 것이다.[205]

일제는 만주와 간도지역에 대한 경제적 발전을 도모한다는 명목으로 금융기관을 설치하려 하였다. 이는 간도지역에 대한 배타적인 상업활동을 전개하기 위한 실질적인 노력, 즉 철도 및 토지지배를 통한 식민지 경제지배를 꾀했다.[206] 大隈 내각이 1916년 제37회의에서 정부안으로서 '滿洲銀行法案'을 제출한 것도 이러한 의도가 있었기 때문이다.[207] 이 법안은 중의원을 통과하였지만 귀족원에서 조사 불충분의 이유로 부결되었다.

1916년 10월 寺內正毅 내각이 성립되면서 만주에 대한 금융정책에도 큰 변화가 일어났다. 즉 횡빈정금은행의 부업적 특수 대출이 일반

---

205) 東亞經濟申報社, 『朝鮮銀行史』, 1987, 927~931쪽.
206) 『衆議院議事速記錄』 2, 76쪽.
207) 『衆議院議事速記錄』 3, 173쪽.

에게 효과가 적다는 것을 인식하게 되었다. 때문에 寺內의 大滿鮮主義가 작용하여 동양척식주식회사와 조선은행의 만주에 대한 진출이 추진되었다.208) 동양척식주식회사법을 개정하여 횡빈정금은행의 특수대출 업무를 승계시키고, 조선은행은 일반 상업금융의 중심기관으로 국고금 취급사무를 맡게 하였다. 이에 조선은행권은 만주에서 강제통용력을 부여받게 되었다.209) 즉 조선은행은 제한적이지만 만주에서 중앙은행과 같은 역할을 하게 된 것이다.

(2) 조선은행 설치론

일제가 식민지 금융정책의 큰 틀 속에서 진행된 통화권, 즉 법화를 발행할 목적으로 설립한 조선은행은 자본주의적 경제시스템의 전형적 산물이었다. 특히 화폐는 상품 및 자본 유통과 밀접하기 때문에 식민지의 화폐통일과 보급은 일본 국내 경제력의 지역적 신장을 의미한다.210) 이와 같이 일제는 자본주의적 식민통치에 필수적인 기능을 수행하기 위해 조선은행 지점 설치를 적극적으로 추진하였다. 만주에서의 조선은행 지점은 1909년 第一銀行이 安東지점을 인수하여 영업을 개시한 것이 처음이다.211) 이후 보다 제도적으로 조선은행 지점을 설치하고자 1911년 일본 제국의회에서 조선은행 법안이 제출되기에 이르렀다.

이 가운데 제23조 '조선은행권은 조선총독이 관할하는 지역에서 무제한으로 통용된다는 것'은 공간적인 측면을 강조한 것이며, 또한 이른바 선만일체화의 구체적 표현이라고 할 수 있다. 이와 같이 조선

---

208) 『日本外務省文書』 Reel 637(MT 33335), 「滿洲二於ケル特殊銀行機能ノ統一二關スル件(1917년 6월 8일)」.
209) 조선은행의 설립과 활동에 관한 연구로는 오두환, 「朝鮮銀行의 발권과 산업금융」, 『국사관농촌』 36, 1992 ; 羽鳥敬彦, 『朝鮮における植民地幣制の硏究』, 未來社, 1986, 148~158쪽 참조.
210) 矢內原忠雄, 『植民及植民政策』, 有斐閣, 1925, 480쪽.
211) 朝鮮銀行, 『朝鮮銀行二十五年史』, 99쪽.

은행의 만주지점 설치론의 요지는 다음과 같다. 첫째, 조선은행과 만주의 상업관계가 매우 밀접하게 연관되어 있다. 이는 단지 한국의 지배를 위해 필요한 것이 아니라 조선은행의 설치가 만주에서 일본상권과 맞물려 있기 때문이다. 둘째, 만주에서 日露 양국의 금본위의 은행권이 현저하게 유통된 것에 주목할 필요가 있다. 이것은 金券발행은행이 만주에 설치된다면 상인의 활동을 촉진하는 효과가 클 것이며, 나아가 일제의 상권침투가 보다 용이하게 진행될 수 있다는 일제측의 판단에 기초하였다. 셋째, 조선은행의 입장에서 보면 국내의 대외무역은 해마다 輸移入 초과를 보이고 있는데 그 금액은 1년에 3천7백만 원에 달했다. 이 금액은 조선은행 정화준비액의 약 3배 내지 4배에 해당된다. 조선은행권은 이러한 대외채무결제에 충당하여 왔다. 조선은행이 수출초과 지역으로 침투·확장함으로써 국내에서 손실액을 보전할 수 있다는 것은 매우 중요한 사안이었다.[212] 대략 세 가지로 조선은행의 설치론을 요약하였지만, 유일한 수출초과지역인 만주·간도에 대한 일제의 은행 설치와 활동이 1910년대 일제의 자본주의 성립에 큰 토대가 된 것만은 사실이다.

　1912년 12월 18일 봉천총영사는 조선은행 지점 설치에 관한 奉天상업회의소의 청원서를 본국과 조선총독에게 발송하였다. 봉천지역 일본상인들의 지속적인 외환은행설치 요구는 조선은행 설치로 구체화되었다. 또한 安奉線 개축은 조선은행의 설치에 박차를 가하는 계기가 되었다. 즉 안봉선 개축은 운송수단의 획기적인 개선을 초래하였기 때문에 조선은행권과 같이 여행객이 휴대하는 자금이 매월 약 2만 원에 이를 정도로 계속 증가하는 추세였다. 일본상인들은 조선은행권을 일본 태환권과 같은 가격으로 유지될 수 있는 화폐일 뿐만 아니라 조선은행 지점이 설치되면 그들의 불편은 사라질 것이라고

---

212) 『日本外務省文書』 Reel 637(MT33335), 「朝鮮銀行設立ニ關スル件」.

인식하였다.[213] 시기적 차이는 있지만 1939년 당시 조선은행 총재였던 松原純一이 조선은행의 만주진출을 '획기적인 사건'으로 표현할 만큼 매우 중대한 사업이었다.[214]

일제는 조선은행에 대해 화폐 혼란을 근절시키고 자본주의적 상품경제의 침투·확장을 수행하는 식민지지배에 필수적인 은행으로 간주하였다.[215] 특히 조선은행권의 발행제도는 식민지 경영에 필수적인 일본 엔화본위제도에 준거하고 있었다. 그 준비재정은 '屈伸發行準備制度'라는 것인데, 이는 원칙적으로 조선은행에서 발행하는 일본은행권 및 地金銀으로 된 정화준비를 법으로 하되 일정한 한도 내에서 믿을 만한 증권을 준비로 보증준비발행이 허용되는 탄력적인 제도로 운용되었다.[216]

남만주 조차지에서 세력침투는 일제로서 대륙침략의 경제적 확충을 위시한 군사적 팽창과도 상당한 관련을 맺고 있었다.[217] 군사적 팽창과 함께 일본인 상권침투가 동시에 추진되었으며, 1914년 중국 국경관세의 1/3 감소와 철도운임의 감소 등으로 한국과 만주의 무역을 촉진하고 나아가 엔블록화의 완성을 위해서도 조선은행의 지점 설치는 불가피한 측면이 있었다.[218] 한편 동양척식주식회사는 1917년 6월 이민 및 금융업을 滿蒙으로 확장하는 법률안을 제정하려고 했다.[219] 또한

---

213) 『日本外務省文書』 Reel 637(MT33335), 「朝鮮銀行請願ノ件」.
214) 朝鮮銀行調査課, 『朝鮮銀行三十年の回顧』, 1939, 5쪽.
215) 일제는 각 식민지에 식민지 중앙은행을 설립하여 모국은행과는 달리 그 지역의 은행권을 발행시켜 무역과 금융업무를 담당하게 하였다. 이는 대만은행의 설립의도를 통해서도 잘 알 수 있다(矢內原忠雄, 『植民及植民政策』, 491~492쪽).
216) 오두환, 「조선은행의 발권과 산업금융」, 『국사관논총』 36, 84쪽 ; 『衆議院議事速記錄』 2, 263~265쪽 참조.
217) 佐藤淸勝, 『滿蒙問題と我大陸政策』, 春秋社, 1931, 321쪽.
218) 朝鮮銀行, 『朝鮮銀行五年誌』, 14쪽 ; 高杉車峰, 『朝鮮金融機關發達史』, 實業タイムス社, 1940, 208~209쪽.
219) 『日本外務省文書』 Reel 637(MT33335), 「東洋拓植株式會社活動擴大ノ件」. 부동산 대부기관인 동척에 대해서는 제3장 2절에서 언급하고자 한다. 1917년 10월 1일자로 동척에 225만 원의 특별대부금이 상정되었으며, 이는 횡빈정금은행으로부터 인계하여 업무를 담당하게 되었다. 대부금의 가치에 따라 매년 9월 30일 동 금액을 상정했다.

일제는 일본상인의 보호를 목적으로 만주에서 신용조합을 조직하여 低利의 대부를 통해 상업활동을 원활하게 하고자 하였다.[220]

일제가 조선은행으로 하여금 대륙진출을 도모하는 데 필요한 경비와 자본제적 상품을 취급하는 상인의 환업무를 담당케 한 것은 두 가지 이유로 설명할 수 있다. 하나는 조선은행에 해외 식민지은행의 역할을 부과하여 그에 적합한 영업활동을 주문한 데 있으며, 다른 하나는 일본은행의 개입 여지를 미연에 방지하고자 한 것이다. 어쨌든 일제는 식민지의 경제적인 영향으로 자국 내 경제에 미칠 영향을 최소화하면서도 이윤을 극대화시키려 하였다.[221]

일본상인의 만주침략과 일본 경제의 침투·확대로 인한 수요와 공급 창출이 급격하게 증가되었다. 때문에 일제는 식민지 경제지배를 원활하게 하기 위하여 당시 수출초과 지역인 만주에 독점적이며 배타적인 특권을 제도적으로 유지하려고 했다.[222] 자금조달문제와 영업범위의 협소화를 극복하고 만주 간도지역의 화폐통일을 위하여 조선은행의 설치·확대를 추진하였다.[223] 이는 확보된 식민지라는 영업구역에서 각종 금융업무를 수행하는 특수은행의 설치가 요구되었음을 의미한다.[224]

2) 조선은행 龍井出張所의 상업금융활동

(1) 間島郵遞局 업무와 출장소 설치

식민지 중앙은행인 조선은행은 1917년 3월에 간도 용정촌에 출장

---

220) 『日本外務省文書』 Reel 637(MT33335), 「滿洲二於ケル日本商人ノ活動二關スル件 (1917)」.
221) 1919년 만주 각점의 일반 대출고는 1억 1천 2백만 엔이며, 조선점은 1억 4백만 엔으로 만주 각점의 대출고가 많았다(東亞經濟申報社, 『朝鮮銀行史』, 223쪽).
222) 朝鮮銀行, 『鮮滿經濟十年史』, 387쪽.
223) 東亞經濟申報社, 『朝鮮銀行史(資料編)』, 931~933쪽.
224) 鄭阿旭, 『한국근대금융연구』, 역사비평사, 2004, 81쪽.

소를 개설하였다.[225] 조선은행의 간도 침투는 일제가 그동안 중점적으로 진행해 온 대륙침략에서 경제정책에 관한 한 결정판이라고 할 수 있다.[226] 조선은행은 1909년 남만주 安東縣에 출장소를 개설한 이래 지속적으로 상업금융적 역할을 담당하였다.[227] 조선은행은 일제가 만주에서 수출초과를 지속적으로 유지하는 데 필요한 환업무를 무리없이 수행했다.[228] 특히 조선은행권의 발행준비제도는 제일은행권 발행준비제도를 답습한 독특한 식민지 은행권 발행제도였다.[229] 조선은행 용정출장소의 개설은 남만주보다 상대적으로 일본 세력이 미약했던 간도와 북만주의 러시아 접경지역을 적용대상으로 한 상업금융기관의 진출이었다.

조선은행 용정출장소가 개설되기 이전 환업무는 주로 간도우체국에서 담당하였다.[230] 간도우체국은 1907년에 일제의 통감부간도파출소가 설치되면서 부속기관으로 설치되었다. 간도우체국은 1910년 8월 국자가 영사분관에 분국이 설치된 이후 본격적인 업무를 개시했다. 특히 會寧·淸津과 거래하는 일본·한국상인의 대부분은 이 우체국을 통해 환업무를 처리하였다. 즉 간도우체국은 우편·전신업무가 주요업무였음에도 불구하고 금융대행업무도 담당했다. 이는 당시 환업무를 담당할 만한 근대적인 금융기관이 설치되지 않은 상황에서 일제가 간도우체국을 통해 무역업에 종사하는 자본가와 상인의 편의

---

225) 이는 조선은행이 龍井에 출장소를 개설하였던 지역적 배경에 그 원인이 있다고 할 수 있다. 당시 용정은 중국인이 많지 않았으며, 구성원의 대부분은 이주한인이었다. 또한 일본의 대륙침략 기관이 대부분 이곳에 자리를 잡고 있었기 때문에 치안상에서도 매우 유리한 곳이었다(川口忠, 『行脚記』, 81쪽).
226) 波形昭一, 『日本植民地金融政策史の研究』, 392쪽.
227) 조선은행 지점과 출장소는 1920년 현재 봉천·대련·장춘과 개원·하얼빈·전가전·영구·길림·용정 등 18개이다(朝鮮銀行, 『鮮滿經濟十年史』, 383~384쪽). 이 가운데 동만 즉 간도지역의 유일한 출장소인 용정 출장소의 개설은 러시아세력의 확대방지 및 조선인을 이용한 세력 확장이라는 두 가지 기능을 내포하고 있다.
228) 朝鮮銀行, 『鮮滿經濟十年史』, 384쪽.
229) 오두환, 「만주에서의 조선은행의 역할」, 『경제사학』 25, 84쪽.
230) 『日本外務省特殊調査文書』 11, 676쪽.

를 도모하였음을 의미한다.[231] 1910~1913년 간도우체국의 영업상황을 보면 다음과 같다.

[표-3-12] 간도우체국의 지역별 영업상황(단위 : 엔)

지역 \ 연도	1910	1911	1912	1913
龍井	218,725	276,146	303,799	523,947
局子街	39,780	120,465	205,563	300,316
합계	258,505	396,611	509,362	824,263

* 金正柱, 『朝鮮統治史料』 9, 851쪽.

[표-3-12]를 보면, 3년간 영업규모가 3.5배 증가한 것을 알 수 있다. 이와 같이 간도우체국은 환거래를 위한 필수적인 기관으로 자리를 잡아갔다. 간도우체국은 통신기관이면서 동시에 금융기관의 역할도 담당하였다.[232] 1916년에서 1917년 상반기까지의 영업상황을 보면 다음과 같다.

[표-3-13] 간도우체국의 영업상황(단위 : 엔)

년	월별	수입					지출				
		우편환	외국환	우편취립금	우편저금	우편진체저금	우편환	외국환	우편취립금	우편저금	우편진체저금
1916년	4월	14,279,080	68,070	22,448,140	20,719,330	8,733,790	27,371,910	0	802,570	11,464,420	72,330
	5월	7,936,000	0	28,031,120	11,897,220	12,857,220	17,130,100	139,600	4,928,900	12,217,165	390,595
	6월	8,751,740	302,400	25,513,400	18,996,030	11,353,260	36,164,980	0	1,300,250	16,903,440	482,890
	7월	5,561,740	299,880	15,940,320	11,964,220	18,240,625	26,703,240	0	2,669,300	9,957,810	381,605
	8월	26,729,840	253,980	6,024,270	19,856,800	18,240,625	48,297,900	0	772,720	8,215,675	2,994,150
	9월	34,320,320	277,730	0	18,087,260	14,016,555	58,870,030	59,260	0	13,983,180	1,623,510
	10월	25,030,420	0	0	13,890,210	18,677,540	74,261,430	0	0	14,980,920	221,350
	11월	47,751,270	372,680	0	12,876,590	23,413,570	66,653,760	70,940	0	15,164,580	1,404,605
	12월	44,058,810	664,360	0	8,996,990	18,482,870	27,407,430	58,970	0	9,624,790	1,192,130

231) 국사편찬위원회, 『統監府文書』 2 참조. 간도우체국에 대한 보다 체계적인 연구는 추후 과제로 삼고자 한다.
232) 統監府臨時間島派出所, 『間嶋産業調査書』 3편(商業調査書), 29쪽.

1 9 1 7 년	1월	27,407,430	58,970	0	9,624,790	10,192,130	44,058,810	664,360	0	8,996,990	18,482,870
	2월	36,146,970	146,540	0	15,047,200	13,366,830	24,465,260	118,130	0	14,525,290	1,752,820
	3월	43,166,780	142,370	0	8,015,920	18,630,510	32,553,700	294,840	0	11,836,375	1,153,410
합계		321,140.4	2,586.98	97,957.25	169,972.56	186,205.125	483,938.55	1,406.1	10,473.74	135,665,687	30,152,265

* 東拓, 『間島事情』, 774~776쪽.

[표-3-13]에서 알 수 있듯이, 간도우체국의 기능은 우편환과 저금 그리고 진체저금업무에 있었다. 이 자금은 조선은행 羅南지점에서 다시 京城의 본점으로 이전하게 되었다.[233] 따라서 상인들이 무역활동을 하는 데 수출입대금의 결제과정이 매우 복잡하였을 뿐만 아니라 수수료 또한 고율이었기 때문에 원활한 무역활동을 전개하는 데 많은 지장을 초래하였다.[234] 상인들의 금융기관 설치요구가 지속적으로 제기될 수밖에 없었다. 간도지역에는 상업금융기관이 존재하지 않아 간도우체국에 의하여 외상으로 現送되기도 하였다.[235] 그리고 일본상인들이 상업자금의 융통 내지 환 거래 등에 상당한 불편을 겪었기 때문에, 각 영사분관에서는 조선은행 또는 다른 은행의 지점 설치를 요청할 수밖에 없었다.[236]

1915년 이후 2년간 잡곡 수출이 호황을 누렸으며 농민들간에 금융이 윤택한 편이었다. 때문에 구매력이 일정하게 증진되어 조선은행 출장소의 설치가 요구되었다.[237] 일제로서는 1917년 이후 간도 수입품의 대부분이 일본제품이기 때문에 환전을 편리하게 하고 상인의 활발

---

233) 1912년 이후부터 간도우체국은 조선은행 회령지점에서 자금을 조달하였다. 따라서 지리적으로 인접한 회령과 교통편의가 요구되었으며 당시의 여러 조건 속에서 자금 조달이 용이한 회령지점을 택하게 되었다(朝鮮銀行, 『朝鮮銀行五年志』, 13쪽).
234) 『日本外務省特殊調査文書』 11, 676쪽.
235) 당시 간도 상인들은 화폐의 불일치로 인하여 환업무에 상당한 어려움을 겪고 있었다. 특히 무역량의 증가에 따른 일본 상인의 애로사항은 더욱 심하였다. 즉 우편환의 경우 다시 은행에서 교환하여 현금화해야 하기 때문에 상인들이 아예 기피하거나 이용이 제한적이었다(朝鮮銀行羅南出張所長, 「間島及琿春地方經濟狀況」, 27쪽).
236) 朝鮮銀行羅南出張所長, 「間島及琿春地方經濟狀況」, 12쪽.
237) 『日本外務省特殊調査文書』 11, 683쪽.

한 무역거래를 위해 조선은행 용정출장소를 설치하였다.[238] 조선은행 용정출장소의 개설은 간도지역을 무대로 상업활동을 전개하고 있던 일본상인들에게는 하나의 '복음'과도 같은 것이었다.

(2) 換 업무와 輿信의 민족적 차별화

간도상인의 환업무를 담당했던 조선은행 용정출장소는 신용과 상품담보로서 대출업무를 개시하였다. 하지만 토지에 대한 담보권을 설정하지 않았기 때문에 초기 사업은 미진한 편이었다.[239] 대다수의 이주한인은 토지를 매개로 경제활동을 영위하고 있었기 때문에 조선은행 용정출장소의 영업활동은 주로 일본인 특히 무역업자 등으로 국한되었다.[240]

간도지역에서 금융 특히 통화문제는 일제로서는 간도상권을 침탈하고 엔블록화를 추진하는 과정에서 반드시 극복해야 할 과제였다. 1915년 5월 이른바 '滿蒙條約'을 강압적으로 체결한 일제는 일본인 상권의 침투·확대를 법적으로 보장받게 되었다. 따라서 블라디보스톡과 인접한 간도지역에 환업무 및 상업활동에 필수적인 금융기관의 설치가 요구되었으며 이에 따라 설치된 조선은행 용정출장소는 일본인 상권의 침투·확대를 목적으로 그 기능이 명확해졌다.[241]

한편 국내뿐만 아니라 만주 각지에 조선은행 지점이 설치되기에 이르렀다.[242] 당시 만주지역의 무역품은 농산물이 주류를 이루었다. 농산물·가공농산물이 전체무역량의 70%에 달하였다.[243] 일본상업자본의 농산물 유통과정에 대한 지배권은 조선은행 용정출장소의 개설

---
238) 『日本外務省特殊調査文書』 11, 691~692쪽.
239) 『日本外務省特殊調査文書』, 679쪽.
240) 牛丸潤亮, 『最近間嶋事情』, 1927, 257쪽.
241) 東拓, 『間島事情』, 781쪽.
242) 朝鮮銀行, 『朝鮮銀行二十五年史』, 1934, 162~163쪽.
243) 朝鮮銀行, 『鮮滿經濟十年史』, 288쪽.

에 의하여 확보되었다.[244] 그리하여 일본의 자본침투는 더욱 획기적으로 진행되어 나갔다.[245] 원료공급지의 역할을 담당했던 간도지역의 농산물을 취급하는 상인들에 대한 대출과 환업무를 실시하였는데 이들 상인들이 취급한 농산물 가운데에서도 콩은 가장 경쟁력 있는 상품이었다. 여기에는 三菱·三井 등 일본 굴지의 재벌들도 참여하였다. 하지만 이주 한농들은 이들이 앞세운 중간상인의 농간으로 농산물의 정당한 가격을 보장받지 못하였다. 이에 따라 일본인 상권은 용정촌을 중심으로 더욱 확대되었으며 규모면에서도 압도적이었다.[246]

만주지역의 화폐 상황은 매우 불안정하였고 루블화의 하락과 길림관첩의 위기는 상황을 더욱 복잡하게 만들었다.[247] 특히 화폐의 불일치는 일제 상권 침투를 저해하였기 때문에, 일제로서는 만주에서 일본화폐로 단일화를 시급히 추진해야 할 실정이었다. 조선은행과 동척의 만주진출을 축으로 하는 금융의 '선만일체화'를 실현하기 위해 당시 일본은 엔화유통촉진책을 추진하였다.[248] 이러한 가운데 길림관첩은 일반 상거래 부문에서 비교적 높은 신임을 얻고 있었다. 하지만 길림관첩은 길림정부의 재정 고갈과 吉林督軍의 군비 확충을 위한 불안정한 발행으로 인해 그 경쟁력이 떨어지게 되었다.[249]

일제는 '만주침략=개발'이라는 미명 아래 일본인의 상권을 확립

---

244) 金正明, 『朝鮮獨立運動』 5, 518쪽.
245) 笠原博, 『滿洲の金融機關と通貨』, 19쪽.
246) 『日本外交史料館文書』 Reel 32(38630, MF 05028), 「移住朝鮮人ニ關スル件」. 1917년 용정촌에서 1년 매출액이 5만 원 이상인 巨商은 일본인 5명, 조선인 1명이었다(滿鐵, 『間島事情』, 53~54쪽).
247) 『朝鮮總督府月報』 5-1, 1915, 59쪽. 1910년대 간도지역 화폐유통 상황에 대해서는 金周溶, 「1910년대 일제의 폐제단일화를 통한 간도 경제침략」, 『한국민족운동사연구』 34, 한국민족운동사학회, 2003 참조.
248) 金子文子, 「第一次大戰期における植民地銀行體系の再編成」, 『土地制度史學』 82, 1979, 12~13쪽. 金子는 勝田主計의 말을 인용하면서 조선은행의 만주진출을 중국 대륙 침략을 위한 하나의 전초기지로 인식하였다. 이러한 지적은 일면 타당하나 그가 분석한 것은 지역적으로 주로 남만주지역에 국한되어 있으며 또한 정책 담담부서의 이해관계를 명확하게 규명하지 못했다.
249) 조선족략사편찬조, 『조선족략사』, 38쪽.

하고 나아가 금융기관의 통일을 기하기 위하여 조선은행의 역할을 강조하였다.[250] 조선은행 용정출장소는 그동안 이 지역에서 활동하고 있던 무역상의 환전 장애를 해결하고 나아가 발권은행으로서 엔 블록화의 임무를 담당했다.[251]

중국은 1917년 7월에 중국은행 국자가지점을 개설하여[252] 조선은행에 대항할 계획을 세웠지만 경영의 부실화로 활동은 매우 위축되었다. 중국측 중앙은행의 지점장이 무담보 대출을 확대하였는데, 거래선은 모두 露貨·官帖의 매점에 치중하였다. 때문에 露貨·官帖이 폭락하여 큰 손실을 입어 회수할 방법이 없었다. 이에 중국측에서는 지점장을 교체하고 잔금을 회수하고자 하였으나 실패로 돌아갔다. 이때 中國銀行이 입은 손실액은 20만 원을 초과하였다.[253] 이후 中國銀行·殖邊銀行 경영부실화가 지속되자 대출을 절제하고 대출금 회수를 서둘렀기 때문에 시장은 더욱 위축되었다.[254] 중국측 은행의 업무는 보통은행업무 외 국고업무도 아울러 취급하였다. 대부방법은 신용대부와 담보대로서 이율은 모두 100원에 대하여 1개월 1분 5리 내외, 기간은 6개월이 최장기였다. 중국은행은 大小洋을 발행하여 화폐가치를 안정시켰으나, 그것은 일시적이었다. 또한 은행의 대출금 중지로 薪炭과 같은 연료가 품귀되거나 주요 운반수단인 마차 등이 역할을 제대로 수행하지 못함에 따라 물가는 2배 또는 3배로 폭등하였다.[255] 따라서 한인의 궁핍한 생활은 더욱 심화되었다. 생필품의 가격상승은 이주한인 사회에서 가장 큰 문제였고 특히 米價 하락으로 인

---

250) 朝鮮銀行, 『鮮滿經濟十年史』, 382~383쪽.
251) 波形昭一, 『日帝植民地金融政策史の硏究』, 393쪽.
252) 일본이 조선은행의 설치와 함께 본격적인 상업활동을 전개하자, 중국측은 동만지역의 상권 유지를 위하여 자국 은행을 설치하게 된 것이다(朝鮮銀行調査局, 『局子街方面ニ於ケル經濟狀況』, 1918, 12쪽).
253) 朝鮮銀行調査局, 『局子街方面に於ける經濟狀況』, 1918, 13쪽.
254) 1917년 길림독군 경질문제와 길림성독립사건으로 간도주재 중국군대가 출동하였는데, 이에 일반인들은 마적의 습격을 두려워하였으며 중국·殖邊은행은 대출 및 환업무를 일제히 중지하여 市況은 더욱 부진한 상태에 빠지게 되었다(東拓, 『間島事情』, 760쪽).
255) 朝鮮銀行調査局, 『局子街方面に於ける經濟狀況』, 1918, 19쪽.

하여 이주한인의 생활은 파탄지경에 이르렀다.[256)]

 조선은행의 주요업무는 일본인의 상권 침투·확장을 위한 대출금의 확대와 화폐통일 사업이었다. 조선은행의 보통업무에는 예금·대출·환·금괴의 매매, 금은출납 등이 있었다.[257)] 국내에서 상업자금의 대출은 확실한 자금을 담보로 하였다. 만주에서 대출방법은 신용대출과 상업대출 및 부동산 대출을 주로 했다.[258)] 먼저 조선은행 만주 각 점의 대출고를 보면 다음과 같다.

[표-3-14] 조선은행 재만 지점 대출금(단위 : 엔)

연 도	대출고	지 수	회수고	지 수	잔 고	지 수
1909	287,916		140,737		127,178	
1910	2,237,994	100	2,183,889	87	181,283	100
	1,523,387	82	1,892,209	87	134,294	74
1911	2,333,213	104	2,288,026	105	179,481	99
	1,523,387	168	1,576,292	72	126,576	70
1912	2,577,868	115	2,487,159	114	217,284	120
	2,307,797	103	2,247,865	103	227,216	153
1913	5,118,123	229	4,824,617	221	227,216	315
	13,027,599	582	11,047,789	506	2,550,531	1,407
1914	25,787,744	1,152	26,517,160	1,214	1,819,114	1,003
	21,581,234	964	20,092,345	920	3,308,004	1,825
1915	41,923,482	1,873	42,045,942	1,925	3,185,543	1,757
	22,947,490	1,025	22,451,225	1,028	3,681,808	2,031
1916	33,815,833	1,511	33,795,642	1,547	3,701,999	2,042
	52,535,955	2,347	44,006,953	2,015	12,231,000	6,745
1917	76,555,489	3,416	77,251,711	3,537	11,434,778	6,308
	154,228,624	6,891	143,514,842	6,572	21,484,276	11,851
1918	216,237,558	9,662	211,603,406	9,689	28,269,428	15,594
	367,661,607	16,427	326,074,101	14,931	69,856,934	38,535
1919	627,843,817	28,054	611,526,137	28,001	86,164,614	47,525

* 『鮮滿經濟十年史』, 384~385쪽 ; 笠原博, 『滿洲の金融機關と通貨』, 20~21쪽.

---

256) 金正明, 『朝鮮獨立運動』 5, 498쪽.
257) 朝鮮銀行, 『朝鮮銀行五年志』, 53~54쪽.
258) 東亞經濟申報社, 『朝鮮銀行史』, 327쪽.

[표-3-14]를 보면 조선은행이 만주에서 본격적으로 활동한 1912년의 대출액과 1919년의 대출액을 비교하면 약 30배 정도 증가하였음을 알 수 있다. 대출의 급격한 증가는 일본인의 상거래가 그만큼 활발하게 진행되었음을 의미한다. 이는 또한 만주에 대한 지속적인 수출초과 정책을 유지하는 데 조선은행의 역할을 단적으로 보여준다. 식민지 초과이윤의 획득은 1910년대 일제가 자본주의를 확립하는 시기 가장 중요한 경제적 관심사였기 때문에 만주에서 수출입 상품의 비교우위를 유지하기 위해 조선은행의 역할이 무엇보다 중요하게 작용하였다.[259] 즉 개인영업의 단점을 보완하고 대자본의 유동성을 확보하여 보다 많은 식민지 초과이윤을 획득할 수 있었다.

1920년 조선은행권 및 일본은행 태환권의 유통구역을 보면 다음과 같다. 은행권은 첫째, 중국인간에 비교적 거액을 거래할 때, 둘째, 일본인과 중국인간의 거래에 사용되며 일본태환권은 일본인 사이에 모든 거래, 일본인과 중국인과 小賣 거래, 특산물(大豆)의 거래에 통용되었다.[260] 간도지역에서 일본인의 상권이 침투·확대되었음에도 불구하고 환율의 불편함 때문에 일본은행 태환권과 시장 상태에 적응시키기 위해 金券을 발행하였다.[261]

일제는 이른바 '만몽경영'에서 간도지역에 행하여지고 있던 중국측의 고리대에 대한 차별성을 강조하는 동시에 경제개발을 도모한다는 구실로 저리자금의 대출을 지향하였다. 일본 정부자금을 나누어 간도에서 일정 기간 동안 특수 대출을 계획했다.[262] 따라서 기본원칙

---

259) 朝鮮銀行,『朝鮮銀行二十五年史』, 84쪽.
260) 일제는 제1차 세계대전 직후 영국과 미국의 콩 소비량이 급격하게 증가하자 三井物産 등을 통하여 간도지역의 콩을 대량으로 수입하여, 가공·수출하였다. 그 효과로 일본 자본가들은 상당량의 자본을 축적할 수 있었으며 간도지역의 이주 한인들도 일정한 대가를 받게 되었으나 중간상인의 농간에 의하여 잉여자금을 축적하지는 못하였다(金正明,『朝鮮獨立運動』5, 517쪽).
261)『日本外務省文書』637, MT33335.
262)『衆議院議事速記錄』4, 170쪽.

에서는 약간의 유동성을 보이고 있지만 조선은행 역시 대출의 저리화를 추진하였다. 이러한 측면에서 1918년 당시 간도 특히 용정에서 일본인과 이주한인이 경영하였던 주된 금융기관의 종류 및 금리를 비교하면 다음과 같다.

[표-3-15] 용정지역 금융기관 종류 및 금리(1918)

은행\내용	경영자	설립년월	자본금	이자	대부방법
조선은행 출장소	소장 竹島淸	1917년 3월	본점 2천만 원	日步 3전	신용, 할인 상품담보
간도구제회	일본인	1911년 9월	2만 5천 원 (조선총독부에서 지출)	년리 1할 내지 1할 5분	부동산 담보 6개월을 1기로 함
용정촌공동 저금조합	日·韓人 공동	1913년 11월	7천 원	월리 2분 5리 내지 3분	신용
협동저금회사	한인	1915년 1월	3천 원	월리 4분	신용 및 부동산

* 고려서림, 『間島地域 韓國民族鬪爭史』 1, 670쪽.

조선은행의 이자는 당시 간도에서 일반 사설금융기관의 이자 보다 상당히 저리였다. 이는 북만주와 간도지역을 상대로 하는 상인들의 부담을 줄이고 중국측 금융기관과 차별성을 두기 위함이었다.[263] 1922년 일제의 한 조사에 의하면, 조선은행 용정출장소·동척 출장소·조선인민회 금융부의 금리는 중국측에 비하여 매우 저리였다.[264] 또한 대출방법은 주로 신용대출이 채택되었는데, 이는 간도지역의 70%를 차지하고 있는 이주한인을 대상으로 한 것이기보다는 자금 회전이 원활한 일본인과 한인상인들을 주된 대상으로 삼고 있었음을 알 수 있다. 특히 청진항루트가 본격화되면서 물동량이 증가하고 자금 거래가 활발하게 진행되고 있는 상태에서 담보물을 설정

---

263) 東拓, 『間島事情』, 763~764쪽. 1916년 중국측 금융기관은 매우 불안정한 영업실적을 보이고 있었다. 즉 中國·殖邊은행의 회수 불능 액수는 약 6만 원에 이르고 있었다(朝鮮銀行調査局, 『局子街方面ニ於ケル經濟狀況』, 16~17쪽).
264) 皆川連, 「間島(金融經濟)」, 『日本外交史料館文書』 Reel 29(153156, MF 05025), 1923, 11쪽.

하여 대출을 진행한다면 활성화된 경제상황에 지장을 초래할 수도 있다고 판단하였다. 아울러 간도 각 지역에 산재하고 있던 이주한인의 금융상황이 1914년 이후의 곡물 수출 호황에 힘입어 어느 정도 윤택하게 되었다. 이때 일본의 주된 무역품인 면직류의 구매력을 증진할 수 있었기 때문에 조선은행의 역할은 중시되었다.[265]

설치 당시 조선은행 용정출장소의 영업실적은 일제가 예상했던 것처럼 뛰어나지 못하였다. 원인은 주로 상인들을 대상으로 영업함으로써 경제인구의 대부분을 차지하는 이주한농들이 거의 이용을 하지 않았기 때문이다. 다음으로 1917년 상반기 결산 상황(대차대조표)을 보면 다음과 같다.

[표-3-16] 조선은행 용정출장소 1917년 상반기 대차대조표(단위 : 엔)

借		勘定名稱	貸	
총액	잔고		잔고	총액
2,540.00		公金預金	5,340.45	8,880.45
		定期預金	1,500.00	1,500.00
272,286.03		當座預金	12,401.67	284,687.70
27,572.51		特別當座預金	4,046.91	31,619.42
1,243.29		別段預金	1,562.60	2,805.89
1,000.00		預金手形	2,200.00	2,200.00
51,136.76		지불환어음		51,130.76
356,778.00			27,051.63	383,830.22
8,457.00	7,427.00	定期貸		1,030.00
25,184.07	6,182.76	할인어음		19,001.31
33,647.07	13,609.76			20,031.31
85,616.22	105.33	他方口	3,517.88	89,028.79
16,252.22		當方口		1,652.02
22.08		松田은행부감정(他方口)		22.08
321,791.64		본점감정 爲替尻	2,116.94	323,907.99
8,963.43	8,620.88	손익감정	425.88	768.23
834,118.64	10,776.16	금화, 일본은행권		823,342.48
1,657,461.12	33,112.13	총계	33,113.13	1,657,461.12

* 東拓, 『間島事情』, 781쪽.

[표-3-16]에서 알 수 있듯이, 개설 직후의 상황이어서 그다지 활발한 활동은 보여주지 못했다. 차변을 보면 당좌예금이 상당한 비중

---

265) 朝鮮銀行, 『鮮滿經濟十年史』, 388쪽.

을 차지하고 있다. 이는 일본 상인들이 그 동안 예금업무를 주로 우체국 및 朝鮮銀行 羅南지점을 통하여 처리했으나 용정출장소가 개설되면서 이를 적극적으로 이용하였기 때문이다. 이 가운데 환어음의 교환비율이 영업규모에 비하여 매우 적었음을 알 수 있다. 그럼에도 불구하고 대출금액은 간도 화폐유통량의 절반인 80여 만 원에 이르고 있다. 간도의 경제규모를 고려하면 조선은행 출장소의 영업실적은 중국측을 능가하였다.[266] 또한 조선은행 출장소를 이용한 상인들이 증가하여 화폐유통량에서 엔화가 차지하는 비중이 상당히 증가했다. 농업수출의 확대에 따라 조선은행의 대출이 급증하였음을 알 수 있다. 조선은행의 여신은 은행이 이윤을 극대화하기 위하여 자금력이 강한 기업이나 개인, 즉 일본인에게 집중되었다.

이와 관련하여 조선은행은 통화량 증가와 화폐통일 역할을 담당하고 있었다. 이는 일제가 엔블록화를 추진하는 데 가장 중요한 사업이었다.[267] 앞서 언급하였듯이 1917년 횡빈정금은행의 금권 발행권을 인계함과 동시에 칙령 제287호에 의해 조선은행권은 만주에서 法貨로 통용되었다. 조선은행권은 일본은행권과 兌換할 수 있으며, 사실상 일본은행권을 기초로 발행한 것이었다. 또한 일제는 확고한 금본위제를 확립하여 무역증진을 도모하고자 하였다.[268] 충분한 준비금을 확보하여 공황을 미연에 방지하려 했음을 알 수 있다.[269]

설치 이후 조선은행은 간도지방 수출입 무역상의 금융기관으로서 '충실한' 업무성적을 거두었다. 1926년 하반기의 대출고는 개점 이후 최고를 기록하였다.[270] 이는 간도지방의 경제력 팽창과 함께 무역

---

266) 皆川連, 「間島」, 『日本外交史料館文書』 Reel 29(153156, MF 05025), 22쪽.
267) 1917년 2월 자본금 2천만 원을 증자하였으며 보증 준비액도 5천만 원으로 확대하였다 (『朝鮮彙報』 10월호, 1918, 163~164쪽).
268) 일제가 시베리아 출병 이후 러시아의 금괴를 탈취하였던 것도 금 본위제의 정착과 연관이 있다(『日本外務省文書』 Reel 36(MT11410), 「財政ノ豫備金卜爲ス金塊用途ノ件」 참조).
269) 笠原博, 「滿洲の金融機關と通貨」, 20쪽.
270) 牛丸潤亮, 『最近間嶋事情』, 1927, 257쪽.

업자, 특히 곡물상과 면직류 취급상인의 신뢰에서 말미암은 것이었다. 조선은행 용정출장소의 개점 이래 1917년 11월말에 이르는 취급금액을 정리하면 다음과 같다.

[표-3-17] 조선은행 용정출장소 1917년 취급금액(단위 : 엔)

貸金高	324,000	대금회수금액	270,000
送金급조고	654,000	송금仕拂高	802,000
예금고	1,376,000	예금拂戾高	1,296,000
金組수입고	3,725,000	金組拂出高	3,710,000
은행권발행고	290,000	은행권회수고	540,000
仕拂手形발행고	21,700	仕拂手形회수고	1,200

* 東拓, 『間島事情』, 759쪽.

이와 같이 조선은행 용정출장소는 개설 이후 간도 금융·경제계에서 일제의 상권 침투와 세력확장을 도모하는 데 상당한 임무를 담당하였다.[271] 위의 표에서 알 수 있듯이, 예금고가 대출고의 4배 정도를 기록하고 있다. 이는 조선은행이 수신의 대중화를 통하여 간도경제계의 지배적 위치에 있음을 의미한다.[272] 무엇보다도 간도경제계의 특징은 곡물로 대표되는 농업생산력에 바탕을 두고 있었기 때문에 일본인의 상권침투와 밀접한 관련이 있는 자금이 조선은행으로 유입되었다는 데 있다.[273] 이에 대응하여 이주한인은 商務契를 조직하였으며, 비록 영세하지만 이를 통해 자금을 축적하였다. 상무계의 구성원은 龍井이나 局子街와 같은 상부지의 한인상인이었다. 이들 대부분은 白豆와 같은 곡물을 취급하는 상인들로서 일본인 거상에 대응하고자 하였으나 자금의 영세성으로 어려운 처지에 놓이게 되었다.[274]

---

271) 東拓, 『間島事情』, 1918, 759쪽.
272) 東亞經濟申報社, 『朝鮮銀行史』, 225쪽.
273) 朝鮮銀行, 『鮮滿經濟十年史』, 389쪽.
274) 『日本外交史料館文書』 Reel 32(38630, MF 05028), 「移住朝鮮人ニ關スル件(公信제138호)」.

조선은행의 대출은 신용대출이 주된 방법이었다. 이유는 조선은행의 기능이 상업금융기관의 성격을 유지하고, 나아가 무역거래에 필요한 자금을 융통해 주는 것이었기 때문이다. 다음은 예금과 대출금의 민족별 추이를 정리한 것이다.

[표-3-18] 1922년도 민족별 예대금(단위 : 엔)

국적 \ 예대액	예 금 액		대 출 액	
	구수	금액	구수	금액
일 본 인	318	240,049.49	15	294,089.34
한 인	154	41,146.61	2	19,802.9
중 국 인	19	67,867.43	4	3425.883
외국인(공금)	45	140,712.7	0	0
합 계	536	489,776.23	21	339,775.24

* 朝鮮銀行調査局, 『滿洲事情』 2, 101~102쪽 ; 皆川連, 「間島(金融經濟)」, 『日本外交史料館文書』 153156, 22쪽.

조선은행의 대출금 추이를 보면 민족별 편차가 심화되었음을 알 수 있다. 이를 통해 무역업과 상업에 종사하는 일본인에게 대출금이 집중되었으며 따라서 용정출장소를 이용한 고객은 일본인 상인들이 압도적으로 많았음을 알 수 있다. 간도거주 일본인 수가 이주한인에 비하여 상당히 적었음에도 불구하고 예대금의 차이는 거의 3배에 이르렀다. 이는 일본인의 대부분이 상업 등 비교적 자금력을 보유한 직종에 종사하고 있었기 때문이다.[275] 1920년대 용정촌의 주요 상점은 주로 일본인과 극소수의 이주한인이 운영하였다.[276] 따라서 대출금은 이들에게 집중될 수밖에 없었다.[277]

---

275) 일본상권의 침투는 당시 중간상인과 수출상의 성격을 규정할 때보다 명확하게 드러난다. 즉 간도지역의 중간상인은 일본 상업자본의 지배하에 놓여있는 독립성이 결여된 매판적 존재였다. 따라서 일본 상업자본의 특산물 유통과정에서 지배권 장악은 상업금융에서 조선은행의 진출에 의해 확보되었다(金正明, 『조선독립운동』, 518쪽).
276) 川口忠, 『行脚記』, 138~141쪽.
277) 皆川連, 「間島」 『日本外交史料館文書』 Reel 29, 22쪽. 이 부분에 대한 명확한 조사 연구가 진행되어 중국과 일본간 역할과 기능에 관한 정의가 필요하다. 중국의 금융기관

[표-3-19] 조선은행 용정출장소의 대출과 예금(단위 : 엔)

연도		경영자				경영자			
		기말잔고	일본인	조선인	중국인	기말잔고	공금	일본인	조선인	중국인
1921	상반	158,400	71	13	16	356,800	38	29	5	28
	하반	264,500	82	7	11	409,600	42	33	4	21
1922	상반	184,000	83	4	13	413,200	18	57	4	21
	하반	356,000	87	6	7	555,300	31	48	4	17
1923	상반	248,100	84	9	7	745,600	15	67	5	13
	하반	541,200	87	9	4	689,000	21	53	9	20
1924	상반	240,600	82	7	11	593,900	24	50	8	18
	하반	272,200	82	14	4	654,600	26	45	8	21
1925	상반	205,100	89	9	2	618,400	24	54	7	15
	하반	1,244,100	71	26	3	653,500	35	43	7	15
1926	상반	259,749	38	20	42	719,953	20	53	4	23
	하반	3,162,635	63	22	15	734,830	29	49	5	17

* 牛丸潤亮, 『最近間嶋事情』, 257~258쪽.

　[표-3-19]에서 1925년 하반기에 대출이 급격하게 증가하고 있음을 알 수 있으며 조선인에 대한 대출 역시 증가하고 있다. 이것은 이해 간도 농산물의 수확량이 예년에 비하여 20% 이상 증가함으로써 가용자금이 더욱 필요해졌기 때문이다.[278] 또한 1920년 이후 조선은행권에 대한 관첩의 하락으로 예금비율이 꾸준히 증가하고 있었던 것도 하나의 원인이다.[279]
　상업금융기관으로서 조선은행 용정출장소는 대출과 예금 업무 등에서 금융침략적 성격을 띠고 있었다. 이에 따라 원래 간도에서 부동

　　설치와 활동이 일본의 그것과 상충되는 측면을 부각시킴으로써 일본 금융기관의 성격을 보다 명확하게 파악할 수 있지 않을까 생각된다. 특히 중국측의 일본 금융기관에 대한 대항책으로서의 금융기관 설치 측면, 즉 당시 혼란한 국내정세 속에서 중국은 일본의 금융기관 설치가 가지는 의미를 어느 정도 파악하였는가 하는 점은 매우 중요하다. 이에 대해서는 추후에 보완하고자 한다.
278) 『동아일보』 1915년 7월 9일자. 한편 연길 道尹 陶彬은 이 지방 농산물의 지나친 수출로 인하여 주민들의 생계가 곤란해졌기 때문에 中麥·玉蜀黍·粟 3종류에 대한 수출 금지령을 내려야 한다고 省長에게 청원하였다(『동아일보』 1925년 3월 6일자). 이와 같이 당시 간도 농산물의 지나친 수출은 이미 1910년대부터 일제가 추진하였던 원료공급지 내지 식량공급지의 역할을 담당하였던 간도지역에서 부등가 교환에 기인하였던 것이다.
279) 『朝鮮銀行月報』 12-12, 145쪽.

산 금융기관의 성격을 갖고 사업을 시행하였던 동척과는 일정한 거리를 두었지만, 한편으로는 두 기관의 영업상 확실하게 구분되지 않았던 것으로 짐작된다. 왜냐하면 이 두 기관이 추진하는 사업의 성격은 분명하게 구분되었지만 실행과정에서는 상당한 연관성이 있었기 때문이다. 예컨대 동척에서 대출을 실시하면서 획득한 토지매각 대금 등을 조선은행 용정출장소에서 위탁관리하기도 하였다.[280] 따라서 조선은행은 간도지역의 중심은행으로서 일제의 상권 침투와 한인에 대한 수탈적인 측면을 내포하고 있었다.

3) 엔블록화의 추진

일제의 대륙진출은 다각적 방면에서 진행되었으며 그 기본적 작업이 경제적 침투에 의한 상권 침투와 확대였다. 만주라고 하는 특수지역은 당시 열강들의 각축장이었다. 일제는 이 지역에서 보다 독점적 지위를 확보하고자 1917년 조선은행권을 법화로 통용시켰다. 조선은행 용정출장소는 1917년에 개점하여 간도지역 일제의 유일한 은행으로 상업금융활동을 통해 간도무역의 전권을 장악하였다. 때문에 간도무역이 일본인을 중심으로 활성화되었던 것도 조선은행 용정출장소의 개설과 무관하지는 않다. 간도의 무역규모는 일본인에 의하여 직접적인 영향을 받게 되었다. 또한 1910년대 말부터 간도지역에서 통화는 거의 조선은행권이 보급되고 있었다. 일본인뿐만 아니라 중국인에 이르기까지 이 은행권을 가지고 일일 거래에 사용하고 있는 것은 다른 만주지방에서는 찾아보기 어려운 현상이었다.[281]
　주지하듯이 조선은행권은 금본위의 일본은행권을 기초로 한 태환

---

280) 『間島關係』 1, 338쪽.
281) 外務省通商局, 『滿洲ニ於ケル通貨事情』, 1919, 221쪽.

권으로, 조선은행법에 의거한 조선통화로서 발행하였던 것인데 1917년 만주에서 법화로 인정되었다.[282] 조선은행이 발행하는 은행권은 관동주와 남만주철도부속지의 모든 거래에서 무제한으로 통용되었다. 이러한 특성상 조선은행 용정출장소는 간도 무역의 중심적인 위치에 있었다. 따라서 일제는 1920년 자국의 경제공황 속에서도 대간도 무역에 대한 독점적인 지위를 확고하게 유지할 수 있었다.[283] 더욱이 1929년말 200만 원 정도의 대출잔고를 비축할 정도로 여유자금이 있었고 또한 이를 적극적으로 영업활동에 출자하였다.[284] 하지만 1930년도의 대출금은 20만 원으로 감소했다.[285] 이는 세계대공황과 밀접한 관련이 있다고 할 수 있다. 일제의 집요한 엔블록화 정책에도 불구하고 길림성 동부지역 즉 額穆·寧安지방에서 조선은행권은 별로 유통되지 않았다.[286] 이는 북만주지역에까지 일본 상권이 침투하지 못하였음을 의미한다.

요컨대 청(중국)인·한인·일본인이 첨예하게 대립 갈등하는 간도에서 생계에 가장 중요한 것은 농업생산물의 확보이었다. 토지소유에 따라 그 생산력에 차이가 생기는데, 일제로서는 전통적인 지주, 즉 중국인에 대한 토지소유권의 이양을 이주한인을 통하여 획책하고 추진하였다. 간도구제회·동척·민회금융부의 설치가 바로 이러한 맥락에서 이해되어야 할 것이다. 특히 민회금융부는 잉여자금을 조선은행에 예치하는 등 두 기관은 상호보완적 관계를 유지하기도 하였다.[287] 이는 1920년대 이후 일본인의 안전한 이주 토대를 완비하여 간도에서 토지소유를 통한 원료의 생산과 가공에 이르는 다양한

---

[282] 裵永穆,「일제하 식민지 화폐제도의 형성과 전개」,『經濟史學』11, 1987, 119쪽.
[283] 川口忠,『間島琿春北鮮及東海岸地方行脚記』, 大連小林又七支店, 1931, 82쪽.
[284] 川口忠,『間島琿春北鮮及東海岸地方行脚記』, 81~82쪽.
[285] 近藤三雄,「間島地方に於ける鮮農經濟事情」,『滿鐵調査月報』11-9, 79쪽.
[286] 朝鮮總督府,「吉林省東部地方の狀況」, 1928, 354~356쪽.
[287]『日本外交史料館文書』Reel 29(153156, MF 05025),「間島經濟」참조.

자본제적 공장을 세우기 위한 것이었다. 일제가 토지를 지배한다는 것은 1차 산업에 대한 지배를 의미한다. 때문에 이러한 것이 진행됨으로써 일본 국내에서 생산되고 있던 자본제적 상품의 판매 확대를 위해 또는 만주에서 배타적이며 독점적인 지위를 확보하기 위하여 조선은행 출장소를 설치하게 되었다. 조선은행의 업무 형태는 만주국으로 연결되어 독점적 지위를 차지할 수 있었다.[288] 은행권을 발행하여 만주에 주둔하고 있던 관동군의 군비를 지급한다거나 상거래상 화폐의 통일을 기하는 데 목적이 있었다.

특히 琿春지방은 제1차 세계대전 이후에도 러시아와 접경지역이었기 때문에 여전히 루블화가 통용되고 있었다. 또한 중국관첩은 훈춘시내에만 국한되어 지방의 한인과 중국인은 모두 관첩을 그다지 사용하지 않았다. 이 지방에서 수입품은 거의 일본제품이 독점하였으며 러시아 국경방면에서 상거래는 두절되었다. 일제는 루블화의 환전 및 환율의 안정을 기하기 위해 조선은행 용정출장소를 설치하는 등 엔화 통용권의 지역적 확대를 꾀하였다.[289] 제1차 세계대전 이후 중국에 대한 일제의 경제적 지배력이 강화되었으며, 이른바 '東洋自給圈'을 실현하기 위하여 전시경제와 국방을 연계하여 실행했다.[290] 이것은 간도지역의 幣制 단일화 정책으로 표출되었으며, 이를 실천하는 것이 조선은행의 임무였다. 조선은행은 이러한 세력 확장을 위하여 연해주지역까지 영업망을 넓히고자 하였다.[291]

---

288) 김택 주필, 『해방전 연변경제』, 1994, 107쪽.
289) 『日本外務省特殊調査文書』 11, 691~692쪽.
290) 波形昭一, 『日本植民地金融政策の研究』, 409~410쪽.
291) 『연해주어부』 1930년 12월 30일자.

Ⅳ. 한인의 대일 경제투쟁

1. 日貨排斥運動

1) 일화배척운동의 배경

일제는 조선을 독점적 식민지로 강점한 데 이어 만주를 상품시장과 원료 공급지화하는 대륙침략 정책을 실시하였다. 원시축적 자본주의 단계에서 광범위한 원료공급지를 확보하기 위한 방안은 지속적인 일본 상권 침투·확대로 이어졌다. 이는 非자본주의 단계의 사회에 자본제적 상품을 공급하여 식민지 초과이윤을 확대·재생산하는 문제로 이어졌다. 또한 상업활동을 원활하게 하기 위하여 교통망 정비와 금융기관 신설도 병행되었다. 특히 일제는 근대적 금융기관을 설치하여 활발한 환업무와 예대금 업무를 추진하면서 중국계 은행을 압도하였다. 이는 일본 자본이 만주의 철도·탄광·제철·은행 등 경제적 중추기관을 장악한 토대 위에서 만주경제의 지배적 지위에 있음을 의미한다. 따라서 일본의 자본제적 질서를 이식하기 위한 정책의 강도가 강할수록 중국인과 한인의 반발력도 강해지게 마련이었다.[1] 특히 중국측은 간도에 대한 일제의 경제적 침투로 인해 만주가 '제2의 조선'이 되지 않을까 우려하였다.

이식적 자본이 침투하면서 간도경제계는 새로운 양상을 띠게 되었다. 독점적 형태를 띤 일본의 자본 침투는 간도의 전통적 경제질서를 재편시켰다. 이에 대한 중국측의 대책은 전무하였다.[2] 오히려 중국의 외채발행이 급팽창하는 1912년부터 일제는 차관단의 일원으로서 만주에서 배타적이고 독점적 지배를 목적으로 '日支提携論'을 제기하였다.[3] 일본 정부 특히 외무성과 대장성은 일본인의 이주 토대를

---

1) 근대 중국의 민족주의 발전과 外貨 배척운동에 대해서는 王立新, 「中國近代民族主義的興起与抵制美貨運動」, 『歷史硏究』 2000年 1期 참조.
2) 심여추, 『연변조사실록』, 1933, 62쪽.
3) 波形昭一, 『日本植民地金融政策の硏究』, 早稻田大學出版部, 1985, 306~307쪽.

구축하였다. 즉 만철·동척·구제회 등을 설치하여 토지 매수를 적극 추진하였으며[4] 자국 내 상공업의 발달에 따른 자본제적 상품의 판매시장 형성에 주력하는 등 그 중심은 엔블록화였다. 엔블록화 시도는 만주지역에서부터 진행되었다. 엔화의 강세는 중국관첩의 하락을 초래하였으며, 자본제적 상품과 농산물과 무역 거래는 간도지역 경제의 예속화를 촉진하였다.[5] 또한 거대 외래자본과의 경쟁에서 낙후한 상공업 역시 토대를 상실했다.[6] 특히 무역 분야에서 예속화로 인해 간도는 일본의 수출초과지역으로서 후일 대륙침략의 교두보 역할을 수행하게 되었다. 이 같은 상황에서 중국·한인 상권의 확장과 경쟁력의 제고를 위해 전개된 것이 일화배척운동이었다.

일화배척운동은 단순히 일화 불매운동뿐만 아니라 일본상인에 대한 위협 및 테러 또는 약탈 등의 적극적인 양상으로 표출되었다. 본절에서는 일화배척운동에서 한인이 차지하는 역할과 위상을 살펴보겠다.

日貨배척은 1915년 상해에서 시작되어 만주 전 지역으로 확산되었다. 간도에서 중국계 은행이 별다른 역할을 수행하지 못하는 상태에서 일본상품의 경쟁력은 강화되었다. 이에 대항하여 한인들은 용정에 間島興業株式會社를 설립하여 한인 금융경제를 활성화시키고자 하였다.[7] 이러한 가운데 1914년 9월 5일 吉林省長은 "일본 화폐의 증가로 중국화폐가 피폐해졌기 때문에 토착화폐를 진작시키고 상공업을 발전하기 위해서는 日貨를 배척해야 한다"라고 하였다.[8] 1915년 6월에는 延吉의 각계 군중이 北山 소학당에 모여 救國儲金會를

---

4) 『日本外務省文書』 Reel 23(MT 12277), 「滿蒙植民に關する一方案」.
5) 大藏省 管理局, 『日本人の海外活動に關する歷史的調査』 22-1분책, 27쪽.
6) 김택 주필, 『해방전 연변경제』, 연변인민출판사, 1994, 101쪽.
7) 1919년 3월에 설립된 간도흥업주식회사는 자본금 10만 원으로 영업을 시작하였으며 대부금 총액이 1926년 496,751원에 달하였다(심여추, 『연변조사실록』, 62쪽).
8) 『연변대사기』, 45쪽 ; 『日本外務省文書』 Reel 647(MT3383), 「當地市況ニ關スル件(제18호)」. 일제의 보고에 의하면 龍井뿐만 아니라 局子街·頭道溝에서도 日貨배척의 경향이 나타나기 시작하여 적지 않은 타격을 입었다.

설립했다.[9] 이 회의에서는 반일활동과 일화배척을 결의하였다. 이와 관련하여 1915년 간도총영사 대리 鈴木要太郎은 외무대신 家藤高明에게 다음과 같은 전문을 보냈다.

이 지방의 일화배척의 曙光은 日支교섭의 해결 후 국자가 商務會의 주창을 필두로 지난 달(1915년 5월 : 필자) 11일과 16일 양일에 걸쳐 紳商 등의 同會 사무소에 집합하여 日貨 저지에 관하여 토의하면서 비롯되었습니다. 이에 따라 龍井村·頭道溝 등지의 중국상인과 기맥을 통하여 일화배척에 힘을 쏟은 결과, 局子街에서 잡화상 및 요리점 등은 적지 않은 타격을 입었습니다. 한때 兵員·순경 등이 일본 요리점에 가서 중국인을 쫓아내기도 하였으나 이후 점차 평온을 되찾게 되었습니다. 또 6월 陶 道尹의 排日禁遇에 관한 발표가 있고 일본인 잡화상과 요리점 등에서 점차 중국인이 출입하게 되었습니다. 頭道溝·百草溝에서 처음에는 현저한 징후가 보였으며 중국인 고객의 현저한 감소로 인하여 영업상 매우 곤란하게 되었습니다. 현재 간도지방은 전체적으로 상업이 자못 부진한 상태에 있으며 작년 말 이후 작황의 부실과 홍수로 일반 구매력이 감소하였는데, 그 주된 원인이 日貨배척의 결과라고 할 수 있습니다. 또 한편 국자가에 있어서는 관리·병원 등의 급료 지불이 연체되고 있다는 풍문이 있으며 일반 중국인에 대한 저금 저지 등도 역시 그 원인이라 하겠습니다. …… 그리고 救國저금은 국자가와 당지(龍井 : 필자) 모두 중국 관민의 발기로서 대회를 개최하여 慷慨한 언사로서 그 응모를 강제하고 있으며 지난 20일 국자가와 당지에서 대회를 개최하여 그 자리에서 국자가 1만 원, 당지 5천 400여 원의 자금을 얻었습니다. 이에 일본영사관에서는 중국 관헌에 엄중하게 경고하였으며 당 지방은 다른 지방과 달리 조선인 6分 중국

---
9) 『延邊大事記』, 47쪽.

인 4분의 비율로서 排貨는 도저히 행해지지 않는 상황입니다.[10]

이와 같이 일화배척운동은 중국 정부의 공식적인 배일운동이 아니라 민간에서 주도한 자연발생적인 것이었다. 원인은 일제의 엔블록화 정책이 간도경제계의 주변부화를 더욱 획책하여 중국인과 한인들을 예속시켰기 때문이다. 일화배척운동으로 일제의 對만주무역에는 많은 변화가 발생하였다.[11] 특히 滿蒙條約의 실시[12] 이후 일제는 제1차 세계대전의 특수로 만주 무역에서 막대한 식민지 초과이윤을 획득했다.[13] 이 조약 체결 이후 만주를 비롯한 중국 전역에서는 일화배척운동이 벌어져 일본 상인이 피해를 입게 되었으며, 무역분야에서도 적지 않은 손해가 발생하였다.[14]

2) 일화배척운동의 성격

'東洋平和論'·'日支提携論'을 지속적으로 제시하였던 일제의 일화배척운동에 대한 입장은 두 가지로 요약할 수 있다. 첫째, 일화배척운동을 지엽적인 문제로 인식하지 않고 상당히 우려할 만한 상황으로 판단하였다. 또한 이 운동이 항일운동으로 발전하여 일본과 중국의 양국 친선정책의 기조를 완전히 변경해야 한다는 측면이다.[15] 둘째, 길림성 당국의 미온적인 태도, 즉 延吉 道尹의 '日貨배척을 금

---

10) 『日本外務省文書』 Reel 647(MT3383), 「日貨排斥ニ關スル救國儲金ニ關スル報告ノ件 (機密 제28호)」.
11) 「支那に於ける日貨排斥運動の朝鮮輸移出貿易に及ぼせる影響」, 『朝鮮彙報』 5월호, 1920, 참조.
12) 滿蒙條約 체결 이후 중국에서는 조약 체결자를 처벌해야 한다는 여론이 비등하였다(『日本外務省文書』 Reel 648(MT3384), 「滿蒙條約ニ對スル中國ノ新聞論調及國恥會及國賊處罰ニ關スル件」).
13) 『朝鮮彙報』 4월호, 1917, 1~19쪽 참조.
14) 『日本外務省文書』 Reel 647(MT3383), 「中國人ノ排日思想ニ關スル件(1915년 7월)」.
15) 皆川連, 「間島」, 『日本外交史料館文書』 Reel 29(153156), 23쪽.

지한다는 법령'의 발포가 있었고 일화배척운동 기간이 짧아 일본 상업에 대한 악영향은 없었다는 것이다.[16] 일본 제품에 대신할 만한 상품 수입이 없었다. 다만 중국제의 煙草 5종이 수입되었으나 그 수량이 적었으며, 또 러시아제 석유의 수입을 꾀한 중국상인이 있었지만 그 가격이 매우 비싸서 거래가 잘 이루어지지 않았다. 간도경제에서 일본이 차지하는 위상으로 보았을 때, 일시적인 일화배척운동은 무역거래에 별다른 영향을 끼치지 못할 것이라는 낙관론이었다.

하지만 다음과 같은 사실에서 일화배척운동이 일제의 무역거래에 일정한 영향을 끼친 것은 분명하였다. "당시 鐵類가 간도지역으로 수입되고 있으나 이는 日貨 배척과는 무관하다고 인정된다. 농산본위인 간도는 모든 산업의 발달이 이루어지지 않았음에도 근래 수용품의 수입액이 격증하였지만 1913년 흉작으로 한인 생활의 구매력이 감소하였을 뿐이다."[17] 이와 같이 鐵의 수입과 일화배척을 무관하다고 한 것은 일제가 일화배척의 영향을 애써 무시하려고 했던 의도가 깔려 있기 때문이다.

한편 중국 5·4운동의 영향으로 1919년 5월 블라디보스톡 商務會도 일화 저지에 대한 결의를 하고 일본상품을 취급하지 않았다.[18] 또 1919년 6월 국자가의 도립중학교 학생들의 주도하에 일화배척운동집회를 개최하고, 일화배척에 대한 당위성을 알리는 책자를 통하여 일반인들에게 선전하였다. 내용은 다음과 같다.

6월 9일 宣講所와 日貨排斥 등에 관한 과격한 기사를 게재한 상해발행의 배일신문『救國報』약 30매를 배포하여 왔고, 동일 도립 사범학

---

16) 『日本外務省文書』Reel 650(MT3385),「排貨運動ニ關スル報告 ノ件(機密 제34호)」.
17) 『日本外務省文書』Reel 647(MT3383),「排日排貨件(機密 제14호, 1915)」.
18) 『日本外務省文書』Reel 649(MT3385),「商務會 ノ日貨沮止決意ニ關スル件」. 뿐만 아니라 만주 각지에서 일본인 공장의 노동자들은 태업 등의 방법으로 적극적인 배일운동을 전개하였다(遼寧省總工會工運史志硏究室 編,『東北工人運動大事記』, 1989, 55쪽).

교에서 山東문제와 日貨배척의 연설회를 개최하려고 하였으며 국자가 분관에서 교섭에 따라 중국 관헌에 의해 『구국보』는 몰수되고 집합한 학생들은 해산되었다. 둘째 6월 18일 국자가시에서 연설을 한 학생들은 오후 3시경부터 재차 나팔을 불고 큰북을 치며 상부지 내 각소를 돌아다니며 시위운동을 전개한 후 권학소 등의 공공운동 장소에서 또 연설을 하였으며 7시경에 해산하였다. 청중은 겨우 7~80명에 지나지 않았으며 중국 관헌의 단속은 완만하고 엄중하지 않았다.[19]

중국 각지에서 전개되고 있던 일화배척운동은 琿春지방에까지 영향을 미쳤다. 즉 1919년 6월 하순 연길 도립중학과 사범학교 학생 20명이 훈춘으로 가서 시내 각 상점 등을 상대로 일화배척을 권유하였을 뿐만 아니라 6월 29일에는 훈춘소학교 학생들을 선동하였다. 이에 일본영사관에서는 지사에게 단속을 명령하여 7월 1일부터 훈춘 각 소학교가 휴교 조처되었다.[20] 이처럼 일제는 중국인과 한인의 일화배척운동이 항일운동으로 확대되는 것을 두려워하였다.[21]

1919년 8월 8일 局子街商務會에서는 일본화폐 배척문제를 협의하여 일본 잡화의 수입을 배척하는 것이 불가능하다고 판단했다. 이에 상무회는 木棉製 등을 일본에서 수입하지 않기로 결의하였다.[22] 이러한 가운데 일본화물이 집중적으로 취급되는 용정촌에서는 수입품의 하나인 사탕가루의 가격이 등귀하였다.[23] 또한 일본에 대한 미곡의 수출량도 감소했다. 이는 일제의 수출품이 대부분 일본 상인에 의

---

19) 『日本外務省文書』 Reel 650(MT3385), 「間島二於ケル支那人ノ日貨排斥運動二關スル報告ノ件(機密 제34호, 1919년 6월 21일)」.
20) 『日本外務省文書』 Reel 651(MT 3385), 「學生ノ日貨排斥運動二關スル件 琿春부영사 秋洲郁三郎이 외무대신에게 보낸 서한(제88호, 1919년 7월 4일)」.
21) 간도에서 일화 배척운동은 중국인뿐만 아니라 이주 한인들도 대규모로 참가하였다. 이에 대해 중국 관헌의 적극적인 체포와 일본 총영사관 부속관헌들의 체포 취조 등이 행해졌다.
22) 『日本外務省文書』 Reel 651(MT 3385), 「檄日貨問題二關スル件(제176호, 1919년 8월 15일)」.

하여 거래되었기 때문에 나타난 현상이었다.

　일본화물은 용정촌에서, 중국화물의 대부분은 국자가에서 취급되었는데, 일화배척운동이 격렬해지면서 이 지역의 官帖상장에 변화가 발생하였다. 특히 중국인들 사이에서는 한인 상점을 통한 일본상품 매수와 거래를 하였으며, 麻布·錦袍·粗布·綿 등 비교적 품질이 양호한 것을 노점에 진열·판매했다. 이러한 상품 거래에서 중국상인들은 관첩보다는 엔거래를 주로 하였으므로 이에 따라 관첩은 더욱더 하락하게 되었다.[24]

　한편 일제는 학생들의 일화배척운동에 대해 그다지 걱정하지 않는 태도를 견지하였다. 북경·길림 방면의 학생들이 국자가 중학·사범학교 학생들을 선동했다. 이들은 일화배척의 전단을 배포하여 중국상인에게 일화배척운동을 주지시키고 國貨 사용을 주장하였다. 그러나 중국 상인들은 길림방면에서 물자의 공급을 받을 수 없게 되므로 일화배척은 실행하기 어려울 것이라고 반대하였다. 때문에 일제는 학생들의 운동도 그 효력을 얻지 못할 것이라고 전망했다.[25]

　일제의 대처에도 학생들은 일반인의 동참을 요구하는 선전활동을 전개하는 등 일화배척운동을 지속하였다. 즉 국자가 사범학교와 중학교 학생 40명이 큰 길가에서 연설을 통하여 일반인들에게 일본화폐배척운동의 정당성을 주장했다. 학생들의 시위에 대하여 중국 관헌은 휴교령을 내렸다. 하지만 학생들은 시내 공동운동장 또는 옥내에서 연설을 하거나 격문을 살포 또는 첨부하고, 외국들로부터 받은 피해 사실을 알리는 등 지속적인 활동을 전개하였다.

---

23) 『日本外務省文書』Reel 651(MT 3385), 「日貨排斥ニ關スル件(公信 제80호, 1919년 7월 8일)」. 사탕가루의 가격은 1919년 6월 초에는 100근 1袋에 10원 50전이었는데 같은 달 14일에는 23원대로 폭등하였으며 동일 오후에도 1원이 등귀했다. 같은 달 25일 오후에는 30원대로 상승하였고 그 후에는 시장에 방매하지 않아 35원대로 폭등하였다.
24) 滿鐵, 『間島事情』, 74쪽.
25) 『日本外務省文書』Reel 651(MT 3385), 「日貨排斥ニ關スル件(機密公信 제80호, 1919년 7월 14일)」.

일제는 상점들의 경제상태에 비추어 排貨는 불가능할 것이라고 판단하였다. 또한 円貨의 유통이 원활하고 조선은행 출장소에서 융자를 받은 사람들이 증가하고 있기 때문에 경제적 실권을 장악하고 있다고 판단하였다.[26] 그러나 일본상인들이 중국 세관에 제대로 납세를 하지 않았기 때문에 중국측은 일본세력의 침투가 확장되면서 商埠地 외의 토지는 대여하지 않았다.[27] 이에 일본측은 군대를 증강하고 한인독립운동가를 탄압할 명분을 찾고 있었다.[28] 이에 대하여 한인들은 일제의 침략행위를 선전하는 선언서를 배포하고 시위운동을 전개하였다.[29]

일제는 일화배척운동이 국제 신의와 양국간의 통상조약을 위반하는 것이라고 항의하는 가운데 이를 지속적으로 전개하면 중국상인은 곤경에 빠질 것이라고 경고하였다.[30] 일제의 경고는 실효성을 거둘 수 없었다. 경제적으로 엔블록화를 구축한다는 계획하에서 민간에서 전개하는 일화배척운동을 근본적으로 저지하는 것은 불가능하였기 때문이다. 한인들의 입장에서도 자본제적 상품과 농산물의 교역을 통하여 많은 고통을 겪고 있었다. 자본제적 상품의 확대와 한인경제의 궁핍은 불가분의 관계에 있었다.[31]

요컨대 일화배척운동에 적극 참가한 계층은 학생들이었다. 학생들은 일제 침략정책의 본질을 잘 인식하고 있었으며, 나아가 이러한 현실인식은 이들이 이후 사회주의운동의 중추적 역할을 담당하는 밑거름이 되었다. 일화배척운동은 일시적으로 전개된 운동이 아니라 지속

---

[26] 『日本外務省文書』 Reel 651(MT 3385), 「排貨運動ニ關スル報告ノ件(局子街 분관 주임 외무서기생 木島仙藏이 외무대신에게 보낸 서한, 機密 제27호)」.
[27] 孔經續, 『東北經濟史』, 四川人民出版社, 1986, 15쪽.
[28] 『日本外務省文書』 Reel 664(MT 3386), 「支那軍隊ノ排日宣傳ニ關スル件, 간도총영사 堺與三吉이 외무대신 內田康哉에게 보낸 서한(機密 제130호, 1922년 4월 5일)」.
[29] 『日本外務省文書』 Reel 672(MT 3388), 「芝崎分館 주임이 幣原 외무대신에게 보낸 서한, 機密 제22호(1925년 6월 18일)」.
[30] 『日本外務省文書』 Reel 673(MT 3388), 「建議書」.
[31] 金三民, 『在滿朝鮮人の窮狀と其の解決策』, 113쪽.

적이며 광범위한 호응 속에서 전개된 항일운동이었다.

2. 경제투쟁을 통한 항일민족운동

1) 청년운동 단체의 활동과 의의

(1) 청년운동 단체의 활동

일제는 이른바 '間島出兵' 이후 在滿韓人社會의 분열을 더욱 조장하는 한편 한인 독립운동단체에 대한 탄압을 한층 강화하였다. 특히 1920년대 중반 일제는 '치안유지법'을 시행하면서 국내외의 반일단체에 대한 제도적인 탄압체제를 확립했다. 이러한 상황하에서 항일독립운동단체는 새로운 투쟁방법을 모색하지 않을 수 없었다.

더욱이 러시아혁명의 영향으로 사회주의 사상이 북간도를 필두로 전 만주에 급속히 확산되었다. 국내와 마찬가지로 만주에서도 사회주의계열의 운동단체가 항일독립투쟁에서 큰 역량을 발휘하였다. 1926년 조선공산당 만주총국이 설립되면서 만주에서의 청년운동은 자생적·비조직성을 극복하고, 보다 조직적이며 대중적인 운동을 전개하기에 이른다. 청년운동은 '일회성의 항일투쟁'이 아니라 지속적이며 광범위한 대중운동의 성격을 띠며 전개되었다.[32]

1927년 초 고려공산청년회(이하 '고려공청') 만주총국의 본부가 근거지를 龍井으로 이동함에 따라 東滿道幹部의 역할은 매우 중요시되었다. 이는 동만도간부의 대부분이 북간도를 중심으로 사회운동을 적극적으로 실천하던 인물이었기 때문이다. 이들의 현실인식과 대응

---

[32] 1920년대 만주청년운동에 대한 본격적인 연구로는 신주백, 「1920년대 중후반 재만한인 청년운동」, 『한국근현대청년운동사』, 풀빛, 1995이 있다.

을 필요로 하는 분위기가 무르익었다. 현지파들의 이러한 활동이 한인사회에 긍정적인 것이었음에도 불구하고 당만총국과 불편한 대립관계가 노출되기도 하였다. 즉 당과 공청의 사업지시가 각 지방의 세포에까지 제대로 전달되지 못하였다. 예를 들면 고려공청 동만구역국 조직부장이었던 林珉虎는 1910년대 북간도의 민족교육기관을 졸업하고 현지파로서 朴允瑞 등과 함께 고려공청 간도총국 건립에 참여하였던 인물이다.[33] 이러한 사실에 비추어 볼 때 활동상의 불투명성은 노출될 수밖에 없었다. 이와 같이 고려공청 만주총국은 만주 전체 청년운동 단체의 통일체로서 현지파와의 미묘한 경쟁 속에서 재만한인을 상대로 사회운동·교육운동·경제투쟁 나아가 대중운동을 전개하였다.

고려공청은 다행히 일제의 검거를 피하였기 때문에 조직체의 재편 없이 새로운 활동을 모색할 수 있었다. 특히 근거지인 북간도 용정을 중심으로 조직을 구축하였다. 1927년 11월경 姜萬熙(李基錫)는 용정촌을 중심으로 새롭게 고려공청을 조직하였다.[34] 이렇게 조직된 당시 동만도간부 구성원의 직업별 분포는 다음과 같다.

[표-4-1] 東滿道幹部의 직업별 분포

직업	학생	교사	농업	노동	상업	무직	기타	비고
인원수	17	23	5	2	7	14	5	73

* 金俊燁·金昌順, 「高麗共産靑年會滿洲總局東滿道幹部檢擧顚末」, 『韓國共産主義運動史資料集』Ⅱ, 196~208쪽.

---

33) 한편 林珉虎는 동만구역국의 회의를 일방적으로 진행하고 비당기관에 회의내용을 보고하였다. 이는 명백히 레닌식 당조직 사업에 위배되는 것으로, 임민호는 견책 처분되었다(姜德相, 『現代史資料』 29, みすず書房, 524쪽).
34) 책임비서 李正萬, 조직부장 金世俊, 선전부장 林允基, 그 밖에 河光攝·崔永根·崔鍾浩·金河昌·安在奎·金永浩 등으로 구성되었다(김준엽·김창순, 「高麗共産靑年會檢擧顚末」, 『한국공산주의운동사자료편』(이하『한공자』) Ⅱ, 192쪽).

동만도간부 구성의 특징은 상당수가 교사·학생이라는 것이다. 이는 활동영역의 자율성이 크고 조직원의 인적 수급이 용이하였기 때문으로 짐작된다. 그리고 동만도간부는 동만조선청년총동맹 조직의 확산을 시도하였다. 동만조선청년총동맹은 1928년 1월 12일 정기대회에서 조직 개편 및 명칭변경을 하였는데, 종래 자유연립식 연맹에서 중앙집권적 동맹조직체로 변경했다. 또한 단일 청년동맹을 각 도시의 중심에 두고 각기 '집' 또는 '반'을 설치하여 남만청년총동맹·북만청년총동맹·조선청총과 유기적인 연락을 취할 것을 표명하였다.[35] 또한 1928년 7월 20일 중앙집행위원회에서는 전 동만 40개의 단일동맹을 창립했다.[36]

특히 레닌식 협동전선을 추구하면서, 동만청총은 청년운동의 전위적 존재로서 고려공청 만주총국의 사업을 완수할 것을 결의하였다. 또한 조직방침과 투쟁방침 등의 전술적 측면과 청년·여성·소년·학생·노동·농민운동 등 전략적 측면에서도 고려공청의 사업과 합치하려 노력했다. 고려공청의 청년운동은 부문운동으로서의 역할을 극복하고, 대중운동으로서의 전면적 확산을 시도하였다.

고려공청 동만도 조직은 1927년 10월 말부터 1928년 2월 말까지 집행위원회를 소집하여, 龍井·平崗·琿春·汪淸에 郡幹部를 설치하고, 局子街·和龍縣에 군 지도자를 두었다.[37] 이는 고려공청이 동만의 지리적 특수성 및 한인의 사회상황을 고려하면서 사업추진의 원활성을 부여하였던 것이다. 또한 동만청총을 보조하고 각파의 인원을 흡수하여 모든 계층을 포괄하는 전간도조선인단체협의회를 소

---

35) 김준엽·김창순, 「高麗共産靑年會檢擧顚末」, 『한공자』 Ⅱ, 216~217쪽. 특히 이 대회에서는 각 지방별 조직체를 정비하였는데 간도 훈춘지방의 연맹은 11개, 세포 102개, 회원 5천 명의 규모였다. 그러나 동만청년동맹 중앙집행위원장 姜賢哲이 검거되면서 조직의 위기를 맞기도 하였다(『東亞日報』 1928년 4월 12일자).
36) 김준엽·김창순, 『한공자』 Ⅱ, 221~222쪽 ; 강덕상, 『현대사자료』 29, 349쪽.
37) 김준엽·김창순, 『한공자』 Ⅱ, 257쪽.

집하여 대중에게 일본제국주의의 실체와 중국혁명과 만주 및 국내의 관계에 대한 인식을 고양시키고자 하였다.[38]

1928년 당시 당만총국에 속하는 자는 조공과 고려공청 소속이 각기 100여 명이었다. 그러나 내부적으로 화요파·ML파·상해파 등의 파쟁이 끊이지 않았다. 국내와 연락도 제대로 안되는 상황에서, 당만총국은 독자적으로 운영될 수밖에 없었다. 때문에 같은 해 6월에는 金浩然을 블라디보스톡에 파견하여 국제공산당의 직접적인 지도를 받고자 하였다.

당만총국의 파벌적 대립은 고려공청에도 파급되었으며, 국내 고려공청 중앙본부에서는 분파의 근본원인을 제거하고 파벌분자를 과감히 청산할 것을 지시하였다. 이에 당만총국은 1928년 국내에서는 좌우합작의 신간회운동이 대승적 차원에서 진척되고 있었던 반면, 해외부 특히 만주에서의 파벌 대립이 당 사업의 원활한 수행은 물론 독립운동에 지대한 장애물이 되고 있다고 판단했다. 따라서 그 해 5월 1일 당만총국 확대위원회를 소집하여 민족문제·全滿청년운동에 대한 전반적인 안건을 결정하였다.[39]

이후에도 국내 고려공청 중앙본부 李三鳳 명의의 질책성 경고문이 고려공청에 전달되었는데 그 이유는 다음과 같다.

1. 일본제국주의는 극도의 폭압적 수단으로 일반 합리적 운동을 전부 금지 탄압하는 동시에 치안유지법을 개정하여 우리들의 선구자를 압살하려고 한다.
2. 부르주아계급을 유혹 매수하여 별동대를 복멸시키려고 한다.
3. 무원칙의 파쟁당 등은 우리의 청년회를 파괴시키기 위해 연합파

---

38) 김준엽·김창순, 『한공자』 Ⅱ, 258~261쪽.
39) 김준엽·김창순, 『한공자』 Ⅱ, 271~272쪽. 조직구성을 위해 姜進을 킴대회에 참석시켰다.

벌전선을 편성하고 반동적으로 파시스트화하여 관제공산당으로서 묵인 및 간접원조 하에서 운동선을 파괴하려고 한다.
4. 조선 ○○○ 및 본회 제파벌 쟁당 분자를 내부에서 전부 청소하였는데 아직 농단적 프롤레타리아적 근거로부터 해탈하지 못하였다.
5. 과거 책임자가 다수 체포된 동시에 기관의 유기적 관계를 갖지 못해 새롭게 사업을 계획할 것. 이와 같은 난국을 돌파하기 위해서는 다음과 같은 사업을 충실히 수행하지 않으면 안된다. 첫째, 혁명적 대중에 근거하여 조직을 공고히 하고 당면의 이익을 위해 투쟁하여 선전과 교양·훈련에 충실한다. 둘째, 이론과 실천에 의한 사업으로서 대중을 획득하고 동시에 일반청년대중의 독자성을 발휘케 한다.[40]

이와 같이 파벌적 분립은 당시 현안문제인 중국공청 및 일본공청과 연대문제에도 걸림돌로 작용하였기 때문에, 각파 파벌연대의 파괴를 누차 강조하였다.[41]

1928년 7월 당만총국에서는 조직체계의 문제점에 대한 시정을 동만구역국에 지시하였다. 간도라는 특수성 속에서 노동자·농민을 조직에서 외면하였다는 사실을 상기시켜, 보다 적극적이고 활발한 혁명운동을 고양했다. 나아가 파벌적 분립을 지양하고 각파 각당을 포괄하는 민족유일당운동에 적극적으로 동참하고자 하였다.[42] 하지만 국내의 신간회·근우회운동과 제휴하여 유일당운동을 진행하는 데는 나아가지 못했다.[43]

---

40) 김준엽·김창순, 『한공자』 Ⅱ, 273쪽.
41) 김준엽·김창순, 『한공자』 Ⅱ, 292쪽 ; 강덕상, 『현대사자료』 29, 635쪽.
42) 朝共 및 高麗共靑은 당시 혁명운동의 핵심을 민족유일당의 공개적 표면화라고 인식하였다(김준엽·김창순, 「고려공산청년회검거전말」, 『한공자』 Ⅱ, 284쪽).
43) 김준엽·김창순, 『한공자』 Ⅱ, 291쪽.

한편 제2차 간도공산당 사건으로 ML파 동만도 조직이 와해되고 동만청총도 해산되었다. 당시 중국공산당도 만주지역의 특수성을 인정하면서 중국공산당 滿洲省委를 설치하였다. 이때 당만총국 및 고려공청은 민족유일당운동의 개인본위 단체본위의 논쟁 속에서 코민테른의 12월테제에 의한 '1국 1당체제'를 받아들여 결국 중국공산당 만주성위로 흡수되기에 이르렀다.

1929년 6월 당만총국 선전부장 張時雨는 동만도 책임비서인 윤복종, 선전부장인 姜錫俊 등과 협의하여 3·1운동 제11주년 기념 폭동을 계획하였다. 특히 화요파는 '조선연장주의' 노선이 관철되던 1928년까지와는 달리 지주반대와 국민당 및 군벌 정권의 전복이란 구호도 제시했다.[44] 1928년 9월 정식으로 발족한 중국공산당 만주성위의 활동과 당만총국 및 고려공청의 해소과정은 중국혁명=조선혁명의 논리 속에서 순조롭게 진행되었다. 즉 코민테른과 중국공산당의 강경한 분위기 속에서 청년단체는 중국혁명의 성공이 일제에게도 심각한 타격을 줄 것으로 전망하였다.[45] 이는 국제적 정세 속에서 보다 바람직한 운동의 발전과 일제 타도를 위한 청년단체의 현실인식 및 대응에 바탕을 두고 있었다. 따라서 만주지역 청년운동을 하나로 통일시키려는 움직임도 있었지만, 결국 운동의 확산을 위해 즉 조선연장주의의 폐기와 더불어 결국 중국공산당 만주성위 입당으로 무산되고 말았다.[46]

---

44) 당만총국 각파의 중공만주성위 입당 과정에 대한 연구는 신주백, 「1929~30년 시기 간도지역 한인사회운동의 방향전환에 대한 연구(하)」, 『사학연구』 47, 한국사학회, 1994가 있다.
45) 황민호, 「1920年代 後半 在滿韓人共産主義者들의 路線轉換과 間島蜂起에 관한 硏究」, 『국사관논총』 78, 국사편찬위원회, 1998, 73~74쪽.
46) 신주백, 「1929~30년 시기 간도지역 한인사회운동의 방향전환에 대한 연구(상)」, 130쪽.

(2) 청년운동의 의의

1920년대 청년운동은 비조직적인 비밀단체의 성격을 극복하고 유기적인 조직체를 구성하여 대중적 운동을 추구하였다. 고려공청 만주총국 설치 이전 특히 북간도지역의 청년단체는 재만한인사회의 안정과 일제타도라는 목표하에 운동을 전개했다. 그 대표적 단체인 赤旗團은 선포문에서 민족혁명과 계급혁명에 구애됨이 없이 한민족의 해방을 위해서라면 무엇이든지 할 것이라고 천명하였다.[47]

일제는 1923년 9월 관동대지진의 여파와 국내경제의 불안정을 극복하기 위해 만주침략에 노골적인 모습을 드러냈다. 제1차 세계대전 후 자본주의 경제체제를 완비한 가운데 1926년 田中내각은 만주군벌과 결탁하여 침략의 교두보를 마련하고자 하였으며, 한편으로는 만주에서 급속히 전파되고 있는 사회주의사상을 탄압할 기관을 건립하고자 노력하였다.[48]

한편 일본과 소련의 경제적인 협상은 재만한인사회의 경제적 여건을 더욱 불리하게 만들었다. 寺內 내각 때 외무상이었던 後藤은 극동에서 미국의 힘을 억제하고 일제의 이익을 꾀한다는 차원에서 소련과 협상을 개시하였다.[49]

1926년 단행된 국민당정부의 北伐은 재만 한인청년단체의 전술에도 적지않은 변화를 초래하였다. 당시 중국 동북지방의 군벌 張作霖에 대한 정벌은 일제의 세력약화를 초래하게 되었다. 특히 북경에서는 中韓革命運動者聯合大會籌備會가 개최되어 中韓연합 운동방책이 확정되었다. 이는 청년단체가 당시 중국을 둘러싼 국제정세를 제국주의 전쟁 양상으로 파악하여, 제국주의 국가간의 '필연적' 전쟁개시

---

47) 赤旗團은 초기 자생적 사회주의 운동단체로 그 방략이나 방침은 그 후 청년단체에 많은 영향을 미쳤다(김준엽·김창순, 『한공자』 4, 228쪽). 특히 적기단은 만주뿐만 아니라 국내와 연계도 시도하였다(『동아일보』 1924년 8월 27일자).
48) 『衆議院議事速記錄』 5, 118쪽.
49) 小林幸男, 「日ソ國交調整の一斷面」, 『日本外交史研究-大正時代-』, 有斐閣, 1958 참조.

에 따른 결과는 '필연적' 패망이라고 보았기 때문이다.[50]

또한 1928~1929년 세계자본주의의 심각한 붕괴조짐이 나타나기 시작하면서 한인 청년단체들은 중국혁명에 직접적 참여를 모색하였다. 만주는 특수지역으로서 중국혁명 가운데 소련의 무력개입이 전개된다면 일제의 출병을 초래하게 되고, 일제는 이 기회를 이용하여 滿蒙지역에서 러시아의 세력을 일소하고자 획책할 수 있기 때문에, 중국에서 혁명은 中·韓人의 힘으로 완수해야 한다는 것이다.[51] 당시 북벌에는 공산당도 참가하였으며 재만한인사회의 다수를 차지하는 농민을 중국농민과 동일선상에서 이해했다. 이러한 관계 속에서 청년단체는 코민테른의 1국1당 원칙에 입각하여 중국공산당에 입당하고 나아가 중국혁명=조선혁명이라는 등식 아래에서 투쟁하였다.[52]

청년단체는 자본주의 침략의 폐해와 경제주권의 수호에 대한 입장을 표명하였다. 1927년 관세부과에 대하여 일제의 반대정책이 실시되자 이에 대한 저항운동으로 민회를 해산하고 조직적인 상설기관을 설치키로 하였다. 이는 1927년 7월 17일 동만구역국 정기위원회에서 결정되었는데 그 내용은 다음과 같다.

> 중국이 관세부과세를 실시하려고 할 때 일본측에서는 이에 반대의 입장을 취하면서 道尹에게 교섭하였으나 결렬되었다. 한편 일제는 일본상민·조선인 소매상인과 民會측을 전위로 하여 부과세 반대운동을 감행했다. 이는 일본이 피압박 민족인 중국의 주권을 침해하는 것으로

---

50) 강덕상, 『현대사자료』 29, 538~539쪽.
51) 그런데 중국관헌측은 일제측과 마찰을 피하기 위해 때로는 한인운동가들을 검거하기도 하였다. 예를 들면 1927년 8월 3일 寧安縣에서 개최된 청년회 위원회에 동만도책임비서 金權과 全龍洛이 참석하는 도중 중국관헌에 의해 검거된 사실이 있었다(강덕상, 『현대사자료』 29, 510~511쪽).
52) 강덕상, 『현대사자료』 29, 517쪽 ; 신주백, 「1929~30년 시기 간도지역 한인사회운동의 방향전환에 대한 연구(하)」 참조.

서 자본주의적 경제로서 착취하는 것이라면 우리들은 반대운동의 반대를 위하여 스스로 결정하고 표면단체를 이용하여 전간도에서 반대운동을 일으켜 각 민족 사회의 반일본제국주의의 총역량을 집중하여 비밀리에 '反반대적' 동맹이라는 상설기관을 조직할 것을 결정한다.[53]

1920년대 중반 청년단체는 국제연맹의 실체를 명확히 판단하였고, 나아가 제국주의 국가들 간의 식민지 쟁탈전, 식민지 해방운동의 탄압 등이 극에 달하였으며, 재만한인에 대한 세금 가중, 물가앙등으로 인한 민중생활의 위협으로 혁명이 필연적으로 진행될 수밖에 없다고 인식하였다. 따라서 혁명완수를 위해서는 각파의 이해를 극복하고 통일적 자세로서 상호 반목과 질시를 해소해야 한다고 인식했다.[54] 그리고 세계 피압박 민족은 세계자본주의 국가의 노동자·농민과 연대하여, 폭압적인 자본가 계급을 구축하고 무산계급을 중심으로 대대적인 운동을 전개하여야 한다고 주장하였다. 영·미·불 삼국과 일본의 다각적 구도 속에서 일본의 만주출병설에 접하면서 계급적·민족적 해방을 위해 투쟁할 것을 선언했다.

고려공청에서는 대중들의 결집된 힘을 어떻게 반제투쟁에 이끌어 낼 것인가 하는 문제에 봉착하게 되었다. 대다수가 농민이었던 재만한인사회의 특성상 농민의 힘을 이끌어 내지 못하면 혁명투쟁도 무산될 수밖에 없다고 보았기 때문이다.[55] 즉 공산주의운동의 사업과정은 먼저 민족적 단결을 도모하고 나아가 피압박 계급 민족의 협동 전선을 구축해야 한다는 것이다.[56] 중국 혁명운동에 관여하여 상호

---

[53] 강덕상, 『현대사자료』 29, 502쪽. 특히 民會에 대한 반대운동이 거세게 일어났던 것은 일제의 기만적 회유책을 간파한 청년단체의 조직적인 대응이라고 할 수 있다.
[54] 강덕상, 『현대사자료』 29, 512쪽.
[55] 강덕상, 『현대사자료』 29, 527쪽.
[56] 민족문제를 취급함에 있어 소련식 모델에 보편적 의미를 부여하지는 않았다. 물론 이러한 상황은 1928년 12월 이후에는 달라질 수밖에 없었다.

협력하고 전 사회혁명의 협동전선으로 민족운동전선을 결합하여 새로운 투쟁전술 하에 민족당 준비에 전념해야 하였다.[57] 특히 일중, 일러, 일미 관계와 일제 자본주의의 횡포 및 착취계급의 비도덕성을 폭로하여 민중의 힘을 단결시키고자 하였다.[58]

앞서 언급하였듯이 1928년 1월 동만청년총연맹은 전민족 유일당에 순응하여 동만청년총동맹으로 개칭하면서 먼저 민족적 단결을 도모하고 나아가 피압박 민족의 협동전선을 구축하고자 하였다. 식민지 민족에 대한 억압은 제국주의 국가로서는 필연적 수단이며 피압박 민족에게는 극복해야 할 지상과제였다. 민족문제를 해결하지 않고 식민지 문제를 언급할 수 없듯이 민족의 혁명적 투쟁은 바로 식민지시대를 극복하는 첩경이었다. 동만청총은 과거 소부르주아지 민족운동을 지양하고 전 민족적 협동전선을 조직하여 일제의 무단적 폭압을 극복해야 한다고 피력하였다.[59] 특히 전민족적 혁명투쟁과 계급해방을 강조한 것은 당시 투쟁 대상을 반제로 명확하게 인식하였기 때문이다.[60]

그러나 1928년 12월 코민테른 테제 이후 청년단체의 운동노선은 민족협동전선보다 계급투쟁을 우선시하는 양상으로 변화하였다. 1929년 고려공청 만주총국 중앙위원회에서는 당시 세계자본주의 국가들의 전쟁 불가피성을 피력하면서, 세계 무산자 계급해방과 청년운동의 당면 임무를 다음과 같이 피력하였다.

> 세계제국주의의 임시적 안정은 결국 종말을 맞게 되고, 나아가 각 제국주의 국가들은 새로운 전쟁을 준비하게 될 것이다. 이 전쟁은 과거 1914년의 전쟁과 같이 제국주의 전쟁이면서 동시에 세계적 전쟁이다. 또 이 전쟁은 두 가지의 위험성을 갖게 되는데, 첫째, 전 세계제국주의 국가가 연합하여 소비에트 연방을 공격하는 것이고, 둘째, 각 제국주의 국가들이 상호 전쟁을 개시한다는 것이다. …… 현재 일본제국주의는

만철 및 5개 철도를 통하여 직접 혹은 간접적으로 中東線을 침해하고 있는데 이는 단지 경제적 침략으로만 볼 것이 아니라 제국주의 국가들이 준비하고 있는 반소비에트의 전초전의 하나임을 알지 않으면 안 된다. 따라서 공산청년은 반제국주의 전쟁에 대한 투쟁에서 중동선 보호, 소비에트 옹호를 제1과업으로 삼아 투쟁하여야 할 것이다.[61]

특히 일제의 금융자본이 간도를 침략하는 데 따른 대책으로 무장 또는 계급투쟁의 활성화를 추구하였다. 또 세계공황시대로서 자본주의의 상대적 안정시대는 제3기에 들어와 전쟁의 위기가 심화되기 때문에, 소비에트연방의 내부강화에 전력을 다하고 1국 사회주의를 확립하는 데 힘써야 한다고 인식했다.[62] 청년단체는 이러한 시대상황 속에서 투쟁방향의 전환을 모색하였으며,[63] 남만에서는 정의부 탈퇴 및 붕괴를 목적으로 1929년 2월 남만한인청년총동맹을 조직하여 재중한인청년동맹간부와 연합하였다.

한편 민족유일당운동의 실패는 이미 민족문제가 무산계급과 피압박 민족의 단결이라는 측면으로 전환되었다는 것을 의미한다. 이 시기 세계자본주의는 일시적 안정이 동요되고 금융독점자본의 내적 모순과 외적 위기가 심화되면서 각 식민지의 피압박민족의 투쟁도 격

---

57) 『崔元澤押收文書』, 27쪽.
58) 강덕상, 『현대사자료』 29, 535쪽.
59) 김준엽·김창순, 「高麗共産靑年會檢擧顚末」, 『한공자』 Ⅱ, 230~231쪽.
60) 1928년 6·10만세운동 2주년 격문을 보면 명확히 알 수 있다. "6·10운동은 그 조직적 지도하에서 철저한 목적 표어 및 투쟁방침을 세워 민족운동자와 공산주의자가 동일선상에서 수시로 민중을 격려하는 혁명적 선동문을 발표하였다. 또한 6·10운동은 3·1운동의 조직적, 史的 발전으로서 조선 민족해방운동 성공의 전제인 민족유일당전선 구축상 좋은 기초로서 이후 민족적 유일 전선을 구체화하여 내외 모두 그 완성을 볼 수 있게 되었고 확실히 해방투쟁의 일보 진전을 이루어 또 운동이 새로운 방향으로 나아가는 것이다"(강덕상, 『현대사자료』 29, 536~537쪽).
61) 강덕상, 『현대사자료』 29, 540쪽.
62) 高等法院檢事局, 『朝鮮重大思想事件經過表』, 1936, 49쪽.
63) 황민호, 「1920年代 後半 在滿韓人共産主義者들의 路線轉換과 間島蜂起에 관한 硏究」, 72쪽.

화되기에 이른다. 청년단체는 반제국주의 투쟁과 계급투쟁의 실현을 위해서도 나아가 세계자본주의에 대한 심각한 타격을 주기 위해서도 중국혁명에 참여해야만 하였다.[64] 중국혁명의 성공은 조선문제, 민족문제의 종결적 해결을 의미하며 진정한 민족압박의 해방을 추구한다고 인식하였다. 청년단체의 임무는 만주에서의 정치적·사회적 열세를 만회하기 위하여 조선연장주의를 폐기하고 그에 따른 조직관제도 일신하여 중공의 지도를 받아야만 하였다.[65] 따라서 청년단체는 식민지문제=민족문제의 해결은 중국혁명에 참가함으로써 가능하다고 판단하였다.

일제의 '간도토벌' 후 재만 노동·농민운동의 침체된 상황에서, 청년운동이 전체운동을 선도하였다. 무장독립군의 활동과 달리, 청년단체는 재만한인사회와 밀접한 관계를 유지하면서 새로운 사상으로 무장한 청년운동가들에 의해 주도되었다. 그렇다면 식민지하의 청년의 임무와 독립운동상에서의 기능적 성격은 어떠하였는가. 일반적으로 일제시대 청년운동의 임무는 첫째, 식민지하에서 제국주의에 대항하여 민족해방을 이루고 근대 민족국가를 건설하는 데 앞장서는 것이며, 둘째, 청년들의 일상적인 이익을 옹호하는 것이다.[66]

먼저 청년단체는 전체운동의 전위기관으로서 역할을 담당하게 되었다. 만주총국 성립 후 수직적 조직체계가 안비는 이전의 거칠고 비조직적인 청년운동을 보다 세련된 부문운동으로서 역할을 수행하게 된 계기가 되었다. 전체운동의 하부구조임에도 불구하고 청년운동은 당면한 특수조건에 적응하여 중요한 정치적 임무를 독자적으로 수행하였다.[67] 즉 청년의 사회적 특수지위에 기초한 행동강령에 의하여

---

64) 강덕상, 『현대사자료』 29, 568~570쪽.
65) 김준엽·김창순, 「高麗共産靑年會檢擧顚末」, 『한공자』 Ⅱ, 227쪽.
66) 박철하, 「일제하 청년운동연구의 현단계와 과제」, 『한국사론』 26, 국사편찬위원회, 1996, 217~218쪽.
67) 김준엽·김창순, 「在中韓人靑年同盟狀況槪要」, 『한공자』 Ⅱ, 180쪽.

광범위하게 청년을 전선에 끌어들이지 않으면 안되었다. 그것은 1929년 동만청총의 조직 방침에도 명확히 나타나고 있다.

> 조선청년운동은 종주국의 청년운동에 비하여 특수성을 갖고 있으므로 전국적 운동의 전위적 역할을 갖기 때문에 우리들의 당면 임무를 수행함에 적당한 대중적 조직을 취하지 않으면 안된다. 따라서 중앙집권적인 단일조직을 필요로 한다. 그리고 우리들의 목적에 대하여 전력으로 허락하는 한 계급 각층의 항쟁적 요소를 적극적으로 광범하게 획득 지도하고 전화시켜 전 단일 중앙집권적 조직을 완성해야 한다. 한편 부문적에서 全線的으로 전선을 확대해야 할 현재의 우리들은 전체운동과 동일보조를 취하여 어디까지나 진실되게 대중의 빛이 되어 투쟁에 관하여 최대관심을 전체적 목표에 집중해야 할 것이다.[68]

고려공청은 당만총국과 유기적 관계 속에서 청년운동의 방향을 설정하지 않으면 안되었다. 즉 고려공청은 조선공산당의 보조기관으로서 운동하며 사업의 분야를 달리하면서도 당의 강령방침에 순응하여 사업을 진행하여야 한다는 것이다.[69] 그런데 당만총국과의 수직적 관계 속에서 독자성을 상실한 경우도 적지 않았다. 따라서 청년운동은 집약적이며 숙련된 조직체계를 바탕으로 활동해야만 하였다.

1927년 1월 당만총국의 결정서는 청년운동에 대하여 다음과 같이 결정하였다. 첫째, 전만 청년운동은 어느 한 계급에 국한되는 것이 아니라, 대중적 전민족적으로 그 진영을 확대하여야 한다. 둘째, 강령을 채택할 것이며, 셋째, 각 구역국 내의 청년기관은 가장 조직적이며 충실하게 하면서 전만청년총기관을 조직해야 한다는 것이었다.[70] 즉 당

---

68) 김준엽・김창순, 「高麗共産靑年會檢擧顚末」, 『한공자』Ⅱ, 217쪽.
69) 강덕상, 『현대사자료』 29, 521쪽.
70) 강덕상, 『현대사자료』 29, 494쪽.

만총국의 결정은 청년운동을 전위적 성격에 국한시키는 것이 아니라, 재만한인사회와 연계한 대중운동으로서 규정하고 있었다.[71]

한편 고려공청과 밀접한 관계를 유지하고 있었던 동만청총이 1928년 1월 13일 정기총회에서 통과한 강령에는 청년운동의 대중침투를 의미하는 조항이 있다. 즉 조선인 청년 대중의 정치적·경제적·민족적인 구체적 이익을 획득하기 위하여 절대적 투쟁을 전개한다는 것이다.[72] 이와 같이 청년단체가 대중침투의 선봉장으로서 재만한인에게 친밀감을 주었던 것은 무장투쟁단체의 대중과의 괴리감에서 오는 운동 결집력의 약점을 보완하고, 보다 유리한 활동을 전개하는 데 있었다. 청년운동단체는 순회강연, 간이정치학교를 통한 대민 선전활동과, 투쟁역량을 키워 전위대로서의 투쟁과 대중침투운동을 전개하였던 것이다.

청년운동은 전체운동의 부문운동이라는 측면에서 탈피하여 여성운동·소년운동·학생운동 등 다른 부문운동과의 유기적 관계 속에서 활동을 전개하였다.[73] 대중운동은 기층민과 괴리된 상태에서 진행될 수 없다는 상식적인 인식을 갖게 되었다. 1929년 8월 고려공청은 분파적 성격을 타파하고 각파의 통일을 지향하여 부르주아 청년운동과의 경계를 명확히 함과 동시에, 무산계급을 중심으로 운동을 전개하고자 하였다. 또한 농한기를 이용하여 운동회·음악회 등을 개최하고, 각 지역에 산재해 있는 비조직적인 농촌여자청년회 등을 청년단체에 끌어들여 운동역량을 활성화시키고자 하였다.[74]

아울러 청년단체는 1929년 대외정세의 변화와 코민테른의 지령에 따라 운동노선 및 방략의 전환을 모색하였다. 즉 청년단체는 자본주

---

71) 김준엽·김창순, 「高麗共産靑年會檢擧顚末」, 『한공자』Ⅱ, 226쪽.
72) 김준엽·김창순, 『한공자』Ⅱ, 218쪽.
73) 김준엽·김창순, 『한공자』Ⅱ, 223~225쪽.
74) 강덕상, 『현대사자료』 29, 545쪽.

의적 합리화에 반대하면서 청년의 직접적인 경제적 요구옹호, 근로 청년을 동원하여 대중적 운동으로 그 활동을 전환하였다. 또한 당만총국과의 관계 원칙상[75] 고려공청은 조선연장주의를 폐기하고 운동의 질적 전환을 추진하였다. 청년단체가 무장 선봉대로서 그 역할을 담당한 것도 그 예이다. 따라서 청년단체는 전위대로서의 역할을 수행하였을 뿐만 아니라 나아가 부수적 성격을 탈피하여 세계혁명의 조류 속에서 정치투쟁세력으로 자리매김하였던 것이다.

2) 民會 배척운동과 間島蜂起

1915년 滿蒙條約의 체결은 일제 만주침략의 결정판이었다. 일제는 간도의 한인들을 이용하여 자신들이 용이하게 취득할 수 없었던 토지소유권을 확보하고자 했다. 이 과정에서 이른바 商租權 문제를 둘러싸고 양국이 첨예하게 대립하였다. 그 결과 토지를 매개로 경제활동을 영위하던 한인은 양국으로부터 이중의 압박을 받게 되었다. 이러한 현상은 일제가 간도침략을 시도하면서 한인을 이용하고 통제하였기 때문에 발생하였다. 일제의 한인 이용책으로 한인사회의 내부 갈등이 표출되었다. 이에 한인들은 일제의 경제침략정책에 대한 적극적인 저항운동을 전개하였다.

1922년 5월 한인들은 일화배척운동뿐만 아니라 토지수탈을 실행하였던 구제회에 대한 적극적인 반대운동을 전개하였다. 일제는 이주한인의 열악한 생활환경을 개선한다는 명목으로 토지 賃借料를 대여해 주고 나아가 경작기에서 수확기까지의 생활비를 저리로 대부해줌으로써 중국인 지주의 고리대로부터 '구제'한다고 선전했다.[76]

---

[75] 양자는 전연 별개의 조직체로서 당만총국은 고려공청에 대하여 지도 책임이 있지만 그 사업내용에 대해서는 명령권을 갖지 못했다. 즉 당만총국은 정치운동으로서, 청년회는 일종의 공산주의적 문화운동으로서 각기 활동을 하였다(강덕상, 『현대사자료』 29, 528쪽).

동시에 내부적으로는 한인을 이용한 토지매수에 적극적이었다. 특히 상환금을 연체한 한인은 320인이었며 그 금액은 40만 원에 달하였다. 이는 대출금의 약 30%에 해당한다. 연체가 지속됨에 따라 구제회에서는 담보물을 확보하였다. 일제는 일시적인 경제불황으로 인식하여 차입금 반환을 우려하지 않았다.[77)]

중국측에서는 한인을 이용한 일제의 토지매수에 대응하여 中華救濟會를 설립하였다. 그러나 중국측의 미온적인 대응, 특히 중국인 지주의 착취에 가까운 고리대 사업으로 인하여 중화구제회는 간도구제회의 저리대출에 대한 근본적인 대응이 되지 못했다. 중국인 금융업자의 대부는 年利 4할의 고리대였는데, 이는 간도구제회의 년 1할 6分이라는 저리에 비하면 매우 높은 이자율이었다. 또한 吉林永衡官銀號에서도 일본 구제회에 대항할 여력이 없었으며, 조세 및 기타 공금을 거래하는 정도에 지나지 않았다.[78)]

1925년 4월 吉林에서 일제의 토지 매수 및 사업경영에 대한 반대대회가 개최되었다. 吉林居民 聯合大會는 길림지방에서 일본인이 경영하는 사업을 배척하기 위하여 "일본인은 만주경영에서 이미 재화를 흡수하고 야욕을 갖고 있으며, 많은 …… 토지를 매수하여 식민지적 계산으로 우리의 寶庫를 흡수하려 한다. 겉으로는 친선을 도모하며 안으로는 침략적 성격을 띠고 있다"라는 경고문을 각 현에 배포하었다.[79)] 뿐만 아니라 吉林學生聯合會도 "일본은 중국내란에 편승하

---

76) 金正柱, 『朝鮮統治史料』 10, 236쪽.
77) 『日本外務省文書』 Reel 664(MT 3386), 「支那人側ノ日本救濟會排斥ニ關スル件, 간도 총영사 堺與三吉이 외무대신 內田康哉에게 보낸 서한(機密제221호, 1922년 5월 24일)」. 일제의 토지매수로 인하여 간도지역의 토지가격이 상승하고 토지구입에 필요한 경비 또한 많이 소요되었다(金正柱, 『朝鮮統治史料』 10, 354~357쪽).
78) 『日本外務省文書』 Reel 664(MT 3386), 「支那人側ノ日本救濟會排斥ニ關スル件 (機密제221호, 1922년 5월 24일)」. 뿐만 아니라 중국 측에서는 민회와 구제회를 통한 일제의 토지수탈에 우려를 표명하였다. 즉 첫째 取消救濟會, 둘째 撤消日人警察, 셋째 取締居留民會, 넷째 增加 駐軍經費라는 구호를 작성하여 선전하였다.
79) 『日本外務省文書』 Reel 668(MT 3386), 「吉林居民聯合大會ノ警告文配布ニ關スル件, 간도 총영사 鈴木要太郞이 외무대신 幣原喜重郞에게 보낸 서한(機密 제146호, 1925년 5월 4일)」.

여 수 만명의 군인을 만주에 파견하였으며, 滿鐵 沿線에 관민 보호를 표방하여 奉天軍을 원조하여 만주전역을 '제2의 조선화' 하려는 계략을 강구하고 있다"라는 요지의 전문을 국자가 학생단에게 전송했다.[80] 이에 학생단에서는 일본의 天圖輕鐵 부설을 반대하였으며 이를 계기로 한인이 주축인 간도교육계에서도 적극적인 배일운동을 전개하였다.

한편 한인은 일본인의 주구로 지목되어 중국 관헌으로부터 많은 압박을 받게 되었다. 일제가 귀화한인을 이용하여 막대한 토지를 매수하였기 때문에 중국측에서는 토지불매동맹을 조직하여 귀화한인의 토지소유권 획득을 저지하였다.[81] 따라서 한인들은 상조권문제를 둘러싼 일제와 중국측의 대립 속에서 토지소유권 획득이 더욱 어렵게 되었다. 중국측의 한인배척은 '三矢協定'을 계기로 더욱 강화되었다.[82] 삼시협정 제2항은 중국 관헌이 재만한인독립운동가가 무기를 소지하고 조선으로 침입하는 것을 방지하고, 이를 위반하는 자는 체포하여 조선총독부 경무국에 인계하여 주도록 규정하였다. 삼시협정으로 인하여 중국 관헌은 합법적으로 한인들을 일제의 간섭없이 체포·연행할 수 있게 되었다.[83] 이 협정을 계기로 중국 관헌은 한인에게 移住許可稅를 받는 등의 압박을 가하였다.[84]

1917년 설립된 민회는 간도총영사관에서 이주한인을 장악하기 위해 친일적 인사들로 지도부를 구성한 한인통제기관이었다. 한인의 입장에서는 민회 가입에 대한 부담과 특히 중국측의 '일제의 주구'

---

80) 『日本外務省文書』 Reel 669(MT 3386), 「支那學生團ノ排日運動再起計劃ニ關スル報告 (機密 제36호, 1926년 1월 13일)」.
81) 『日本外務省文書』 Reel 669(MT 3386), 「琿春商會長ノ爲ニ排日的演說ニ關スル件, 琿春분관 주임 田中作이 외무대신 幣原喜重郎에게 보낸 서한(機密 제398호, 1926년 11월 1일)」.
82) 조선족략사편찬조, 『조선족략사』, 74·94쪽 참조.
83) 朴永錫, 「日本帝國主義下 在滿韓人의 法的地位에 관한 諸問題」, 『한국민족운동사연구』 11, 1995, 58~59쪽.
84) 『동아일보』 1925년 9월 6일 「만주이주한인에게 移住許可稅 徵收」.

라는 시선으로부터 적지않은 압박을 받았다.[85] 친일적 성격을 띤 민회에 대한 거부감으로 인해 초기 입회인원 수는 2,000여 호에 불과했다.[86] 따라서 민회에 대한 배척운동은 항일운동으로 전환되었다.

1919년 3월 13일 龍井에서 시작된 3·13 만세시위운동에서도 주도적 역할을 담당하였던 명동학교 학생들은 5월 20일 용정촌 조선인민회 초대 회장 李熙悳을 납치·감금하였다.[87] 이는 친일파에 대한 경고와 아울러 독립운동에 대한 경각심을 불러일으켰다. 특히 猛虎團은 용정촌 거류민회장과 회원들의 집을 방화하였으며,[88] 각지 조선인민회장 및 한인 경찰의 사직을 강력하게 촉구하였다.[89] 이후 한인들은 간민교육연구회를 조직하여 일제에 대항했다.[90] 3·13항일운동은 단순한 시위운동의 성격을 탈피하여 군자금 모집·무기구입 등을 통하여 적극적인 무장투쟁으로 전환되었다.[91]

중국 관헌은 조선인민회의 조직 확대를 우려하여 민회 사업을 방해하였다.[92] 나아가 중국측에서는 민회에 대응하기 위하여 지방자치기관인 鄕社의 조직을 개선하여 한인에 대한 업무를 개시했다. 그 내용은 주로 한인의 귀화문제 및 귀화 한인에 대한 이권확장에 있었다.[93] 이는 민회 확장이 일본세력의 확대라는 인식하에 취해진 조처였다. 한편으로 중국측은 민회의 지배권을 장악하고자 하였다. 吉林

---

85) 오세창, 「조선인민회연구」, 『백산학보』 25, 1979 참조.
86) 김태국, 「'북간도' 지역 조선인 거류민회(1917~1929)의 설립과 조직」, 『역사문제연구』 4, 역사문제연구소, 2000, 256쪽.
87) 金正明, 「間島龍井村朝鮮人民會長監禁の件」, 『朝鮮獨立運動』 3, 54쪽.
88) 金正明, 『朝鮮獨立運動』 3, 104쪽.
89) 金正明, 『朝鮮獨立運動』 3, 47쪽.
90) 『日本外務省特殊調査文書』 16, 376쪽. 한인들의 경제적 상황이 불안하여 한인들이 경영하는 많은 학교들이 휴교 내지 폐교되었다. 또한 최봉설 등이 주도한 '15만 원 사건'도 항일경제투쟁의 좋은 예이다.
91) 안장원, 「룡정3·13 반일운동에 대하여」, 『룡정 3·13반일운동 80돐기념논집』, 연변인민출판사, 1999, 101쪽.
92) 『日本外務省特殊調査文書』 16, 368~369쪽.
93) 『日本外務省特殊調査文書』 16, 371쪽.

省長은 延吉道尹에게 다음과 같은 훈령을 내렸다.

첫째, 연길도 관내에서 중국인 혹은 墾民이 조직한 각종 모임으로 도의 행정방침에 반대하는 것은 이를 금지하고 새롭게 조직하는 것은 허락하지 않는다. 둘째, 일본의 원조하에서 조직한 상부지 밖의 조선인민회는 관할 도윤 혹은 현지사의 지휘명령을 받고 그 명칭을 墾民會로 개칭한다. 셋째, 상부지 밖에 거주하는 墾民이 집회·결사·언론의 자유를 행할 경우에는 중국 관헌의 허가를 받는다.[94]

이와 같이 중국측이 반대 입장을 표명한 것은 민회를 통한 일본세력의 확장을 방지하기 위함이었다. 또한 1929년 연길공안국에서는 민회비 납입을 금지하였다. 훈춘민회에서 1원 10전을 징수하였는데 중국 관헌은 민회비를 납부하는 한인에게 벌금 20원을 부과하였다.[95] 그러나 중국측은 한인 소작농을 구제하기 위한 실질적인 노력을 기울이기도 했다. 1929년 길림성에서는 延吉 각 현에 한인 소작농의 고리대 폐해를 보고하라고 지시하면서 해결책을 강구하기도 하였지만,[96] 그 실효성에는 의문이 든다.

1922년부터 업무를 개시한 민회금융부는 자금이 부족하고 대출범위가 일부 지방에 국한되어, 일반농민에 대한 대출은 이루어지지 않았다. 이는 일제가 중농 이하의 농민에게 대출한다는 명목으로 오히려 토지수탈을 진행하였기 때문이었다. 그 결과 간도지역의 극빈자의 발생은 거의 방치되었다.[97] 그리하여 한인의 민회 배척운동이 본격적으로 진행되었다.[98] 1927년 東滿道幹部 임시위원회에서는 자본

---

94) 朝鮮總督府 警務局, 『間島問題ノ經過ト移住鮮人』, 195쪽.
95) 朝鮮總督府 警務局, 『間島問題ノ經過ト移住鮮人』, 194쪽.
96) 『日本外交史料館文書』(E4316), 「支那側ノ小作鮮農救濟設方訓令ニ關スル件」.
97) 『日本外務省特殊調査文書』 16, 164쪽.
98) 朝鮮總督府 警務局, 『間島問題ノ經過ト移住鮮人』, 190~195쪽 참조.

주의 경제침략의 대명사로 민회를 지목하여 사회 각 단체와 연계한 시민대회를 龍井에서 개최하기로 결정하였다.[99] 이는 민회의 사업이 한인 경제력 향상을 가져온 것이 아니라 오히려 일제의 토지획득에 이용되었다는 것을 의미한다.

한편 1929년 5월 金桂山과 馬晉은 敦化에서 在滿墾民農友黨을 조직하여 일제의 식민지 경제정책에 대항하였다. 이 단체는 이주한농의 열악한 경제상황과 일제의 기만적인 경제정책을 직시하면서 다음과 같은 선언문을 발표했다.

재만동포의 8~9할을 차지하고 있는 농민의 생활과 생존권 문제는 만주혁명운동의 절대적 선결과제이다. 장래 일본제국에 대한 경제적 宣戰을 담당할 자는 과연 누구인가. 바로 만주 광야에서 방황하는 100만의 無産農民이다. 조선민족의 해방과 자유를 쟁취함에 있어 가장 중요한 자는 해외에서 투쟁하는 혁명투사로서 만주 100만 농민의 단결력에 의하여 성취할 수 있다. …… 남북 만주 각지에 산재하는 農友는 일치 단결하여 農友黨을 조직하고 계급의식을 주입함으로써 혁명운동의 조직적 전위분자가 되지 않으면 안 된다. ……[100]

이와 같이 마진 등은 이주한인의 현실문제에 직시하면서 농민생활의 근본적인 방침을 수립하였다. 즉 농산물의 공동 판매와 수요품의 공동 구입을 도모하였던 것이다. 이는 민회 대출금 가운데 상당액이 수요품의 구매 등에 사용되고 있으며 이의 변제 능력을 상실한 한인이 부채 가중과 파탄으로 이어졌기 때문에 적극적인 저항방식으로 한인들의 일치단결을 촉구하였음을 의미한다. 나아가 농우당은 한인

---

99) 강덕상, 『현대사자료』 29, 502쪽.
100) 『日本外交史料館文書』 (E4316), 「在滿墾民農友黨組織竝宣布文配布ニ關スル件」.

의 생존권 보호와 일제의 타도를 목적으로 활동을 전개하였다.

이러한 상황 속에서 1929년 6월 局子街 간민교육회장 金仁三은 한인자치문제·교육문제·경제문제에 대한 해결 방안을 모색했다. 특히 금융문제에 대해서는 官銀號의 정리와 만철 및 동척 업무의 확장을 방지하기 위하여 官民 합자의 금융기관 설치를 계획하였다.[101] 동척과 조선은행의 대출업무가 한인 경제상황을 더욱 악화시켰다. 오히려 일본의 상권확대와 한인 경제기반의 잠식현상으로 표출되었기 때문에 간민교육회에서는 이를 적극적으로 개선하지 않으면 한인사회의 몰락이 가속화될 것이라고 판단하였다.

일제와 중국 관헌의 이중압박에 고통받던 이주한인은 1930년 5월 30일 간도봉기를 단행하였다.[102] 당일 간도지역에 살포된 「全延邊中韓勞力大衆에게」라는 격문에는 일제의 착취압박에서 벗어나기 위해서는 먼저 그 착취기관인 은행·금융부·경찰서·민회·친일파 등을 척결해야 한다고 하였다.[103] 특히 일제뿐만 아니라 모든 제국주의의 타도와 지주의 토지몰수를 주장했다. 이는 한인사회의 정치적·경제적 불만을 반영한 것이었다.[104] 한인들은 조선인민회·조선총독부 보조서당·동척·발전소 등에 대한 파괴활동을 전개했다. 한인들은 頭道溝·龍井으로 통하는 전화선을 절단하고 두도구의 민회사무실을 파괴하였다. 또 영사분관과 동척 간도출장소를 습격했다.[105] 간도봉기는 조선공산당 ML파의 주도하에 진행되었다고 하지만, 실질

---

101) 『日本外交史料館文書』(E 4316), 「延邊墾民代表吉林省政府ニ對シ運動狀況通信ニ關スル件」(機密 제715호).
102) 간도봉기에 대한 대표적인 연구는 다음과 같다.
    黃敏湖, 『在滿韓人社會와 民族運動』, 國學資料院, 1998 ; 金春善, 「'북간도' 지역 한인사회의 형성연구」, 국민대박사학위논문, 1998 ; 金森襄作, 「滿洲中朝共産黨合同と間島五·三〇蜂起」, 『朝鮮史叢』 7, 朝鮮史叢編輯委員會, 1983.
103) 강덕상, 『현대사자료』 29, 587쪽. 간도봉기로 피체된 한인은 883명에 이르렀으며, 이 가운데 3명이 체포 과정에서 피살되었다(金正明, 『朝鮮獨立運動』 5, 643쪽).
104) 황민호, 『재민한인사회와 민족운동』, 226~227쪽.
105) 강덕상, 『현대사자료』 29, 585~587쪽 ; 『조선족략사』, 112쪽.

적인 참여층은 이주한인들이었다. 주된 공격 대상은 일제침략기관이 었는데, 이는 한인을 대상으로 한 일제 구제사업의 허구성을 보여주 는 것이었다.

특히 5·30봉기 당시 한인들은 민회에 대하여 집중적인 파괴활동 을 전개하였는데 민회 건물 1개가 전소되는 등 3개 민회에서 피해가 발생하기도 하였다.[107] 뿐만 아니라 민회 업무가 마비되어 본래의 기 능인 한인에 대한 대출업무를 추진할 수 없었다. 또한 각 민회장은 더 이상 민회 사업을 전개할 수 없다고 판단하고, 간도총영사관에 사 직서를 제출하였다. 이로 인하여 회비 징수는 물론 직원의 급료도 지 급하지 못하는 상황에 이르렀다.[108]

민회 회장의 사직은 금융부 예금자의 불안을 가중시켜 10월 말경 부터 용정촌 국자가 금융부에서 1만 원의 예금이 인출되었다. 이러한 현상은 각지 금융부 전반에 걸쳐 예금 인출 소동으로 이어졌다. 간도 총영사관에서는 예금자의 불안을 해소한다는 명목으로 5만 원을 조 선은행 용정출장소에서 차입 융통하는 계획을 세웠다. 이는 한인사 회에 대한 통제 기관이었던 금융부의 업무 확장과 관련하여 한인들 의 동요를 막기 위함이었다. 이러한 조치에도 불구하고 민회의 업무 는 불능상태에 빠졌다.[109] 한 조사에 의하면 1930년 9월 말까지 민 회 직원의 급여가 지급되지 못하였으며, 미납액이 10,200여 원에 달 하였다. 이에 금융부에서는 일시적으로 저리 융통을 실시하는 등의 편법을 강구했다.[110]

---

107) 강덕상, 『현대사자료』 29, 584쪽. 민회의 피해규모는 4,300원이었으며, 전기회사의 피해규모도 약 4천 원에 이르렀다(金正明, 『朝鮮獨立運動』 5, 641쪽).
108) 김정명, 『조선독립운동』 5, 649쪽.
109) 김정명, 『조선독립운동』 5, 510쪽. 간도봉기로 인하여 금융부는 동척으로부터 10만 원의 차입금 계약을 맺게 되었다(『滿鐵調査月報』 20-5, 1932, 242쪽).
110) 일제는 5인 위원회를 구성하여 첫째 농민의 임시구제, 둘째 민회 및 금융부이 개선, 셋째 산업조장시설 확장 등의 각 항을 신속하게 실시할 것을 결의하였으나 성과는 거두지 못하였다. 또한 신변보호를 위하여 경찰력을 증가하고자 하였다(『日本外務省特殊調査文書』 16, 81쪽).

간도봉기에서 한인들이 주 공격 대상으로 삼았던 것은 대부분 간도지역에서 일제의 세력확장에 필수적인 기관이었다. 따라서 조선인민회가 한인들의 생활과 직접적인 관련을 맺고 있었기 때문에, 한인들의 파괴행위는 격렬한 양상으로 표출되었다. 특히 일본제국주의와 이주 한인간의 모순이 일종의 계급투쟁적 성격을 띠고 나타나게 된 것이다.[111] 자본주의 세력침투와 고리대 하에서 착취당했던 한인의 투쟁은 생존권과 민족해방운동으로 표출되었다.

요컨대 민회금융부·동척·고리대 금융조합에 대한 배척운동은[112] 유통과정에서 일본상업자본의 패권과 동척의 담보 금융에 의한 토지지배와도 매우 밀접한 관련이 있었다. 이러한 것들이 간도지역에서 일본의 정치세력 구축의 물질적 기초가 되었지만, 다른 일면에서는 이 지역 항일운동의 기초가 되었다고 할 수 있다.[113]

---

111) 金三民, 『在滿朝鮮人の窮狀と其の解決策』, 147쪽. 또한 일제는 간도봉기에 신속하게 대처하였다. 군대의 충원과 한인에 대한 탄압을 통하여 한인사회 전반을 통제하고자 하였다. 즉 일제는 間島協會를 조직하여 한인사회에 대한 장악력을 강화했다(金正明, 『조선독립운동』 3, 652쪽).
112) 김정명, 『조선독립운동』 5, 541쪽.
113) 김정명, 『조선독립운동』 5, 520쪽.

결론

결론

　1910년 일제에 강점된 후 조선과 만주의 경제 상황은 일제의 자본축적을 수행하는 형태로 전개되었다. 간도에 대한 일제의 금융침략 정책은 그 '수혜자' 집단이라고 할 수 있는 이주한인의 경제적 변화를 초래하였다. 본 연구에서는 일제가 간도금융정책을 추진하는 과정에서 '전근대적인 금융시스템'의 제거=일본자본 이식이라는 측면을 부각시키고자 했다. 또한 본 연구에서는 일제가 자본침탈을 통하여 간도경제계를 어떻게 재편하려 했는지, 그 과정에서 한인의 경제실태와 대응양상에 대하여 고찰하였다. 서구자본주의와 마찬가지로, 지역적 팽창을 도모한 일제는 이주한인이 다수 존재하던 간도에 대해 배타적인 이권을 획득했다. 이 과정에서 한인은 일제에 의해 이용·통제되었을 뿐만 아니라 중국인으로부터 일제의 주구로 인식되었기 때문에 중첩적인 압박을 감내하지 않을 수 없었다.

　한인의 토지소유권은 귀화문제와 직결된 것이었다. 특히 1915년 '滿蒙條約'을 기점으로 商租權 문제를 둘러싸고 중일 양국이 첨예하게 대립하면서 한인들의 토지소유권 획득은 귀화입적자에게 한하여 허용되었다. 즉 귀화를 하여야만 토지소유가 가능했으며, 기형적 형태의 佃民制度가 행해지기도 하였다. 이 제도는 한인간의 불신과 알력을 조장하는 한편, 일제가 한인 사회의 경제적 기반을 잠식하는 데 이용되었다. 이로 인하여 이중국적문제가 발생하였다. 이중국적은 국적법상 양국 어느 쪽도 외교적 보호를 주장할 수 없는 것이었다. 결과적으로 일제는 한인을 이중국적자로 만들어 어느 국가의 보호도 받지 못하게 하였다. 특히 한인은 국제법상의 특권과 보호를 인정받을 수 있음에도 중·일 양국간의 첨예한 이해 대립으로 중국의 통치권 아래에서도 중·일 양국으로부터 이중재판을 받게 되었다. 즉 재판권은 중국에 있었지만, 일제는 영사재판권을 활용하여 한인이 받을 수 있는 정당한 재판을 제약하였다. 따라서 한인은 조약에서 규정한 특권과 보호조항의 혜택을 받지 못하였으며 의무・통제만을 받게 되었다. 만주에서 시장확보를 위한 수단으로 전쟁 대신 조약을 선택한 일제는 당시 제국주의 국가 중 후발국가에서 사용한 領事裁判權과 朝鮮總督府 법원간의 긴밀한 연계 속에서 한인에 대한 재판권을 장악하였다.

間島救濟會를 통한 일제의 금융정책은 엔화의 통용권 확대와 토지매수를 통한 한인 경제력의 예속화를 의미하였다. 일제는 이를 통하여 비교적 자국세력이 미약한 간도지역의 경제력을 장악하기 위하여 한인에 대한 적극적인 대출을 통하여 이를 담보로 토지매입을 추진했다. 구제회의 성격을 통해, 일제 금융정책의 실상을 정리하면 다음과 같다.

첫째, 일제는 구제회를 이용하여 일본인의 간도로 이민을 촉진시키기 위한 토대를 완비하였다. 또한 통화권의 확대를 도모하여 중국과 러시아세력을 배척하고 일본상권의 확대와 독점적 지위를 구축했다.

둘째, 구제회의 대출은 자기 자본에 비해 지나칠 정도로 편중되었으며, 지가 상승으로 인하여 구제회는 막대한 자금축적을 이룰 수 있었다. 한인은 토지담보의 대출을 상환하지 못하였을 때, 토지소유권을 상실하였다. 이는 한인의 토지소유를 위한 귀화를 더욱 촉진시키는 계기가 되었다. 대출기간의 단기화로 상환능력을 상실하거나 보증 담보시 채무 불이행으로 인해 대출인과 보증인이 동반 몰락하기도 하였다. 또한 고리대가 여전히 상존하였기 때문에 한인사회의 전반적인 경제력 향상은 처음부터 기대할 수 없었다.

셋째, 동양척식주식회사의 구제회 업무 인수를 계기로 한인의 경제적 통제를 보다 조직적으로 실행하였다. 동척의 설립 취지는 조선에서의 척식사업에 주력하는 것이었지만, 업무의 특성상 만주에 진출하면서 본래 업무를 연장 실행했다. 즉 풍부한 자금력으로 구제회가 활동하였던 것보다 더 조직적이며 광범위하게 한인사회에 대한 대출업무를 전개하였다. 이는 이주한인의 執照(토지문서)를 이용하여, 간도지역의 경작지를 광범위하게 획득하여 일본의 과잉인구를 해소하기 위함이었다. 특히 1930년대 일제가 간도에서 실시하였던 안전농촌 같은 집단적 통제의 원형은 이미 동척의 사업에서 나타나고 있었다.

요컨대 일제는 구제회를 통하여 일본 세력의 부식화를 촉진함으로써, 대륙 경제침략의 전초기지를 마련하고자 하였다. 구제회는 표면적으로 한인에 대한 '구제'를 그 목적으로 내세웠으나, 오히려 이주한인의 경제적 토대인 토지를 약탈하거나 한인에 대한 부정적 인식을 중국인에게 심어주는 결과를 낳았다.

한편 일제가 민회금융부를 설치하면서 이주한인의 경제력 신장을 선전하였지만, 실제로는 토지소유권 획득을 위한 하나의 조처였다. 당시 이주한인의 경제력에 비추어 보았을 때, 구휼자금 10만 원은 구제자금으로는 적은 액수였다. 또한 이미 동척이 농업자금을 대여하고 있는 상황하에서 '간도출병'으로 인한 한인 농촌경제의 발달을 꾀한다는 것은 억지에 불과하였다. 이는 동척이 이주한인들로부터 배척당하고 있었기 때문에, 동척이 사업의 폭력성을 은폐하고, 효율적인 민회조직을 활용하여 이주한인을 통제하기 위해서였다. 즉 농업금융은 장기 저리의 대출을 그 특징으로 하는데, 민회의 경우 이러한 측면을 도외시하고 일방적인 '여신의 집중화'를 통한 토지매수 사업에 치중하였다. 그 과정에서 한인의 연쇄 몰락이 초래되었으며, 단기 대출로 인한 악순환을 야기했다. 이는 농업금융의 본래 기능이 식민지 팽창정책하에서 파행적으로 진행되었음을 의미한다.

일제의 자본진출은 그에 따른 금융기관의 설치를 필요로 하게 되었다. 러일전쟁 후 남만주에서는 橫濱正金은행이 외환업무를 담당하면서 일본 상권 형성에 큰 역할을 담당하였다. 그에 반하여 북만주 및 간도는 상대적으로 일본 세력의 진출이 미약했다. 하지만 1909년 청진항루트가 개발되면서 간도지역으로 일본상품이 본격적으로 흘러들어 갔다. 자본제적 상품과 농업생산물과 교역에서 일제는 막대한 초과이윤을 획득할 수 있었으며 무역구조 역시 재편되기 시작하였다. 그 과정에서 일제는 지불수단인 화폐의 번거로운 유통을 극복하고 보다 신속한 자금유통을 위하여 화폐단일화 정책을 지향했다. 이러한 움직임은 1916년 제37차 제국의회 회의에서 '만주은행법안'의 제출로 나타났다. 이 안건은 조사 불충분의 이유로 부결되었다. 이에 1917년 일제는 만주에서 法貨로서 조선은행권의 무제한 통용을 인정하였다. 특히 수출 초과지역인 간도에서 무역결제의 번잡함은 조선은행 설치를 필요로 하게 만들었다.

1917년 3월 간도 용정촌에 설치된 조선은행 출장소는 일본 상권의 확대에 기여하였으며, 나아가 시장에서의 경쟁력을 강화하였다. 특히 중국 금융기관과 경쟁 속에서 조선은행권의 가치는 더욱 제고되었다. 이는 일제의 엔블록화 정책이 실효를 거두었음을 의미한다. 하지만 조선은행의 주된 대출 대상은 간도지역의 약 70%를 차지하였던 이주 한농이 아니라 자금 회전율이 빠른 일본 상인과 일부 한인 상인들이었다. 따라서 간도경제계에서 조선은행의 역할은 강하되었지만 한인의 경제 상황은 개선되지 않았다. 조선은행 용정출장소는 영리를 목적으로 與信의 민족적 차별화를 심화시켰다. 자금이 풍부한 일본상인에게 편중된 대출은 간도에서 일본 상권이 확대되었음을 의미한다. 그 결과 일제는 간도를 상품시장과 원료의 공급지로 확보하고 일본 자본이 철도·탄광·은행 등 경제적 중추기관을 공고하게 장악하여 간도경제의 지배적 지위를 차지하였다.

요컨대 일제의 금융정책은 첫째 '구제'라는 명목으로 진행되었다. 이는 일제의 인구팽창에 따른 일본인 이주의 토대를 완성하기 위한 정책으로 파악할 수 있다. 둘째, 일제는 한인의 효용성을 어느 정도 인정하였다. 본국의 경제 불황 속에서 1920년 이후 금융부를 통하여 한인에 대한 자금 대출을 단행하였다. 이는 일제가 이주한인을 이용하기 위한 잠재적 수탈 방법을 사용하였음을 의미한다. 따라서 한인사회에 대한 이용과 통제를 기조로 한 일제의 금융정책은 '僞滿洲國' 성립과 함께 다른 형태로 표출되었다.

이러한 일제의 금융침략 정책에 대한 한인사회의 저항은 일화배척운동으로 나타났다. 일제의 독점자본이 침투되면서 간도경제계는 일제에 예속되기 시작하였다. 특히 중국측 자본의 잠식과 한인 경제계에 미친 부정적인 영향은 지속적인 일화배척운동으로 표출되었다. 중국측에서 시작된 일화배척운동은 간도지역의 한인 학생들과 연계되면서 광범위하고 조직적인 항일운동으로 발전하였다.

한편 1920년 일제의 '간도토벌'은 항일독립운동의 방식을 전환시켰으며, 특히 재만교육기관의 교사·학생들을 중심으로 사회주의사상이 수용되었다. 1917년 러시아혁명은 재만한인의 당면현안인 민족문제뿐만 아니라 토지문제 해결의 희망을 제시해 주었다. 재만한인의 사회적·경제적 문제는 당시 청년운동이 극복해야 할 과제였다. 왜냐하면 토지문제의 해결은 대중의 지지 획득과 운동의 활력성을 높이는 첩경이었기 때문이다. 따라서 사회주의사상의 유입은 단순한 사상의 지역적 이식형태를 극복하고, 재만한인사회의 이익옹호와 민족해방운동 방략에서 부르주아 혁명운동을 지양하는 질적 변화를 초래하였다. 1920년대 초 이미 북간도에는 교사·학생이 주축이 된 비밀결사조직이 존재하였다. 하지만 이들 단체의 시대적 임무는 1919년 3·13운동을 정점으로 한계를 드러냈다. 이 시기 사회주의사상의 수용은 종래의 우후죽순식 비밀결사단체의 비조직성을 극복하고 보다 강력하고 효율적인 민족해방투쟁을 이끌어내는 데 이바지하였다.

그 후 만주 각지에서 사회주의계열의 청년단체가 조직되었다. 특히 남만의 경우에는 민족주의단체와 대립을 지양하고 새로운 통일운동체를 조직한다는 방침을 정하였다. 1920년대 중반 국내 조공·고려공청의 해외부조직인 만주총국이 설치되면서 청년운동은 질적·양적으로 변하였다. 청년운동은 청년단체의 통합을 추진하면서 나아가 재만한인의 사회적·경제적 실태를 정확하게 인식했다. 그리하여 청년운동이라는 부문운동의 성격을 극복하고 대중운동으로서의 임무를 수행하였다. 그들은 三矢협정의 결과로 더욱 열악한 법적 지위 상태에 놓인 한인의 권익옹호를 위하여 적극 투쟁했다.

일제와 중국 관헌의 이중압박으로 고통받던 한인은 1930년 5월 30일 이른바 '간도봉기'를 단행하였다. 이 봉기를 통하여 한인은 일제의 경제침략기관인 동척사무소·은행·민회금융부·경찰서 등을 파괴하였다. 이는 한인 수탈 기관에 대한 한인들의 저항의 표출이었다. 특히 민회 사무실에 대한 파괴는 한인 경제기반 잠식 기반으로서 적극적인 활동을 전개하였던 민회의 성격을 여실히 노출시켰다.

본 연구의 기대효과는 첫째 기존연구에서는 한인사회에 대한 일제의 기본정책이 무리한 탄압 내지 회유정책으로 이해되었으나 이를 다양한 시각으로 조명하는 데 도움을 주고자 하였다. 일제는 간도금융정책을 실시하면서 한인의 경제기반인 토지소유권을 획득하기 위하여 간도구제회 및 민회금융부를 설치·활용하였다. 특히 이 두 기관이 실시되는 과정은 한인의 경제적 상황이 불안정한 때였다. 때문에 한인들은 불가피하게 이들 기관에서 자금을 차입할 수밖에 없었으며, 일제는 이를 적극적으로 이용하여 한인 사회를 통제하였다. 즉 일제는 이와 같은 사업을 '경제적 원조'라고 선전하였지만, 실질적으로는 한인사회에 대한 보다 강한 구속력을 실행하고자 하였던 것임을 알 수 있다.

둘째, 일제의 농업금융기관이 실시하였던 '구제금융'의 본질적 성격을 파악할 수 있을 것이다. 한인을 선별하여 대출한다든지, 또는 대출금을 상당액 부채 상환에 지속적으로 쓰고 있다는 것을 통해 일제의 이른바 '한인구제'의 기만성을 잘 엿볼 수 있다.

셋째, 그동안 거의 언급되지 않았던 간도지역에서 무역·화폐상황을 이해하는 데 일정한 도움을 주리라 생각된다. 일제는 간도지역의 복잡한 화폐유통을 제거하고 통화단일화를 목적으로 조선은행을 설치하였다. 이는 무역에서 일본 상인들이 겪고 있던 환 거래의 불편함을 제거하고 나아가 간도 및 북만주에서 통화단일화를 목적으로 하였음을 알 수 있다. 간도를 원료공급지로 인식하였던 일제는 무역에 필수적인 철도부설 등과 같은 수송로를 개선하였다. 이상과 같은 사실을 통해 토지와 금융 그리고 철도를 이용한 일제의 식민지배 구축의 틀을 이해할 수 있다.

본 연구에서는 간도에서 일제의 금융기관에 초점을 맞추었기 때문에 중국측 금융기관의 활동에 대해 구체적으로 밝히지 못하였다. 지역적으로 간도에 국한하였기 때문에 북만주와 남만주에서 일제의 금융정책에 대한 실상은 규명하지 못했다. 특히 조선은행 용정출장소의 경우 자금유입 및 만주 각 지점과 비교하여 그 성격을 명확하게 도출할 수 없었다. 이는 추후 연구과제로 삼고자 한다.

참고문헌

1. 사료

1) 한국측

高麗大學校亞細亞問題硏究所, 『舊韓國外交關係附屬文書(間島案)』 8, 1974.
奎章閣, 『奏本』 권8·13, 1997.
독립운동사편찬위원회, 『독립운동사자료집』 10, 1976.
國史編纂委員會, 『統監府文書』, 1998~2000.
國家報勳處, 『海外의 韓國獨立運動史料』(ⅨⅩ) 日本篇⑥, 1996.
秋憲樹, 『資料 韓國獨立運動』, 연세대출판부, 1975.
김준엽·김창순, 『韓國共産主義運動史資料編』 1·2, 高麗大亞細亞問題硏究所, 1979·1980.
金鼎奎, 『龍淵金鼎奎日記』, 한국독립운동사연구소, 1994.
桂奉瑀, 『北愚 桂奉瑀 資料集』, 한국독립운동사연구소, 1996.

2) 일본측

① 마이크로필름
『日本外務省文書』 Reel 12(MT 11262), 「極東露領ノ北滿洲トニ關スル川上總領事ノ政策上ノ意見書」.
＿＿＿＿＿＿＿＿＿＿＿＿ 12(MT 12263), 「鴨綠江右岸及北間島地方に在住本邦人(朝鮮人含む)に關する態度關係雜纂」.
＿＿＿＿＿＿＿＿＿＿＿＿ 23(MT 12277), 「滿蒙ニ關スル一方案」.
＿＿＿＿＿＿＿＿＿＿＿＿ 8(MT 12110), 「英國ノ對支新政策覺書ニ關スル件」.
＿＿＿＿＿＿＿＿＿＿＿＿ 635-637(MT 33335), 「滿洲租借地內に金融機關設置に關する建議竝租借地內外の淸國各地に於ける正金銀行支店の特別貸付方に關し大藏省より正金銀行へ命令一件」 一~三.

　　　　　　　　　　　　　　647(MT 3383), 「排日排貨ニ關スル件」.
　　　　　　　　　　　　　　648(MT 3384), 「支那人日本品ボイコット一件」(日支交涉前后)-日華排斥及貿易關係.
　　　　　　　　　　　　　　649-651(MT 3385), 「支那に於て日本商品同盟排斥一件」一~六.
　　　　　　　　　　　　　　664-668(MT 3386),「支那排日關係雜件」一~八
　　　　　　　　　　　　　　669-671(MT 3387), 「支那排日關係雜件(調書對策意見陳情西及公私團體報告窮民救濟雜)」.
『日本外交文書』.
『日本外交史料館文書』 Reel 28(문서번호 153156, MF 05024 國史編纂委員會 소장자료), 「朝鮮人ニ對スル施政關係雜件」.
　　　　　　　　　　　　　　29(문서번호 153156 MF 05025).
　　　　　　　　　　　　　　30(문서번호 153156 MF 05026).
　　　　　　　　　　　　　　32(문서번호 38630 MF 05028).

② 간행자료
『間島關係(開放及調查)』1~2, 고려서림, 1990.
金正柱,『朝鮮統治史料』1·9·10, 韓國史料研究院, 1970.
金正明,『韓國獨立運動』5, 原書房, 1967.
金正明,『日韓外交史料(保護及倂合)』8, 原書房, 1980.
姜德相,『現代史資料』29·30, みすず書房, 1972·1976.
外務省警察史,『日本外務省特殊調查文書』11·16·17, 고려서림, 1989.
外務省,『日本外交年表竝主要文書』上, 原書房, 1976.
軍政部顧問部,『滿洲共産匪の研究』1, 極東研究所出版會, 1937.
統監府臨時間島派出所殘務整理所,『間嶋産業調查書』, 1910.
篠田治策,『統監府派出所紀要』, 1910.
『帝國議會衆議院議事速記錄(영인본, 太山)』, 1991.
朝鮮銀行調查部,『鴨綠江沿岸經濟調查實態』, 1920.

朝鮮銀行羅南出張所長 津村甚之助,「間島及琿春地方經濟狀況」,『朝鮮銀行月報』3-4 부록, 1912.5.
朝鮮銀行調査局,『局子街方面ニ於ケル經濟狀況』, 1918.
_____,『朝鮮事情』, 1920년 6~12월, 1921년 1~10월, 1922년 11월.
朝鮮銀行,『朝鮮銀行五年志』, 1915.
朝鮮銀行,『鮮滿經濟十年史』, 1920.
朝鮮銀行,『朝鮮銀行二十五年史』, 1934.
『朝鮮銀行月報』1912~1919년 각월호.
外務省通商局編纂,『北滿洲』1・2, 啓城社, 1927.
『齋藤實文書』(영인본), 1990.
朝鮮總督府中樞院,『東部間島及咸鏡南北道特別調査報告書』, 1918.
朝鮮總督府 警務局,『在滿韓人ト支那官憲』, 1930.
朝鮮總督府,『朝鮮人概況』, 1916.
朝鮮總督府,『吉林省東部地方の狀況』, 1928.
『朝鮮總督府月報』1-8(영인본), 1989.
『朝鮮彙報』1-12(영인본).
『琿春及間島事情』(필사본).
滿洲事情案內所編,『滿洲事情』, 1934.
在間島日本帝國總領事館頭道溝分館警察署,『受持區域內及接壤地帶事情』, 1928.
水田直昌,『資料選集 東洋拓植會社』, 友邦協會, 1976.
牛丸潤亮,『最近間嶋事情』, 朝鮮及朝鮮人出版社, 1927.
東洋拓植株式會社,『間島事情』, 1918.
京城商工會議所,『朝鮮經濟雜誌』1920~1930년 각년호.
朝鮮總督府警務局,『在滿韓人と支那官憲』, 1927.
秋田豊,『朝鮮金融組合史』, 朝鮮金融組合協會, 1929.
大藏省 編,『明治大正財政史』18, 財政經濟學會, 1939.
第一銀行 編,『韓國ニ於ケル第一銀行』, 1909.

참고문헌

南滿洲鐵道株式會社,『間島事情』, 1917.
南滿洲鐵道株式會社 庶務部 調査課,『支那官憲の在滿朝鮮人壓迫問題』, 1929.
南滿洲鐵道株式會社庶務部調査課,『滿洲に於ける通貨及金融の槪要』, 同會社, 1928.
南滿洲鐵道株式會社調査課,『北滿洲經濟調査資料』, 1910.
南滿洲鐵道株式會社 庶務部調査課,『滿洲に於ける通貨及金融の槪要』一팜플렛 54호, 1928.
滿鐵庶務部調査課,『支那大陸の人口及面積統計に北京の市勢調査硏究』, 1921.
南滿洲鐵道株式會社,『滿鐵調査月報』5, 1932.
朝鮮總督府,『間島問題ノ經過ト移住鮮人 1~3』, 1931.
農商務省商務局,『滿洲ニ於ケル經濟事情』, 1912.
外務省通商局,『滿洲ニ於ケル通貨事情』, 1919.
皆川連,「間島(金融經濟)」,『日本外交史料館文書』153156.
『宇垣一成日記』, みすず書房, 1968.
川口忠,『間島琿春北鮮及東海岸地方行脚記』, 大連小林又七支店發行, 1932.
大藏省管理局,『日本人の海外活動に關する歷史的調査(滿洲編)』 22-1 분책, 고려서림, 1985.
淸津商工會議所,「淸津商工會議小史」,『韓國經濟史資料大系』5, 1944.
『朝鮮總督府統計年報』1910~1911.
尾池禹一郎,『滿蒙の米作と移住鮮農問題』, 東洋協會, 1927.
近藤三雄,「間島地方に於ける鮮農經濟事情」,『滿鐵調査月報』11-9, 1931.
栗原長二,『鮮滿事情』, 1932.
釋尾春芿,『朝鮮滿洲案內』, 朝鮮及滿洲社, 1935.
安東朝鮮人組合本部,『滿洲ニ於ケル移住鮮人ノ狀況』, 朝鮮人組合, 1916.
朝鮮雜誌社編,『新朝鮮新滿洲』, 朝鮮雜誌社, 1913.

『崔元澤等第一次間島共産黨事件押收文書譯文綴』(朝鮮總督府 警務局, 고대 아연문서).
京城地方法院檢事局,『中國共産黨事件-豫審決定書寫-』, 1932.
高等法院檢事局,『朝鮮重大思想事件經過表』, 1936.
大阪經濟法政大學間島史資料研究會編,『在間島日本總領事館文書』 上, 大阪大學出版部, 1999.

3) 중국측

李澍田 編,『長白叢書: 長白匯微錄』, 外務部, 1991.
_____ 編,『琿春史志』, 吉林文史出版社, 1988.
孫 邦 主編,『僞滿史料叢書』9, 吉林人民出版社, 1993.
楊昭全 編,『東北地區朝鮮人革命鬪爭資料滙編』, 遼寧民族出版社, 1989.
延邊朝鮮族自治州檔案館 編,『延邊大事記』, 延邊大學出版社, 1990.
吳綠貞,『延吉邊務報告』, 1908.
심여추,『연변조사실록』, 1933.
연변문사자료위원회,『연변문사자료』1-6, 1986.
吉林省社會科學院,『東北墾植資料』, 1968.

4) 신문 및 기타

『東亞日報』,『每日申報』,『朝鮮日報』.
RECORDS OF THE DEPARTMENT OF STATE RELATING TO INTERNAL AFFAIRS OF KOREA(CHOSEN) 1910-1929 - 895.60 INDUSTRIAL MATTERS 895.602 or 4(국사편찬위원회 소장자료 MF 06886).

2. 저서

강동진, 『일본근대사』, 한길사, 1985.
강창석, 『통감부연구』, 국학자료원, 1994.
고승제, 『한국이민사연구』, 장문각, 1973.
고승제, 『植民地金融政策の史的分析』, 御茶の水書房, 1972.
구대열, 『한국 국제관계사 연구』 1-일제시기 한반도의 국제관계, 역사비평사, 1995.
김성호, 『1930년대 연변민생단사건 연구』, 백산자료원, 1999.
김동화, 『중국조선족 독립운동사』, 느티나무, 1991.
김준엽·김창순, 『한국공산주의운동사』 2-5, 청계연구소, 1986.
김창수, 『한국 민족운동사 연구』, 범우사, 1995.
_____, 『개정증보판 한국민족운동사 연구』, 교문사, 1996.
朴永錫, 『일제하 독립운동사연구』, 일조각, 1984.
_____, 『만주한인민족운동사연구』, 일조각, 1988.
朴 桓, 『재만한인독립운동사연구』, 일조각, 1991.
신주백, 『만주지역 한인의 민족운동사(1920~1945)』, 아세아문화사, 1999.
연변대학 민족연구소, 『民族史碩士論文集』 1, 延邊人民出版社, 1991.
윤석범 외, 『한국근대금융사연구』, 세경사, 1996.
李石崙, 『한국화폐금융사연구』, 박영사, 1984.
정태헌, 『일제의 경제정책과 조선사회』, 역사비평사, 1996.
황민호, 『재만한인사회와 민족운동』, 국학자료원, 1998.
현규환, 『한국유이민사』 상, 어문각, 1967.
윤병석, 『국외한인사회와 민족운동』, 일조각, 1990.
한국독립유공자협회, 『중국동북지역 한국독립운동사』, 집문당, 1997.
한국정신문화연구원, 『일제식민통치연구: 1905~1919』 1, 백산서당, 1999.
金靜美, 『中國東北部における抗日朝鮮·中國民衆史序說』, 現代企劃室, 1992.

柳光烈, 『間島小史』, 1933.
稻葉君山, 『滿洲發達史』, 大阪屋號書店, 1915.
細井肇, 『鮮滿の經營』, 自由討究社, 1921.
大森頑石 編, 『鮮滿發達史』, 鮮滿事業協會, 1933.
風間秀人, 『滿州民族資本の硏究』, 綠蔭書房, 1993.
鈴木隆史, 『日本帝國主義と滿洲』, 原書房, 1992.
靑柳綱太郞, 『朝鮮統治論』, 朝鮮硏究會, 1923.
金三民, 『在滿朝鮮人の窮狀と其の解決策』, 新大陸社, 1931.
高橋三七, 『滿鮮問題の歸趨』, 大陸硏究社, 1934.
波形昭一, 『日本植民地金融政策の硏究』, 早稻田大學出版部, 1985.
滿鐵調査課, 『各國植民地銀行制度』, 南滿洲鐵道株式會社, 1930.
滿洲移民史硏究會 編, 『日本帝國主義下の滿洲移民』, 龍溪書舍, 1976.
濱口裕子, 『日本通治と東アジア社會』-植民地期朝鮮と滿洲の比較硏
         究, 勁草書房, 1996.
鶴嶋雪領, 『中國朝鮮族の硏究』, 關西大學出版部, 1997.
岡崎遠光, 『朝鮮金融及産業政策』, 同文館, 1911.
蛯川新, 『南滿洲ニ於ケル帝國ノ權利』, 淸水書店, 1913.
矢內原忠雄, 『植民及植民政策』, 有斐閣, 1926.
天野元之助, 『間島に於ける朝鮮人問題に就いて』, 中日文化協會, 1931.
永井勝三, 『會寧及間島事情』, 會寧印刷所, 1923.
松原純一, 『朝鮮銀行三十年回顧』, 朝鮮銀行調査課, 1939.
東洋拓植株式會社, 『東洋拓植株式會社二十年誌』, 1928.
小林英夫, 『大東亞共榮圈の形成と崩壞』, 御茶の水書房, 1977.
_____, 『滿鐵-知集團誕生死』, 吉川弘文館, 1997.
笠原博, 『滿洲の金融機關と通貨』, 滿蒙産業硏究會, 1919.
藤甘健三, 『滿の通貨』, 安田保善社銀行部, 1929.
水田直昌, 『財政金融から見た朝鮮統治とその終局』, 朝鮮總督府關係
         重要文書纂集(3), 友邦財團, 1962.
高杉東峰, 『朝鮮金融機關發達史』, 實業タイムス社, 1940.

참고문헌

拓務大臣官房文書課編, 『拓務省調査資料第三編滿洲と朝鮮人』, 1928.
山田昭次, 『滿洲移民-近代民衆の記錄』 6, 新人物往來社, 1978.
佐藤淸勝, 『滿蒙問題と我大陸政策』, 春秋社, 1931.
南滿洲鐵道株式會社 庶務部調査課, 『極東露領の農業と植民問題』, 大阪每日新聞社, 1926.
朝鮮總督府警務局, 『吉林省東部地方の狀況』, 1928.
朝鮮總督府, 『朝鮮人移民の重大性』, 1935.
南滿洲鐵道株式會社, 『南滿鐵道旅行案內』, 1924.
大河原厚仁, 『滿洲富源 吉林省』, 遼東新報社, 1917.
石森久彌, 『間島の實情』, 朝鮮公論社, 1931.
滿洲中央銀行史研究會 編, 『滿州中央銀行史-通貨・金融政策の軌跡』, 東洋經濟新報社, 1989.
李盛煥, 『近代東アジアの政治力學-間島をめぐる日中朝關係の史的展開』, 錦正社, 1991.
金子文夫, 『近代日本における對滿洲投資の硏究』, 近藤出版, 1991.
小島淑男, 『近代中國の經濟と社會』, 汲古書院, 1993.
柴田善雅, 『占領地通貨金融政策の展開』, 日本經濟評論社, 1999.
森山茂德, 『近代日本關係史硏究』, 東京大出版會, 1987.
日本國際政治學會 編, 『日本外交史硏究-大正時代』, 有斐閣, 1958.
李勳求, 『滿洲와 朝鮮人』, 平壤崇實專門學校, 1932.
淸澤洌, 『外交史』, 東洋經濟申報社出版部, 1965.
栗原健 編, 『對滿蒙政策史の一面』-日露戰爭より大正期にいたる-, 原書房, 1966.
羽鳥敬彦, 『朝鮮植民地における幣制硏究』, 未來社, 1986.
淺田喬二, 『日本帝國主義下民族革命運動』, 未來社, 1978.
東亞經濟申報社, 『朝鮮銀行史』, 1987.
塚瀨進, 『中國近代東北經濟史硏究』-鐵道敷設と中國東北經濟の變化, 東方書店, 1993.
高嶋雅明, 『朝鮮における植民地金融史の硏究』, 大原新生社, 1978.

山本有造 編, 『滿洲國硏究』, 京都大學 人文科學硏究所, 1993.
孫經續, 『東北經濟史』, 四川人民出版社, 1986.
遼寧省總工會工運史志硏究室 編, 『東北工人運動大事記』, 1989.
김규방, 『연변경제사』, 延邊人民出版社, 1990.
吉林省社會科學院 合編, 『東北經濟侵奪』, 中華書局出版, 1991.
付文齡 主編, 『吉林省金融編年紀事』, 延邊大學出版社, 1994.
김택 주필, 『해방전 연변경제』, 연변인민출판사, 1994.
김창국, 『동북항일유격근거지사연구』, 연변인민출판사, 1992.
李澍田 主編, 『中國東北通史』, 吉林文史出版社, 1991.
權立 主編, 『中國朝鮮族史硏究』, 延邊大學出版社, 1993.
姜龍範, 『近代中朝日三國對間島朝鮮人的政策硏究』, 黑龍江朝鮮民族 출판사, 2000.
룡정3·13기념사업회, 『룡정3·13반일운동80돐기념논집』, 연변인문 출판사, 1999.

3. 논문

姜昌錫, 「統監府 間島政策 硏究」, 『동의사학』 3, 동의대, 1987.
姜泰景, 「東洋拓植株式會社의 農地 收奪 目的」, 『일본학지』 14, 계명대, 1994.
高承濟, 「間島移民史의 社會經濟的 分析」, 『백산학보』 5, 백산학회, 1968.
_____, 「東拓移民의 社會史的 分析」, 『백산학보』 14, 백산학회, 1973.
權九勳, 「日帝의 統監府派出所 設置와 性格」, 『한국민족운동사연구』 6, 한국민족운동사연구회, 1992.
權立, 「광복이전 中國居住 한민족의 法的地位에 대하여」, 『汕耘史學』 4, 산운학술문화재단, 1990.

_____, 「滿洲 '近代水田'의 개발과 우리 民族」, 『何石金昌洙敎授華甲記念史學論叢』, 汎友社, 1992.

_____, 「中國居住 韓民族 歷史의 特點에 대하여-二重的 性格과 二重的 使命을 中心으로-」, 『吳世昌敎授 華甲紀念論叢』, 동간행위원회, 1995.

權赫秀, 「1920~30년대의 東北지방 조선족 농민의 경제상황에 관하여」, 『명지사론』 5, 명지대사학회, 1993.

金東和, 「3·13抗日獨立示威運動에 대하여」, 『韓國獨立運動史의 諸問題-何石金昌洙敎授華甲記念史學論叢』, 범우사, 1992.

_____, 「中國 東北朝鮮族과 '琿春事件'」, 『韓國史學論叢』 하, 수촌박영석교수화갑기념논총간행위원회, 1992.

_____, 「東北地域朝鮮族に對する中國共産黨の民族政策 ; 一九二〇年後半から日本敗戰まで-」, 『青丘學術論集』 15, 韓國文化研究振興財團, 1999.

金載昊, 「개항기 원격지무역과 '회사'」, 『경제사학』 27, 경제사학회, 1999.

金周溶, 「北間島 韓人의 法的地位」, 『동국사학』 30, 동국사학회, 1996.

_____, 「1920년대 滿洲에서의 韓人靑年運動 硏究-사회주의계열을 중심으로」, 『국사관논총』 84, 국사편찬위원회, 1999.

_____, 「日帝의 間島金融政策에 관한 연구-1910년대 間島救濟會를 중심으로」, 『한국민족운동사연구』 24, 한국민족운동사연구회, 2000.

金昌洙, 「高麗革命黨의 組織과 活動; 1920年代 中國 東北地方에서의 抗日獨立運動」, 『산운사학』 4, 산운학술문화재단, 1990.

_____, 「韓國獨立運動史의 硏究史的 檢討」, 『산운사학』 6, 산운학술문화재단, 1991.

_____, 「日帝下 韓國民族運動의 歷史的 位相」, 『한국민족운동사연구』 23, 한국민족운동사연구회, 1999.

金春善,「北間島地域 韓人社會의 形成과 土地所有權 問題」,『全州史學』6, 전주대사학회, 1998.
_____,「1920年代 韓民族反日武裝鬪爭研究에 관한 再照明-鳳梧洞·靑山里戰役을 中心으로」,『韓民族獨立運動史論叢』, 수촌 박영석교수 화갑기념논총간행위원회, 1992.
_____,「'북간도' 지역 한인사회의 형성 연구」, 국민대박사학위논문, 1998.
_____,「1910~1920년대 북간도지역 전민제와 한인의 토지소유권문제」, 역사문제연구, 역사비평사, 1999.
김태국,「'북간도' 지역 조선인거류민회(1917~1929)의 설립과 조직」,『역사문제연구』4, 역사비평사, 2000.
_____,「만주지역 조선인민회 연구」, 국민대박사학위논문, 2001.
金興洙,「中國 延邊朝鮮族의 近代民族敎育에 關한 硏究; 1910년 前後의 延吉과 龍井 지방을 중심으로」,『국사관논총』64, 국사편찬위원회, 1995.
朴慶輝,「在中朝鮮族의 法的地位에 대한 역사적 고찰」,『백산학보』44, 백산학회, 1994.
朴永錫,「日本帝國主義下 在滿韓人의 法的地位에 관한 諸問題」,『한국민족운동사연구』11, 한국민족운동사연구회, 1995.
_____,「滿洲韓人의 法的地位」,『尹炳奭敎授華甲紀念論叢』, 동논총간행위원회, 1990.
_____,「中國東北(滿洲)地區 한민족독립운동사 연구의 새로운 시각」,『사학연구』38, 한국사학회, 1984.
朴昌昱,「國民會를 論함 -1919~1920年 國民會의 歷史作用을 爲主로 하여-」,『국사관논총』15, 국사편찬위원회, 1990.
_____,「1920~1930년대 재만 민족주의계열의 반일민족운동」,『역사비평』27, 역사비평사, 1994.
_____,「재만조선족 민족해방운동사의 몇 개 문제」,『대동문화연구』32, 성균관대 대동문화연구원, 1997.

裵永穆,「日帝下 植民地貨幣制度의 形成과 展開」,『經濟史學』11, 경제사학회, 1987.
徐紘一,「1910年代 北間島의 民族主義 敎育運動 1- 基督敎 學校의 敎育을 中心으로-」,『백산학보』29·30·31, 백산학회, 1984·1985.
_____,「日帝下 北間島 韓人들의 民族主義 敎育運動 硏究(1906~1919)」,『인하사학』3, 인하역사학회, 1995.
_____,「민족운동사 연구방법의 새로운 모색」,『한국민족운동사연구』20, 한국민족운동사연구회, 1998.
孫春日,「在滿韓人의 國籍問題와 土地所有權 關係-土地商租權을 中心으로-」,『한국민족운동사연구』17, 한국민족운동사연구회, 1997.
_____,「滿洲事變前 東亞勸業株式會社의 土地占有形態와 在滿韓人에 대한 中國當局의 土地政策」,『백산학보』51, 백산학회, 1998.
_____,「日帝의 在滿韓人에 대한 土地政策硏究」, 한국정신문화연구원박사학위논문, 1998.
宋圭振,「日帝下 朝鮮의 貿易政策과 植民地貿易構造」, 고려대박사학위논문, 1998.
宋友惠,「北間島 '大韓國民會'의 組織形態에 관한 硏究」,『한국민족운동사연구』1, 한국독립운동사연구회, 1986.
_____,「간도 무장독립투쟁과 조선총독부의 언론정책」,『역사비평』2, 역사문제연구소, 1988.
신용하,「봉오동전투와 청산리독립전쟁」,『한민족독립운동사』4, 국사편찬위원회, 1988.
辛珠栢,「1926~28년 시기 간도지역 한인 사회주의자들의 반일독립운동론: 민족유일당운동과 청년운동을 중심으로」,『한국사연구』78, 한국사연구회, 1992.
_____,「1929~30년 시기 간도한인지역 한인사회운동의 방향전환에 대한 연구(상·하)」,『사학연구』47·48, 한국사학회, 1993

_____, · 1994.
_____, 「만주지역 한인 민족운동 연구」, 성균관대박사학위논문, 1995.
_____, 「1929~31年 時期 在滿韓人 民族運動의 動向 -民族唯一黨 및 '自治' 問題를 中心으로-」, 『역사학보』 151, 역사학회, 1996.
吳斗煥, 「滿洲에서의 朝鮮銀行의 역할」, 『경제사학』 25, 1998.
_____, 「조선은행의 발권과 산업금융」, 『국사관논총』 36, 국사편찬위원회, 1992.
吳世昌, 「在滿韓人의 社會的 實態」, 『백산학보』 10, 백산학회, 1970.
_____, 「在滿朝鮮人 民會 硏究」, 『백산학보』 25, 백산학회, 1979.
劉準基, 「日帝下 韓國民族運動에 있어서 民族主義 類型」, 『한국민족운동사연구』 23, 한국민족운동사연구회, 1999.
_____, 「韓國近代民族運動史와 民族正氣」, 『西巖趙恒來교수화갑기념 한국사학논총』, 아세아문화사, 1992.
尹輝鐸, 「1920~30年代 滿洲 中部地域의 農村社會構成-間島地方의 朝鮮人 農民을 中心으로」, 『한국사학논총』 하, 수촌박영석교수화갑기념논총간행위원회, 1992.
李炫熙, 「1920年代 韓·中聯合 抗日運動」, 『국사관논총』 1, 국사편찬위원회, 1989.
_____, 「1930년대 中國地域 韓人獨立運動의 硏究成果와 課題」, 『한국민족운동사연구』 16, 한국민족운동사연구회, 1997.
이형찬, 「1920~30년대 한국인의 만주이민 연구」, 『논문집』 12, 한국사회사연구회, 1988.
鄭昞旭, 「日帝下 朝鮮殖産銀行의 産業金融에 관한 硏究」, 고려대박사학위논문, 1998.
조동걸, 「1920년 간도참변의 실상」, 『역사비평』 45, 역사문제연구소, 1998.
채영국, 「1920년대 琿春事件 전후 독립군의 동향」, 『한국독립운동사연구』 5, 한국독립운동사연구소, 1991.
_____, 「1920년대 중후기 中日合同의 在滿韓人 탄압과 대응」, 『한국

독립운동사연구』 11, 한국독립운동사연구소, 1997.

최장근, 「韓國統監府의 '間島침입'에 관한 論證 -統監府派出所의 설치경위-」, 『조선사연구』 6, 조선사연구회, 1997.

_____, 「韓國統監 伊藤博文의 間島領土政策 構想의 背景 -國際關係的側面에서의 一考察」, 『백산학보』 48, 백산학회, 1997.

_____, 「일제의 간도정책에 대한 한국의 입장에 관한 고찰」, 『조선사연구』 7, 조선사연구회, 1998.

崔洪彬, 「20世紀初 中國東北地方에서의 反日民族獨立運動」, 『국사관논총』 15, 국사편찬위원회, 1990.

_____, 「1930~40년대의 韓人의 强制移住와 統制·安定政策」, 『백산학보』 54, 백산학회, 2000.

洪鍾佖, 「1920年代 '在滿' 朝鮮人의 定着上 問題에 對하여- 商租權·歸化·小作慣習을 中心으로」, 『춘전이태영교수화갑기념논총-전환기의 동서사학』, 논총간행위원회, 1992.

_____, 「滿洲(中國東北地方) 朝鮮人移民의 展開過程 小考」, 『명지사론』 5, 명지대사학회, 1993.

_____, 「在滿 朝鮮人移民의 分布狀況과 生業- 1910~1930年을 中心으로」, 『백산학보』 41, 백산학회, 1993.

黃敏湖, 「滿洲地域 民族唯一黨運動에 관한 硏究; 唯一黨促成會議를 中心으로」, 『숭실사학』 5, 숭실대사학회, 1988.

_____, 「1930년 在滿韓人에 대한 中國當局의 政策과 韓人社會의 對應」, 『한국사연구』 90, 한국사연구회, 1995.

_____, 「1920年代 後半 在滿韓人共産主義者들의 路線轉換과 間島蜂起에 관한 연구」, 『국사관논총』 78, 국사편찬위원회, 1998.

_____, 「1920年代, 在滿 韓人社會의 民族運動 硏究」, 숭실대박사학위논문, 1997.

安井誠一郎, 「滿洲における朝鮮人問題」, 『社會事業講習講演錄』, 朝鮮總督府社會事業課, 1934.

吉田和起, 「日本帝國主義の朝鮮倂合」, 『論文集』 2, 朝鮮史硏究會, 1966.

井上學,「日本帝國主義と間島問題」,『朝鮮史硏究會論文集』10, 朝鮮史硏究會, 1970.
橋谷弘,「朝鮮鐵道の滿鐵への委託經營をめぐって - 第次大戰前後の日本植民地政策の一斷面 - 」,『論文集』19, 朝鮮史硏究會, 1982.
東尾和子,「琿春事件と間島出兵」,『朝鮮史硏究會論文集』14, 朝鮮史硏究會, 1977.
申奎燮,「日本の間島政策と朝鮮人社會 - 1920年代前までの懷柔政策を中心して - 」,『論文集』31, 朝鮮史硏究會, 1993.
松村高夫,「日本帝國主義における滿洲への朝鮮人移動について」,『三田學會雜誌』63권 6호, 1970.
金子文夫,「第一次大戰期における植民地銀行體系の再編成 - 朝鮮銀行の「滿洲」進出お中心に - 」,『土地制度史學』82, 1979.
金森襄作,「滿洲中朝共産黨合同と間島五·三〇蜂起」,『朝鮮史叢』7, 朝鮮史叢編輯委員會, 1983.
小林英夫,「植民地經營の特質」,『近代化と植民地』3, 岩波書店, 1993.
江夏由樹,「近代東三省の社會變動」,『周緣からの歷史』, 東京大出版會, 1994.
堀和生,「植民地産業金融と經濟構造-朝鮮殖産銀行の分析を通じて」,『論文集』20, 朝鮮史硏究會, 1983.
李 輝,「試論解放前中國朝鮮族民族工業狀況」, 延邊大學碩師學位論文, 1996.
王立新,「中國近代民族主義的興起与抵制美貨運動」,『歷史硏究』2000年 1期.

찾아보기

ㄱ

家藤高明 / 251
가치하락 / 19, 96, 149, 177, 186, 187, 188
간도경제계 / 130, 170, 171, 172, 185, 187, 220, 229, 232, 263, 266, 267
간도관할문제 / 53
간도구제회(間島救濟會) / 21, 25, 37, 41, 91, 102, 103, 104, 106, 109, 110, 112, 114, 217, 224, 252, 264, 268, 281, 288
간도금융정책 / 19, 22, 23, 263, 268
間島督務廳編制 / 52
간도문제 / 52, 56, 58
간도봉기(間島蜂起) / 23, 26, 145, 251, 257, 259, 268, 285
간도상권 / 88, 212
간도영유권 / 58, 59
간도영유권문제 / 59
간도우체국(間島郵遞局) / 63, 67, 68, 69, 70, 71, 96, 97, 208, 209, 210, 211
간도이주민 / 140
간도임시파출소 / 88
간도정책 / 42, 104, 285
간도지방 / 56, 110, 117, 219, 231
간도지역 / 16, 17, 19, 21, 22, 23, 24, 25, 26, 27, 52, 58, 59, 61, 62, 66, 67, 68, 69, 71, 72, 73, 77, 81, 88, 92, 95, 97, 98, 101, 104, 106, 113, 114, 122, 140, 149, 152, 155, 160, 163, 167, 177, 178, 179, 180, 183, 184, 193, 196, 197, 198, 204, 208, 211, 212, 213, 216, 217, 223, 225, 230, 233, 243, 255, 257, 259, 264, 265, 266, 267, 269, 283
간도참변 / 25, 284
간도총영사 / 21, 27, 37, 43, 77, 82, 84, 86, 103, 104, 112, 119, 122, 123, 124, 125, 126, 128, 130, 131, 139, 141, 142, 161, 196, 197, 231, 253, 258
간도총영사관(間島總領事館) / 21, 27, 37, 43, 77, 82, 84, 103, 104, 112, 119, 122, 123, 124, 125, 131, 139, 141, 142, 161, 196, 197, 253, 258
간도출병(間島出兵) / 72, 76, 78, 80, 81, 83, 86, 121, 122, 123, 124, 130, 237, 265, 286
간도토벌 / 119, 122, 248, 266
간도파출소(間島派出所) / 33, 42, 52, 53, 54, 55, 57, 58, 59, 62, 63, 64, 65, 66, 67, 92, 209, 273
간도협약(間島協約) / 34, 37, 38, 42, 43, 48, 58, 59, 60, 61, 71, 122, 166
間島興業株式會社 / 230
간민교육연구회 / 254
간민교육회 / 257
墾民入籍章程 / 39
墾民會 / 37, 46, 255
間接裁判權 / 44
姜萬熙 / 238
姜錫俊 / 242
개방지(開放地) / 48, 60, 99
京城地方法院 / 47, 276
경제권 / 50, 61, 98, 118
경제력 향상 / 21, 139, 256, 264
경제블록 / 18, 149
경제정책 / 18, 69, 91, 92, 94, 149,

168, 170, 189, 209, 256, 277
경제침략 / 19, 23, 95, 251, 256, 265, 268
경제투쟁 / 23, 26, 237, 238
경편철도 / 156
硬貨 / 180, 196, 197
堺與三吉 / 82, 128
高橋是清 / 189
고려공산청년회 / 237
고려공청 / 237, 238, 239, 240, 242, 243, 245, 246, 249, 250, 251, 268
고려공청 간도총국 / 238
고려공청 동만구역국 / 238
고리대 / 16, 21, 22, 101, 105, 113, 114, 131, 140, 143, 173, 216, 251, 252, 255, 259, 264
고리대자본 / 143, 173
고문정치 / 91
顧寶善 / 81
高松 / 85
顧維鈞 / 87
고유통화 / 20
庫平 / 181, 182
共成貯金會社 / 101
공중전보 / 76, 78, 83
관동군 / 122, 225
관동대지진 / 243
관동도독부(關東都督府) / 189, 190, 191, 201
관세부과 / 166, 244
官有地 / 37
官銀錢號 / 179, 182, 183
관제공산당 / 241
관첩(官帖) / 19, 96, 150, 174, 177, 182, 183, 184, 185, 186, 187, 192, 194, 195, 198, 196, 198, 199, 213, 214, 222, 225, 235
管轄裁判所 / 45

廣東會社 / 101
교역량 / 200
교통망 / 155, 229
交通銀行 / 178
교환가치 / 176, 182, 194
교환수단 / 198
구국보(救國報) / 233, 234
救國저금 / 231
救國儲金會 / 230
구제금융 / 268
구제사업 / 100, 113, 123, 139, 258
구제자금 / 104, 112, 123, 124, 140, 145, 265
구제회(救濟會) / 17, 21, 25, 26, 41, 91, 99, 100, 101, 102, 103, 104, 105, 106, 107, 108, 109, 110, 112, 113, 114, 115, 118, 141, 224, 217, 230, 251, 252, 264, 265, 268
國境談判 / 32
국경문제 / 54
국경분쟁 / 34, 56
국경협약 / 34
국영금융기관 / 178
局子街貿易株式會社 / 143
局子街商務會 / 234
국제공산당 / 240,
국제정세 / 16, 60, 242
군용 전신 / 87
군용선 / 72, 74, 76, 77, 78, 79, 80, 81, 83, 86
군용전선 / 76, 77, 81
군용전신선 / 73, 78
군용전화선 / 80, 81
군용통신 / 73, 78
군용통신망 / 73, 79
군용통신설비 / 80
군용통신소 / 77, 78
軍票 / 189, 200

권리선 / 82
귀화 入籍者 / 37
귀화 조선인 / 102
극동정책 / 154
근대적 금융기관 / 92, 96, 101, 175, 201, 202, 229
근우회운동 / 241
金桂山 / 256
金光雨 / 31
금본위 / 183, 190, 206, 219, 223
금융거래 / 105
금융경제권 / 99
금융공황 / 92
금융권 / 20, 98, 99, 196, 202
금융기관 / 21, 24, 25, 27, 67, 68, 69, 70, 92, 95, 96, 97, 98, 99, 100, 101, 111, 118, 123, 124, 128, 131, 134, 140, 141, 147, 149, 174, 175, 178, 179, 180, 196, 199, 200, 201, 202, 203, 204, 205, 209, 210, 211, 212, 214, 217, 219, 223
금융담보 / 116
금융대출 / 25
금융대행업무 / 70, 97, 209
금융독점자본주의 / 20
금융부 / 25, 26, 102, 119, 120, 123, 124, 125, 126, 128, 129, 130, 131, 132, 133, 134, 135, 136, 137, 138, 139, 140, 141, 142, 143, 144, 145, 216, 256, 258, 259, 267
금융부 출장소 / 126
금융업무 / 69, 71, 96, 100, 110, 208
금융자본 / 107, 110, 247
금융정책 / 5, 15, 18, 19, 20, 21, 22, 23, 24, 26, 27, 92, 105, 149, 179, 204, 205, 264, 266,
267, 269
금융침략 / 16, 20, 267
금융혼란 / 92
금융회 / 125, 126, 127
金仁三 / 257
金浩然 / 240
기간산업 / 149
磯林지대 / 122
饑民구제금 / 140
길림 대화재 / 161
길림 독립사건 / 179
길림관첩(吉林官帖) / 47, 174, 176, 177, 179, 182, 183, 185, 186, 187, 213
吉林省 / 33
吉林永衡官銀錢號 / 179
吉林永衡官銀號 / 252
吉林永衡官帖 / 95
吉林永衡官帖局 / 98, 182, 202
吉長철도 / 177, 183
吉會線 부설운동 / 155
吉會철도 / 153
金券 / 190, 201, 206, 216

ㄴ

羅南지점 / 71, 211, 219
難民的 지위 / 16
남만주철도주식회사(南滿洲鐵道株式會社) / 17, 95, 153, 193, 201, 275, 279
남만청년총동맹 / 239
남만한인청년총동맹 / 247
납입기한 / 105
內田康哉 / 77, 82
老頭兒표 / 190
農民契 / 46

농업금융 / 23, 26, 265, 268
농업금융기관 / 23, 25, 134, 268
농업금융정책 / 23

ㄷ

담보권 / 212
담보대출 / 100, 108, 128, 130, 136
담보물 / 93, 101, 105, 107, 108, 113, 114, 127, 130, 131, 133, 139, 217, 252
당좌예금 / 134, 218
대동아공영권 / 176
대륙정책 / 5, 18, 19
대륙진출 / 55, 92, 121, 167, 190, 208, 223
대륙침략 / 17, 18, 19, 20, 34, 41, 50, 52, 53, 54, 58, 59, 61, 63, 64, 67, 69, 87, 96, 121, 122, 128, 144, 155, 159, 170, 199, 201, 207, 209, 230
대륙침략정책 / 18, 22, 42, 56, 59, 149, 151, 160
대륙팽창 / 195
大滿鮮主義 / 205
대부금 / 107, 125, 127, 128, 132, 136, 139, 144
대부사업 / 105
대부업무 / 106, 202
대외정책 / 67
대외정책노선 / 42
대외침략정책 / 42
대일종속화 / 161, 170
대중운동 / 237, 238, 239, 250, 268
貸借期限 / 93
대출규모 / 131

대출금 / 105, 106, 107, 109, 114, 115, 116, 130, 131, 132, 133, 135, 136, 137, 138, 139, 140, 141, 143, 144, 145, 214, 215, 221, 224, 252, 256, 269
대출방법 / 101, 107, 215, 217
대출사업 / 25, 106, 139
대출업무 / 139, 142, 212, 257, 258, 265
대출조건 / 105, 136
大隈重信 / 106, 160, 203
도총영사관 / 20, 27, 37, 43, 77, 82, 84, 103, 104, 112, 119, 122, 123, 124, 125, 131, 139, 141, 142, 161, 196, 197, 253, 258
독립운동 / 4, 5, 15, 17, 240, 254
독점자본 / 121, 267
독점적 지위 / 18, 53, 149, 223, 225, 264
독점적인 경제블록 / 18, 149
동만조선청년총동맹 / 239
동만지역 / 63, 98, 202
동만청년총연맹 / 246
동만청총 / 239, 242, 246, 249, 250
東方經營策 / 195
東亞勸業公司 / 118
동아권업주식회사(東亞勸業株式會社) / 140, 141
東洋自給圈 / 225
동양척식주식회사(東洋拓殖株式會社) / 102, 110, 264
동양척식주식회사법 / 110, 205
東洋平和論 / 232
동척(東拓) / 110, 111, 112, 113, 114, 115, 116, 117, 118, 119, 129, 140, 143, 196, 213, 217, 223, 230, 234, 257, 258, 264, 265, 268

동척 간도출장소 / 257
東淸철도 / 17
東海橫斷航路事業計劃 / 153
頭道溝금융부 / 126

ㄹ

러시아혁명 / 173, 185, 187, 237, 267
러일전쟁 / 5, 17, 42, 63, 150, 176, 184, 189, 200, 265
레닌식 협동전선 / 239
領事裁判權 / 43, 264
領土權 / 42
루블화 / 96, 173, 177, 182, 184, 185, 186, 187, 188, 193, 197, 199, 213, 225
利益線 / 18

ㅁ

馬晉 / 256
만몽정책 / 151
만몽조약(滿蒙條約) / 26, 38, 50, 102, 106, 116, 120, 196, 212, 232, 251, 263
만주 침략 / 202
滿洲 還付條約 / 150
만주경영 / 17, 92, 94, 97, 111, 202, 252
만주국 / 6, 24, 225
만주금융기관 / 203
만주사변 / 21, 24
滿洲五案件 / 60
만주은행 / 196, 266

滿洲銀行法案 / 204
만주중앙은행 / 24, 176, 196, 199
만주지역 / 4, 5, 17, 18, 20, 26, 39, 69, 94, 111, 177, 198, 200, 212, 230, 242
만주총국 / 237, 238, 239, 243, 246, 268
만주출병설 / 245
만주침략 / 17, 48, 53, 189, 191, 203, 208, 213, 243, 251
만주침투 / 98
滿洲興業銀行 / 202
만철(滿鐵) / 101, 140, 168, 167, 169, 179, 190, 194, 202, 230, 247, 257
猛虎團 / 254
명동학교 / 254
명치유신 / 62, 199
目賀田種太郞 / 91
무역거래량 / 95
무역구조 / 19, 149, 156, 167, 169, 170, 266
무역역조 / 95, 169
무역흥업주식회사(貿易興業株式會社) / 100, 101
墨銀 / 181
物價調節令 / 173
민족교육 / 32, 46
민족유일당운동 / 241, 242, 247, 283
민족의식 / 32
民族學校 / 32
민족협동전선 / 246
민회(民會) / 26, 119, 123, 126, 127, 129, 139, 144, 244, 251, 253, 254, 255, 256, 257, 258, 265, 268
민회 배척운동 / 255
민회금융부(民會金融部) / 16, 17,

25, 118, 119, 124, 129, 136, 139, 224, 255, 259, 265, 268
민회비 / 123, 255
민회원 / 123, 143
민회장 / 117, 130, 136, 141, 254, 258
ML파 / 240, 242, 257

ㅂ

朴允瑞 / 238
발권은행 / 24, 199, 214
발행권 / 20, 95, 97, 98, 178, 180, 202, 219
芳澤 / 87
배일감정 / 142
벼농사 / 34
변제능력 / 93, 113, 133, 139
보조화 / 189, 197
보조화폐 / 91, 198
보증인 / 92, 113, 127, 128, 144, 179, 264
보증인제도 / 93
보증준비제도 / 180
보증채무 / 127
본위화폐 / 183
볼셰비키혁명 / 185
奉天 상업회의소 / 206
奉天商業銀行 / 178
봉천총영사 / 206
부동항 / 158
부등가 교환 / 164
不逞鮮人 / 43, 45, 62, 73, 121, 123, 129
부일협력자 / 47
북간도지역 / 94, 243, 282
北京條約 / 151

북만청년총동맹 / 239
불환지폐 / 19, 96, 150, 174, 177, 183, 185
비교우위 / 95, 160, 168, 216
비귀화인 / 40, 120

ㅅ

寺内 / 205, 243
寺内正毅 / 77, 190, 204
사설금융기관 / 178, 187, 217
山梨半造 / 83
산림지역 / 94
三菱 / 164, 170, 173, 213
三矢협정(三矢協定) / 253, 268
森田小六郎 / 111
三井 / 170, 173, 213
三井물산(三井物産) / 168, 172
상권침투 / 152, 161, 165, 203, 206, 207, 220
상권형성 / 94, 172
商務契 / 220
商務東殖契 / 94
상무회(商務會) / 164, 178, 196, 186, 197, 231, 233, 234
상부지(商埠地) / 38, 43, 47, 48, 51, 93, 94, 99, 102, 108, 126, 127, 133, 138, 220, 234, 236, 255
상업금융기관 / 26, 69, 193, 209, 211, 221, 222
상업금융활동 / 208, 223
상업기관 / 23, 172
상업은행 / 20, 201
상조권(商租權) / 39, 50, 114, 116, 123, 127, 128, 251, 253, 262, 285

상품판매시장 / 18, 63, 148, 153
상품판매지 / 88
상해파 / 240
상환금 / 109. 134, 252
西園寺公望 / 151
선만일체화(鮮滿一體化) / 18, 20, 45, 77, 104, 106, 205, 213
세계대공황 / 115, 224
세계자본주의 블록 / 121
세관문제 / 200
細民 / 198
小銀貨 / 197
소작농 / 36, 37, 93, 120, 132, 255
속인주의 / 39
속지주의 / 39
松原純一 / 207, 278
수입초과 / 167, 170
수전개발 / 34
水田經營 / 120
수전농법 / 93
수출초과이윤 / 18, 149
시베리아 출병 / 121, 196
시세변동 / 196
식민지 경제체제 / 32, 41
식민지 금융정책 / 21, 22, 205
식민지 초과이윤 / 18, 19, 149, 170, 195, 199, 216, 229, 232
식민지경제 / 19, 199
식민지교육 / 55
식민지은행 / 208
식민지적 무역구조 / 167
식민지정책 / 52
식민통치 / 32, 44, 63, 205
식변은행(殖邊銀行) / 178, 179, 180, 196, 214
식산흥업금융 / 202
신간회 / 241
신간회운동 / 240
신용대출 / 136, 215, 217, 221

신해혁명(辛亥革命) / 176, 182
3·13만세시위운동 / 23, 121, 254
3·1운동 / 121, 242

ㅇ

兒玉原太郎 / 189
安奉線 / 206
안전농촌 / 265
액면가치 / 182
洋錢 / 180, 181,
엔블록 / 15, 19, 20, 23, 149, 176
엔블록화 / 207, 212, 214, 219, 223, 224, 230, 232, 236, 266
엔화권 / 19, 99
엔화본위제도 / 207
엔화유통촉진책 / 213
엔화통화권 / 22
연길공안국 / 255
延吉永衡官銀錢號 / 182
延吉海關 / 166
연대보증인 / 113, 128
연대채무자 / 118
연변당관 / 27
연체금 / 145
연체대금 / 133, 135
연체율 / 134
연체이자 / 105, 107, 128, 130, 136, 137
영사재판권(領事裁判權) / 44, 51, 264
영유권 / 41, 60
영유권 문제 / 54, 58
英日同盟 / 161
영토권 / 42, 50
永衡官銀錢號 / 182
외교권 / 33, 54

외부 차입금 / 140
외상거래 / 93
용정금융부 / 138
용정신용저축조합 / 27
용정촌 금융부 / 130
용정촌공동 저금조합 / 217
龍井村共同貯金組合 / 101
龍井村救濟會 / 98, 110
龍井村금융부 / 126
우편업무 / 68, 80
우편저금 / 68, 71, 104, 210
우편전신 / 83
우편취급소 / 68
원료공급지 / 18, 23, 63, 88, 94, 129, 149, 154, 213, 229, 269
袁世凱 / 34
越江罪 / 31
월경인 / 31
僞滿洲國 / 21, 190, 267
유통량 / 180, 181, 193, 194, 197, 219
육군전신소 / 74
윤복종 / 242
은본위 / 189, 190
은화폐 / 181
을사늑약 / 52
의화단 사건 / 150
이권신장 / 99
이권확대 / 50
이권획득 / 17, 59, 61, 94, 202
伊藤博文 / 65
李三鳳 / 240
李完用 / 55
이주한인(移住韓人) / 15, 18, 21, 23, 24, 26, 32, 33, 34, 35, 36, 37, 38, 39, 41, 42, 46, 47, 49, 54, 55, 56, 62, 77, 83, 88, 91, 92, 93, 94, 107, 114, 115, 119, 120, 122, 123, 128, 129, 136, 140, 141, 143, 144, 145, 149, 160, 161, 163, 164, 165, 171, 173, 174, 175, 192, 198, 212, 214, 215, 217, 218, 220, 221, 224, 251, 253, 256, 257, 258, 263, 265, 267
이주한인사회 / 16, 21, 23, 24, 107, 119
移住許可稅 / 253
이중국적 / 25, 41, 263
이중국적문제 / 31, 263
이중국적자 / 263
이중재판 / 263
李熙悳 / 254
일본영사관 / 43, 72, 119, 231, 234
일본은행권 / 96, 177, 190, 191, 192, 193, 200, 218, 207, 218, 223
日本興業銀行 / 202
一線 二港주의 / 155
日支經營 / 108
日支新條約 / 204
日支提携論 / 229, 232
日支조약 / 203
日貨배격운동(일화배척운동) / 26, 99, 194, 229, 230, 232, 233, 234, 235, 236, 251, 267
林文弘 / 104, 106
林閔虎 / 238
임시 금융기관 / 118
賃借料 / 251
입초현상 / 169
入會裁判 / 43, 44
잉여생산 / 33
12月테제 / 242
1국 1당체제 / 242
5·30 봉기 / 258

ㅈ

자금대부 / 104
자금대여 / 104
자금축적 / 93, 139, 264
자금회수 / 134, 144
자금회전율 / 142
자본제적 상품 / 18, 60, 95, 149, 160, 161, 163, 167, 169, 172, 176, 198, 208, 225, 229, 230, 236, 266
자본축적 / 94, 166, 263
자유무역항 / 156
慈惠病院 / 55
잡거지 / 37, 44, 47, 48, 49, 102, 108
雜居地 / 43
張時雨 / 242
張作霖 / 243
張之洞 / 180
齋藤實 / 78
在滿墾民農友黨 / 256
재만한인사회(在滿韓人社會) / 237, 243, 244, 245, 248, 250, 267
재정고문 / 92
재중한인청년동맹간부 / 267
재판관할권 / 47
재판권(裁判權) / 25, 41, 42, 43, 44, 46, 48, 51, 52, 57, 58, 263, 264
재판권행사 / 42, 44, 51
저리대부 / 143
저리대출 / 22, 102, 114, 129, 137, 252
저리자금 / 118, 141, 216
저항의식 / 32
赤旗團 / 243
전간도조선인단체협의회 / 239

佃民制 / 120
佃民制度 / 40, 263
전선 협정안 / 83
전시체제 / 166
전신업무 / 97, 209
田中義一 / 75, 77
전화교환소 / 75
점진정책 / 150
정금은행권 / 20
정기예금 / 134, 137
정의부 / 246
제1차 세계대전 / 19, 50, 96, 121, 149, 161, 162, 164, 165, 169, 170, 171, 172, 173, 184, 185, 196, 198, 225, 232, 243
제1차 한일협약 / 90
제2차 간도공산당 사건 / 242
第一銀行 / 95, 205
제일은행권(第一銀行券) / 92, 209
朝鮮監獄令 / 44
조선공산당 만주총국 / 237
朝鮮民事令 / 44
朝鮮民事訴訟印紙令 / 44
朝鮮不動産登記令 / 44
조선연장주의 / 242, 248, 251
조선은행 / 19, 20, 21, 24, 26, 27, 69, 70, 100, 134, 165, 175, 177, 190, 194, 196, 197, 199, 200, 205, 205, 206, 207, 208, 209, 211, 212, 213, 214, 215, 216, 217, 218, 219, 220, 221, 223, 224, 225, 257, 266, 269
조선은행 羅南지점 / 71, 211
조선은행 만주지점 / 20, 100
조선은행 용정지점(조선은행 龍井支店) / 25, 27
조선은행 용정출장소(朝鮮銀行 龍井出張所) / 27, 68, 70, 134, 175, 179, 196, 209, 212, 214, 217, 218,

찾아보기

220, 222, 223, 224, 225, 258, 266, 269
조선은행 출장소 / 175, 177, 194, 197, 200, 210, 217, 219, 225, 236, 266
조선은행권(朝鮮銀行券) / 20, 176, 189, 192, 193, 194, 195, 196, 197, 199, 205, 206, 207, 209, 216, 219, 222, 223, 224, 266
조선은행법 / 224
조선인민회 / 25, 119, 126, 141, 216, 254, 255, 257, 259
朝鮮人民會 金融部 / 119
조선총독(朝鮮總督) / 45, 51, 78, 87, 111, 205, 206
조선총독부(朝鮮總督府) / 18, 37, 44, 45, 72, 73, 77, 78, 79, 80, 83, 98, 100, 102, 104, 106, 112, 123, 125, 126, 129, 133, 140, 141, 142, 144, 253, 257, 264
조선총독부 은사금 / 102
조선총독부 공소원 / 45
조선총독부 지방재판소 / 44, 45
朝鮮笞刑令 / 44
조차권 / 150, 161
조차지 / 152, 153, 203, 207
준식민상태 / 64
중국공산당 滿洲省委 / 242
중국관첩 / 225, 230
중국군벌 / 26, 34, 39
중국세관 / 94, 167
中國領事官 / 41, 51
중국은행(中國銀行) / 178, 179, 180, 182, 196, 214
중국은행권 / 179
中國人籍 / 46
중의원(衆議院) / 44, 46, 58, 111, 156, 203, 204

中韓革命運動者聯合大會籌備會 / 243
中華救濟會 / 252
地券 / 113
지방재판소 / 44, 45
지불준비금 / 179
振替저금(振替貯金) / 174, 175
集金郵便 / 175
執照 / 37, 114, 139, 265

ㅊ

차입금 / 36, 93, 117, 140, 143, 252
借地農 / 164
채권자 / 93, 116
天圖輕鐵 / 253
철도부설 / 25, 94, 155, 159, 161, 269
철도부설권 / 61
청국화폐 / 192
청년운동 / 237, 238, 239, 242, 243, 246, 248, 249, 250, 251, 267, 268
청산리전투 / 76
청진루트 / 163
청진우체국 / 73
청진항루트 / 153, 156, 217, 266
淸會線 / 165
淸會철도 / 153,
崔基南 / 104, 106
崔允周 / 117
薙髮易服 / 37
치안유지법 / 237, 240
치외법권 / 51
친일귀화인 / 40
친일단체 / 123

침략정책 / 51, 236

ㅋ

코민테른 / 242, 244, 246, 250

ㅌ

태환권(兌換券) / 94, 176, 180, 189, 190, 191, 194, 206, 216
토지금융기관 / 111
토지금융사업 / 116
토지담보 / 117, 264
토지문서 / 37, 114, 142, 265
토지상조권(土地商租權) / 21, 116
토지소유권 / 25, 31, 35, 37, 38, 39, 40, 41, 119, 120, 127, 224, 251, 253, 263, 264, 265, 268
토지수탈 / 22, 110, 118, 129, 140, 144, 145, 251, 255
토지수탈정책 / 173
토지조사사업 / 111, 174
토지지배정책 / 21
토착자본 / 101
통감부 / 52, 57, 64, 67, 155
통감부 통신관리국 / 62, 65
통감부간도파출소(統監府間島派出所) / 36, 53, 57, 58, 59, 62, 63, 92, 160, 209
통감부파출소 / 24, 65, 67, 166
통신권 / 83, 87
통신기관 / 67, 68, 69, 70, 84, 88, 210
통신기자재 / 73

통신기재 / 74, 75
통신망 / 62, 67, 68, 74, 84
통신사업 / 87
통신시설 / 63, 67, 71, 72, 74, 80, 83, 84, 86, 151
통신업무 / 69, 71, 78, 80, 83
통신작전 / 75
통신체제 / 62, 63, 87, 88
통용권 / 200, 225, 264
통화권 / 108, 200, 205, 264
통화량 / 20, 192, 194, 198, 219
통화제도 / 193
통화테러 / 19, 149
특별대부업무 / 112
특수 권익 / 151
특수금융기관 / 26, 91, 110
특수은행 / 203, 208

ㅍ

패권국가 / 18, 149
페스트 / 160
포츠머드조약 / 150

ㅎ

下關조약 / 182
韓僑董事會 / 46
韓國領事官 / 41
한국화폐 / 90, 192
한인 보호 / 54, 55, 56, 57, 58, 64, 71
한인구축정책 / 21
한인보호정책 / 62
한인자치문제 / 257

韓人村 / 47
한인통제 / 55
한인통제기관 / 253
한인통치 / 34
한일합병 / 52
韓淸條約 / 43
海關稅 / 182
해외이민 / 33
鄕社 / 254
현금지불 / 93
현지조달주의 / 176
협동저금회사 / 217
호구조사 / 38
琿春금융부 / 126
琿春事件 / 121
琿春招墾局 / 35
洪南周 / 32
화요파 / 240, 242
화폐가치 / 193, 195, 214
화폐개혁 / 91, 92
화폐교환 / 92, 99, 194
화폐단일화 / 26, 176, 193, 266
화폐량 / 198
화폐문제 / 176
화폐유통 / 25, 26, 171, 176, 177, 192, 195, 196, 199, 219, 269
화폐정책 / 183
화폐통일 / 95, 195, 205, 208, 215, 219
환어음 / 175, 219
환업무(換業務) / 67, 69, 70, 97, 180, 203, 208, 209, 212, 213, 229
黃繼賢 / 31
황국신민 / 57
황무지 개간 / 120
荒井賢太郎 / 111
회령우체국 / 68
회수자금 / 104, 145

회유정책 / 268
횡빈정금은행(橫濱正金銀行) / 97, 112, 189, 190, 191, 196, 200, 201, 202, 203, 204, 205, 219
훈융수비대 / 73
훈춘 군용통신소 / 77
훈춘사건 / 72, 81, 121
훈춘소학교 / 234
黑龍江省官銀號 / 178

저자소개

■ 김주용 / 金周溶

- 경기 화성 출생
- 동국대학교 사학과 및 동대학원 졸업(문학박사)
- 광운대, 용인대, 동국대 강사 역임
- 연변대 민족연구원 Post-doc
- 현재 독립기념관 한국독립운동사연구소 연구원

■ 저서 및 논문

- 『근대 만주 도시 역사지리 연구』(공저)
- 『신의주』(공저)
- 「만주보민회의 설립과 '鮮滿一體化'」
- 「1930년대 만주지역 한인청년운동」
- 「일제시기 조선은행의 간도침투와 역할」
- 「1920년대 심양(봉천)지역 한인사회단체」
- 「만주지역 한인 안전농촌연구」
- 「심양(봉천) 근대도시화의 양면성」 등 다수